谨以此书纪念

查理·多伊尔（Charlie Doyle），

他教会我专心划船，

甚至在我尚未挥桨之时。

践行斯多葛主义原则的人，不管他是否有这个意愿，肯定会有持续的快乐以及一种发自内心深处的喜悦伴随左右：因为他能够从自身挖掘出快乐，而且这快乐是其他快乐所无法超越的。

——［古罗马］塞涅卡

像哲学家一样生活

［美］威廉·B.欧文（William B. Irvine） 著
胡晓阳 芮欣 译

斯多葛哲学的生活艺术

A
Guide
to
the Good Life

The Ancient Art of
Stoic Joy

上海社会科学院出版社
SHANGHAI ACADEMY OF SOCIAL SCIENCES PRESS

致谢 1

引言 生活之计划 1

第一部分 斯多葛主义的兴起 15

　　第1章 哲学对生活感兴趣 17

　　第2章 最早的斯多葛主义者 30

　　第3章 罗马斯多葛主义 45

第二部分 斯多葛主义的心理技巧 63

　　第4章 消极想象：能发生的最坏结果是什么？ 65

　　第5章 控制的两分法：论变得无敌 86

　　第6章 宿命论：放下过去……以及现在 102

　　第7章 自我否定：论应对快乐的阴暗面 111

　　第8章 沉思：监督自我践行斯多葛主义 120

第三部分 斯多葛主义的忠告 127

第9章 责任：论热爱人类 129

第10章 社会关系：论与人交往 136

第11章 侮辱：论容忍奚落 144

第12章 悲伤：论用理性战胜眼泪 155

第13章 愤怒：论战胜反快乐 161

第14章 个人价值观：论追求名誉 168

第15章 个人价值观：论奢侈生活 175

第16章 放逐：论在环境的变故中求生存 185

第17章 老年：论被赶到养老院 190

第18章 死亡：论良好生活的善终 199

第19章 论成为一个斯多葛主义者：
现在就开始，并准备遭受嘲弄 205

第四部分 斯多葛主义在现代生活中 211

第20章 斯多葛主义的衰落 213

第21章 重新考虑斯多葛主义 231

第22章 践行斯多葛主义 257

附 录

一份学习斯多葛主义的阅读计划 288

注 释 291

引用书目 308

译后记 313

致 谢

要完成一本书，光靠作者一个人是不行的。因此，请允许我向对本书问世做出过贡献的一些人表达我的谢意。

首先要感谢莱特州立大学给我提供专门用于这项写作的假期，正是在这个假期中本书的主体得以完成。感谢我所在的系于2005年秋天让我教授了一门关于希腊哲学的课程，正是从这门课程中我得以勾勒出本书的最初轮廓。

感谢那些在我的"自寻不适计划"中发挥了重要作用的人（大多数情况下，他们对自己发挥的作用并不知情），包括麦卡琴乐队的吉姆·麦卡琴（Jim McCutcheon）、内舞瑜伽中心的黛比·斯特斯曼（Debbie Stirsman），以及我在大代顿划船俱乐部的朋友们，特别要感谢那些有胆量在我后面的位子上划船的人：朱蒂·戴赖尔（Judy Dryer）、克丽丝·鲁恩（Chris Luhn）和迈克尔·麦卡蒂（Michael McCarty）。还要专门感谢迈克尔，他帮助我探索由尔格（功的单位）造成的不舒适的世界，并就第七章中使用的专门术语提出了宝贵的建议。

感谢辛西娅·金（Cynthia King），她阅读和评论了我的原稿。也要感谢比尔·金（Bill King），虽然他不承认他忠诚于斯多葛主义的信条,但他却一直是我这个斯多葛主义者的写作灵感。

感谢无数不知名的读者,是他们帮助我把本书的论述变得更加有力。还要感谢牛津大学出版社的西布莉·汤姆（Cebele Tom）,她是本书耐心而又坚韧的文学助产士。

然而,最大的谢意,要送给我的妻子杰米（Jamie）,是她给了我时间尤其是空间,使我得以写成此书。

引 言

生活之计划

你想要从生活中得到什么？你的回答可能是这样的：我想要一位关爱我的配偶、一份好工作、一所漂亮的房子，但是这些只是你生活需要的一部分。我的问题是从最广阔的意义上提出来的。我问的不是你日常活动意义上的目标，而是生活中的高远目标。换句话说，在你人生的所有追求中，什么对你来说是最有价值的？

在说明这样的目标时，很多人都会遇到麻烦。他们在生活中知道他们每分钟需要什么，甚至每十年需要什么，但是他们从来没有停下来思考过生活中的高远目标。他们没有高远目标，这也许是可以理解的。我们的文化并不鼓励人们思考这样的问题。的确，生活中有太多让人分心的事情，以至于他们没有必要思考这样的问题。但是，高远的目标是人生哲学的首要成分。这意味着，如果你缺少生活中的高远目标，你就缺少条理清晰的人生哲学。

为什么拥有哲学那么重要呢？这是因为没有哲学的话，生活就有误入歧途的危险——就是说尽管在你活着时有各种各样的活动，享受过各种各样的乐趣，但是末了你过的却是非常糟糕的生活。换句话说，就是当你躺倒在灵床上时，回望过去，你却发现自己浪费了唯一的一次生活的机会。年华度尽你却并没有追求真正有价值的东西，而是把生活挥霍掉了，因为你允许自己被生活中各种华而不实的东西所俘获。

假定你能够辨别出你生活的高远目标，也假定你能够解释为什么这个目标值得追求，即便如此，你也还是有误入歧途的危险。尤其是当你缺乏实现目标的有效战略时，你很可能不能够实现你那高远的目标。因此，哲学生活的第二个组成部分就是实现你生活中高远目标的战略。当你进行日常活动、最大限度地利用机会实现你认为最终有价值的生活时，你需要做什么呢？你需要明晰的规则。

如果要采取措施避免浪费财富，我们可以很容易找到专家来帮助我们。翻翻电话号码簿，我们就能找到许多注册理财师的电话号码。这些人能够帮我们弄清我们的财政目标：比如，我们应该存多少钱，以备退休后使用。帮我们弄清楚这些目标之后，他们就能就如何实现它们提出建议。

然而，假定我们采取步骤不是为了避免浪费财富，而是为了避免浪费我们的生命，我们可以寻求一个专家来帮助我们：那就是人生哲学的导师。她会帮助我们考虑我们的生活目标，而且帮我们考虑事实上哪些目标是值得我们追求的。她会提醒我们：因为目标可能会相互冲突；在冲突产生时，我们需要决定哪些目标应该被优先考虑。因此她会帮助我们整理这些目标，并将它们进行排序。在这个排序中位于塔尖部分的目标，就可以叫作我们生活的高远目标。这应该是一个我们不愿为着其他目标而牺牲的目标。在帮助我们选择了这个目标之后，人生哲学导师就会帮助我们设计实现这个目标的战略。

表面上看，寻找人生哲学导师的地方就是本地大学的哲学系。拜访那里的教职员工办公室，我们就能找到专攻形而上学、逻辑学、政治学、科学、宗教和伦理的各类哲学家。我们也许还能找到专攻运动哲学、女性哲学甚至关于哲学的哲学家。但是除非我们找到一所非同寻常的大学，我们是找不到我所说的那种意义上的人生哲学导师的。

情况并非从来如此。比如说，许多古希腊和古罗马的哲学家，不仅认为人生的哲学是值得思考的，而且认为哲学存在的理由就是致力于探讨人生。这些哲学家也对哲学的其他领域特别感兴趣——比如逻辑学——但是原因仅仅是因为他们认为追求那种兴趣可以帮助他们发展人生哲学。

而且，这些古代哲学家并没有将他们的发现据为己有或者仅仅与他们的哲学家同行分享。相反，他们建立学校，欢迎任何想要掌握人生哲学的人做他们的学生。在关于人们应该做什么以获得良好的生活方面，不同的学校给出了不同的忠告。苏格拉底的学生安提西尼创立了犬儒派哲学，这种哲学主张禁欲主义的生活方式。苏格拉底的另一个学生亚里斯提卜创立了昔勒尼学派，这个学派主张享乐主义的生活方式。在这些极端学派之间，我们发现还有其他许多学派，如伊壁鸠鲁学派、怀疑主义学派等等；而其中最令我们感兴趣的是由季蒂昂的芝诺创立的斯多葛学派。

与这些哲学流派相联系的哲学家们，并不就他们对人生哲学的兴趣做出任何辩解。比如说，根据伊壁鸠鲁的说法，"如果一个哲学家不能医治人类的苦难，'徒劳'就是他的名号。因为就像药物不能驱逐身体的疾病就没有价值一样，哲学不能驱逐头脑的疾病就没有价值。"[1]根据斯多葛主义哲学家塞涅卡的说法，"跟着哲学家学习的人每天都要从他那里带回一点好东西：每天回家的路上都应该变得更加健全一点，或者正走在变得更加健全一点的路上。"[2]

本书就是为那些寻求人生哲学的人所写的。在接下来的篇章中，我将集中探讨一种我发现有用并且我想许多读者也会发现有用的哲学。这就是古典斯多葛主义哲学家的哲学。斯多葛主义的人生哲学可能是古老的，但是它值得引起任何一个想要过充实、有意义的生活——也即良好的生活——的现代人的注意。

换句话说，本书提供了人们应该如何生活的忠告。更准确地说，我将充当两千年前斯多葛主义哲学家所提出的忠告的传导者。这是我的哲学家同行们通常不喜欢做的事情。他们对哲学的兴趣主要是"学术性的"，也就是说，他们的研究主要是理论的和历史的。比较而言，我对斯多葛主义的兴趣则是实际的。我的目标就是让这种哲学在我的生活中起作用，同时也鼓励其他人让它在他们的生活中起作用。我想，古代的斯多葛主义者也鼓励做出这两种努力，但是他们也一定坚持认为，学习斯多葛主义的主要原因是为了我们能够将它付诸实践。

另外还有一点需要认识到的是，虽然斯多葛主义是一种哲学，它其实也有重要的心理学成分。斯多葛主义者意识到，深受消极情感（生气、焦虑、恐惧、痛苦、嫉妒等等）之害的生活不会成为良好的生活。所以他们成了人们大脑运行的敏锐观察者，结果其中有一些人还变成了古代世界中最有洞察力的心理学家。他们持续挖掘避免消极情感萌芽的技能以及在避免不成时消灭这些消极情感的技能。即便那些对哲学思辨持怀疑态度的读者也应该对这些技巧产生兴趣。毕竟，我们当中有谁不愿意减少经历日常生活中消极情感的次数呢？

虽然我成年之后的时间一直都用于学习哲学，然而令人遗憾的是，直到最近，我才开始对斯多葛主义变得不是那样的无知。我在大学和研究生院的老师从来没有让我去研读斯多葛主义者的著作；虽然我是个贪婪的读者，我也没有发现自己读这些著作的必要。更概括地讲，我也没有发现深思人生哲学的必要。相反，和几乎每个人一样，我对缺少人生哲学的生活感觉很舒服：日子都用来寻求一个"富裕、社会地位和快乐等事物的"有趣的混合体。换句话说，我的人生哲学，可以被慈悲地叫作享乐主义的开明形式。

但是在我生命的第五个十年里，各种事情巧合地把我介绍给了斯多葛主义。第一个事件是我阅读了1998年由汤姆·沃尔夫所写的《完整的人》。在这部小说里，有一个角色碰巧发现了斯多葛主义哲学家爱比克泰德，然后就开始到处宣讲这个人的哲学。我发现这既有吸引力，又令人费解。

两年以后，我为一本关于欲望的书做研究。作为研究的一部分，我考察了几千年来人们在掌控欲望的问题上所给出的各种忠告。我是从各种宗教对此事的态度开始的，这些宗教包括：基督教、印度教、道教、苏非派禁欲神秘主义、佛教（尤其是禅宗）。然后我又继续考察哲学家们在此问题上的作为，发现只有几个哲学家提出了这样的忠告，他们中最突出的是古希腊的哲学家：伊壁鸠鲁主义者、怀疑论者和斯多葛主义者。

在对欲望进行研究的过程中，我有着一个隐秘的动机。我长期受着禅宗的吸引，并且想象：在结合我的研究进一步了解它的过程中，我会变成一个羽翼丰满的皈依者。但令我惊讶的是，我发现斯多葛主义和禅宗有一定程度的相似。比如说，两者都强调对我们周围事物稍纵即逝之本性的思考，以及在可能的基础上掌控欲望的重要性。它们都建议我们追求安宁，并就如何获得和保持安宁提出了忠告。而且，我开始意识到，斯多葛主义比佛教更适合于我的分析本性。结果，我很惊奇地发现，想来想去我还是想要变成一个斯多葛主义的践行者，而不是一个禅宗大师。

在开始对欲望的研究之前，对于我来说，斯多葛主义成为人生哲学是完全不可能的。但是当我阅读斯多葛主义者的著作时，我发现我对斯多葛主义者的一切认识几乎都是错误的。开始时，我知道字典把斯多葛主义者定义为"一个对于欢快、悲伤、快乐、痛苦都漠不关心、麻木不仁的人"[3]。因此我期待大写 S 的"斯多葛主义者"（Stoics）会变成小写 s 的"恬淡寡欲的人"（stoical）——他们是一些情感上受到压抑的人。然而我发现，斯多葛主义者的目标，并不是要放弃生活中的情感，而是要放弃消极的情感。

阅读斯多葛主义哲学家的著作时，我碰到了一些欢快、生活态度乐观的人（尽管他们认为花时间来考虑一些可能遭遇到的坏事情也很重要），他们完全能够享受生活的快乐（同时他们非常小心，以免被生活的快乐所奴役）。令我非常吃惊的是，我还碰到了一些非常珍视快乐的人。的确，根据塞涅卡的说法，斯多葛主义者要寻求发现的，"就是大脑如何才能始终持续在安稳、良好的进程中，能对自己宽和，能够乐观地看待眼下的状态。"[4]他还断言，践行斯多葛主义原则的人，"不管他是否有这个意愿，肯定会有持续的快乐以及一种发自内心深处的喜悦伴他左右：因为他能够从自身挖掘出快乐，而且这快乐是其他快乐所无法超越的。"[5]斯多葛主义哲学家墨索尼亚斯·鲁弗斯（Musonius Rufus）也有类似的言论，他说：如果我们依照斯多葛主义的准则来生活，"一种欢快的性情和一种坚实的欢乐"就会自动跟随而来。[6]

斯多葛主义者并非悲哀地退居一隅，被动接受世界的恶习和不公正，而是充分地参与生活，并且努力工作，以使这个世界变得更好。比如，考虑一下小加图吧。（虽然他对斯多葛主义的文献没有做出过什么贡献，但是加图却是一个斯多葛主义的践行者；的确是这样，塞涅卡把他称作完美的斯多葛主义者。）[7]加图的斯多葛主义并没有阻止他为恢复罗马共和国而勇敢战斗。同样，塞涅卡的精力似乎特别充沛：他不仅是哲学家，还是成功的剧作家、皇帝的顾问和公元一世纪的投资银行家。马可·奥勒留除了是哲学家之外，还是罗马皇帝——的确，也是有争议的、最伟大的罗马皇帝之一。当我阅读这些斯多葛主义者的传记时，我发现我对他们充满了仰慕。他们有勇气、心平气和、通情达理而且有自我约束力——这些都是我想拥有的特征。他们还认为履行我们的责任、帮助我们的人类同胞是非常重要的——这正好也是我的价值观。

在我研究欲望的过程中，我发现许多有思想的人几乎不约而同地有一个共识，那就是：如果我们不能够克服我们的贪得无厌，我们是不可能有良好、有意义的生活的。还有一个共识就是：驯服我们贪得无厌之倾向的绝妙办法，就是劝说我们去渴求我们已经拥有的东西。这似乎是一项重要的领悟，但是关于我们如何能够切实做到这点的问题，仍是悬而未决。然而我兴奋地发现，斯多葛主义者拥有对这个问题的答案。他们开发了一项相当简单的技巧，如果使用这个技巧，只要使用一次，就能使我们高兴于我们是我们自己、过我们自己正好在过的生活——不管它的实际情况是怎样的。

我越研究斯多葛主义者，就越发现自己被拉向了他们的哲学。但是当我试图和其他人分享我对斯多葛主义重新兴起的热情时，我随即发现以前误解这一派哲学的并非我一个人。朋友、亲戚，甚至我在大学的同事，似乎都认为斯多葛主义者是这样一些人，他们的目标就是要压制所有的情感，因此过着病态、被动的生活。我豁然开朗，斯多葛主义者实际上是不公正裁决的牺牲品，我自己在不久前也帮助强化了这种不公正的裁决。

仅仅这一认识，就足以促使我写一本关于斯多葛主义者的书——一本拨乱反正的书——但当写作进行时，我有了一个比拨乱反正更为强烈的动机。在学习了斯多葛主义之后，我低调地进行了一番试验，试着把它当做我的人生哲学。这个试验到目前为止足够成功，以至于我感觉不得不将我的发现公诸于世，我相信其他人也能从学习斯多葛主义并采用他们的人生哲学中获益匪浅。

读者诸君自然会对斯多葛主义的实践包含什么内容感到好奇。在古希腊和古罗马，一个将要成为斯多葛主义者的人，可能是通过在一所斯多葛主义的学校学习来学会如何实践斯多葛主义；但现在这是再也不可能的事情了。一个想要成为斯多葛主义者的现代人，可以转而请教古代斯多葛主义者的著作，但是他试图这样做时却会发现，许多著作——尤其是许多希腊斯多葛主义者的著作——都已经失传了。而且，如果读那些幸存下来的著作，他会发现，尽管这些人长期讨论斯多葛主义，但是他们从来没有为斯多葛主义的新手提供一项学习计划。我写这本书面临的一项挑战，就是从散布在斯多葛主义著作的零碎线索中制定出这样一个计划。

尽管本书余下的部分会为那些将要成为斯多葛主义者的人提供详细的指导，但是我还是要在这里描述一下，如果要采纳斯多葛主义作为我们的人生哲学的话，我们应该要做的一些事情，以作为入门的介绍。

我们要重新考虑我们的生活目标。特别要树立于心的是斯多葛主义这样的主张，那就是我们渴望的许多东西——最显著的就是名誉和财富——都是不值得追求的。我们要转而把注意力放在对安宁以及斯多葛主义者所说的德行的追求上。我们会发现，斯多葛主义所说的德行和当今人们用这个词表达的意思所具有的共同点是极少的。我们还会发现，斯多葛主义者所寻求的安宁，并不是镇静剂可以带来的那种安宁。换句话说，它并不是一种无生气的状态。相反，它是去除了如气愤、悲伤、焦虑、恐惧这样一些消极情感，而获得了积极情感——尤其是欢乐——的一种状态。

我们要学习斯多葛主义者发掘的用于获取和维持安宁的各种心理技巧，而且还要在日常生活中运用这些技巧。比如说，要小心地区分我们能控制的事情和不能够控制的事情，以便我们不再为自己不能够控制的事情着急，从而把注意力集中在能够控制的事情上面。我们也会认识到，别人要破坏我们的安宁有多么容易,因此我们要实践斯多葛主义的策略来阻止别人搅扰我们。

最终,我们要成为一个对自己的生活更内省和更深思熟虑的观察家。从事日常事务时,我们要审视自己,要反省我们看到的事物,力图辨明生活中苦恼的来源,并且考虑如何避免这些苦恼。

践行斯多葛主义显然是要付出努力的,但这对于所有真正的人生哲学来讲都是一样的。的确,即便是"开明的享乐主义"也是需要付出努力的。开明的享乐主义在生活中的高远目标就是将一个人一辈子经历的快乐最大化。一个人要践行这种人生哲学,就要花时间去发现、探索,对快乐之源进行排序并且调查它们可能会碰到的任何难以对付的副作用。然后,开明的享乐主义者就要规划让他将要经历的快乐数量最大化的策略。(而不开明的享乐主义是一个人不假思索地寻找短时间的满足,我认为这并不是一种前后连贯的人生哲学。)

践行斯多葛主义所需要的努力可能比践行开明的享乐主义所需要的努力更大,但是却比践行比如说禅宗,所需要的努力更小。一个修习禅宗的佛教徒必须要冥想,这是一种既花时间(在其中的一些形式中)又在身体和精神上都有很大挑战的实践。比较而言,践行斯多葛主义并不要求我们分配大量的时间来"练习斯多葛主义"。斯多葛主义要求我们经常反思我们的生活,而这些反思的时段总的来说是可以从日常的零碎时间中挤出来的，比如说当我们困在交通堵塞之中时，或者如塞涅卡建议的躺在床上等待睡意来临时。

在对践行斯多葛主义或其他任何人生哲学的"成本"进行评估时，读者应该意识到，没有自己的人生哲学也是要付出成本的。我已经提到过一个这样的成本——即把你的日子用来追求毫无价值的事物因而浪费了生命的危险。

有些读者这时可能会发问：践行斯多葛主义是否与他们的宗教信仰相容。就大多数宗教而言，我认为是相容的。尤其基督教徒会发现，斯多葛主义的观点和他们的宗教教义会产生共鸣。比如说，他们会分享斯多葛学派哲学家对获得安宁的渴望，尽管基督教徒可能把安宁叫作和平。他们会欣赏马可·奥勒留"爱人类"的命令。[8]当他们遇到爱比克泰德"有些事情是由我们决定的而有些事情却不由我们决定"的言论时，如果他们也有这种意识，就会把精力集中在自己能决定的事物上面。基督教徒还会想起经常被认为是神学家莱因霍尔德·尼布尔所写的"安详之祷文"。

说到这里，我还要补充一点，那就是：一个人既可以做一个不可知论者，同时又践行着斯多葛主义，这也是可能的。

本书后面的部分将一分为四。在第一部分中，我将描述哲学的诞生。虽然当今的哲学家都倾向于把时间用来论辩玄奥的话题，但大多数古代哲学家的主要目标却是帮助普通民众过更好的生活。我们将会看到，斯多葛学派是古代最受欢迎和最成功的哲学流派之一。

在第二三部分中，我要解释，为践行斯多葛主义，我们必须做些什么。一开始，我会描述斯多葛主义者发掘的用来获取和维持安宁的心理学技巧。然后我将描述斯多葛主义对于应对日常生活压力的建议，比如说：如果某人侮辱我们，我们将如何回应？虽然两千年来世界改变了许多，但是人类的心理却改变甚少。这就是我们这些生活在21世纪的人能够从塞涅卡给一世纪的罗马人的忠告中获益匪浅的缘故。

最后，在第四部分中，我将为斯多葛主义进行辩护，驳斥对它的各种批评；而且我将借用现代科学的发现来重新评价斯多葛主义的心理学。在结束这本书时，我将谈及自己在践行斯多葛主义的过程中所获得的感悟。

我在学术界的同行可能会对这本书产生兴趣，比方说，他们可能会对我如何诠释斯多葛主义的各种表述产生好奇。然而我最感兴趣的还是普通读者，就是那些担心他们会在生活中误入歧途的读者。这包括那些意识到自己缺乏一种一以贯之的人生哲学，因而挣扎沉浮于日常事务的人：他们的今日之果无非是在抵消他们的昨日之果而已。这也包括那些有人生哲学但却担心其有所缺陷的人。

我是带着下面的问题来写作本书的：假使古代斯多葛主义者要承担起一项任务，为21世纪的人们写一部指南——本告诉我们怎样才能拥有良好的生活的书——那么这本书将是什么样子呢？接下来的内容就是我对这个问题的解答。

第一部分

斯多葛主义的兴起

斯多葛主义的人生哲学可能是古老的，但是它值得任何一个想要过充实、有意义的生活——也即良好的生活——的现代人的注意。

第 1 章

哲学对生活感兴趣

从一定的字面意义看,世上大概始终都是有哲学家的。他们是这样的一些个体:他们不仅提出问题——比如世界是从哪里来的?人是从哪里来的?为什么会有彩虹?——更重要的是,他们还会打破砂锅问到底。比如说,当被告知世界是由神灵创造的之后,那些最初的哲学家就会意识到这个答案并没有触及到事物的本质。他们会继续追问为什么神灵会创造这个世界,他们是怎样创造的,以及——让试图解答者最伤脑筋的——是谁创造了神灵。

无论是怎样以及何时开始的,总之哲学思考在公元前六世纪发生了一次巨大的飞跃。我们发现毕达哥拉斯（Pythagoras，公元前570-前500）在意大利推究哲理；在希腊有泰利斯（Thales，公元前636-前546）、阿那克西曼德（Anaximander，公元前641-前547）和赫拉克雷塔斯（Heracleitus，公元前535-前475）；在中国有孔夫子（公元前551-前479）；在印度有佛陀（公元前563-前483）。不知道这些人是否各自独立地发现了哲学。如果他们相互有影响，哲思的流动是从哪个方向朝哪个方向？这也是不清楚的。

希腊传记作家第欧根尼·拉尔修斯（Diogenes Laertius）站在公元三世纪的有利位置，提供了一部非常可读的（但不是完全可靠的）早期哲学史。根据第欧根尼的说法，早期西方哲学有两个分支。[1] 其中的一个分支，他把它叫作意大利分支，是从毕达哥拉斯开始的。如果从毕达哥拉斯的几个继承者追循下来，我们最终会找到伊壁鸠鲁（Epicurus）。伊壁鸠鲁自己的哲学学派就是斯多葛学派的主要对手。另一个分支，第欧根尼把它叫作爱奥尼亚分支，是从阿那克西曼德开始的。阿那克西曼德（在智力和教学上）传授给阿那克西米尼斯（Anaximenes），阿那克西米尼斯又传授给阿那克萨哥拉（Anaxagoras），阿那克萨哥拉又传授给阿基莱斯（Archelaus），阿基莱斯最终传给了苏格拉底（Socrates，公元前469-前399）。

苏格拉底的生活是非凡的。他的死亡也是非凡的：他因为腐蚀雅典青年以及其他莫须有的违法行为，而被他的同胞认定有罪，因此被判处服毒的死刑。他本来可以用乞求法庭宽恕的方式或者在判决宣布时逃离的行径来逃避对他的惩罚。然而他的哲学准则却不允许他这样做。苏格拉底死后,他的许多追随者不仅继续从事哲学活动,而且还吸引了很多他们自己的追随者。他最有名的学生柏拉图(Plato),创立了他自己的哲学学校,称为"柏拉图的学园",亚里斯提卜(Aristippus)创立了昔勒尼学派,尤克里德斯(Euclides)创立了麦加拉学派,菲多(Phaedo)创立了伊黎安学派,安提西尼(Antisthenes)创立了犬儒学派。苏格拉底生前仅为涓涓细流的哲学活动在他死后却成了名副其实的汤汤大河。

为什么这种对哲学的兴趣大爆炸会发生呢?部分是因为苏格拉底改变了哲学问题的焦点。苏格拉底之前,哲学家们主要感兴趣的是解释他们周围的世界以及这个世界的现象——他们感兴趣做的事情就是我们现在所说的科学。虽然苏格拉底还是一个年轻人时就学习了科学,但是他放弃了科学,转而把注意力集中在研究人类的状况上。正如罗马演说家、政治家、哲学家西塞罗(Cicero)所说的那样,苏格拉底是"把哲学从天上拉下来,将她置于人类的城市,将她带到人们的家里,并迫使她问及有关生命和道德以及善恶问题的第一人"[2]。古典学者弗朗西斯·麦克唐纳·康福德(Francis MacDonald Cornford)以类似的言辞描述了苏格拉底哲学的意义:"苏格拉底之前的哲学是从发现自然开始的;苏格拉底的哲学则是从发现人类的灵魂开始的。"[3]

为什么苏格拉底在死去了24个世纪之后仍然是一个给人印

象深刻的人物呢？这并不是因为他的哲学发现，毕竟他的哲学结论基本上是否定性的：他让我们看到了我们不知道的东西——而是因为他允许他的生活方式被他的哲学思考影响的程度。的确，根据哲学家路易斯·E. 内维亚（Luis E. Navia）的说法，"在苏格拉底身上，我们碰到了一个比在其他任何重要的哲学家身上都要明显的例子：他是一个在生活中能够把理论上和思考上的关注同日常活动融为一体的人。"内维亚把他描绘成"既在思想上也在行动上进行哲学活动的名副其实的楷模"[4]。

可以推测到的是，那些被吸引到苏格拉底这里的人，一些主要是被他的论理打动的，而另一些则是被他的生活方式打动。柏拉图就属于前一种人；在他的学园中，他更感兴趣于探索哲学理论，而不是给予生活方式上的忠告。相反，安提西尼是最受苏格拉底生活方式影响的人，他所创立的犬儒学派就回避哲学论理，而把主要的焦点集中在劝勉人们必须做什么事情以便能够获得幸福的生活。

似乎苏格拉底一死，他就裂变为柏拉图和安提西尼了。柏拉图继承了他对理论的兴趣，而安提西尼则继承了他对过好生活的关心。假使哲学的两个方面在随后的两千多年中都得以昌盛，那无疑是一件美妙的事情；因为人们既可以从哲学论理中受益，也可以从哲学在自己生活的运用中受益。然而遗憾的是，虽然哲学在理论方面得以昌盛，但是在实践方面却变得枯萎了。

在一个如同古代波斯一样的专制政府之下，写字、读书和做算术的能力对于政府官员来说是重要的，但是说服他人的能力就不那么重要。官员们只需要发布命令，那些在他们权力之下的人会毫不犹豫地执行这些命令。然而在希腊和罗马，民主的兴起意味着那些能够说服他人的人最有可能在政治或法律的生涯中取得成功。部分地因为这个原因，希腊和罗马的富裕父母在孩子完成中学学业后，就替他们寻找能够帮助他们开发游说能力的老师。

这些父母可能会找到诡辩家来服务。诡辩家的目标就是教学生们赢得辩论。为了达到这个目标，诡辩家们会教授各种各样的游说技能，既包括"晓之以理"也包括"动之以情"。他们尤其要让学生们懂得，无论是什么观点或主张，通过辩论来赞成或反对它，都是做得到的。除了开发学生的辩论技巧之外，诡辩家们还开发学生的说话技巧，以便他们能够将自己头脑中的论辩表达出来。

父母们还有一个选择，就是寻求哲学家的服务。和诡辩家一样，哲学家们也要教授辩论的技巧。但是和诡辩家不同的是，哲学家们回避煽情。还有，哲学家们认为，除了教学生如何劝说之外，还应该教他们怎样生活得更好。结果，就像历史学家H. I. 马罗（H. I. Marrou）所说的那样，哲学家们在他们的教学中强调了"教育的道德方面以及对个性和内在生活的发掘"[5]。在教学的过程中，许多哲学家向他们的学生提供了一种人生哲学：教他们生活中什么事情值得追求，以及如何追求才是最适宜的方法。

有些想让孩子接受哲学教育的父母会雇来一名哲学家当家庭教师。例如，亚里士多德（Aristotle）就受雇于马其顿的菲利普国王（King Philip），为亚历山大（Alexander）做家庭教师。这个亚历山大后来成为了"亚历山大大帝"。支付不起家庭教师费用的父母会把他们的儿子——大概都不是女儿——送到一所哲学学校去。苏格拉底死后，这些学校变成了雅典文化的一个突出特点。到了公元前二世纪，当罗马处于雅典文化的影响之下时，哲学学校也开始在罗马出现。

令人感到惭愧的是，现在世上再也没有哲学学校了。当然哲学还是在学校里——更准确地说，是在大学的哲学系里教授的——但是哲学系所起到的文化作用和古代哲学学校所起到的作用是相当不同的。原因之一，是那些在大学里注册哲学课程的学生，很少是为获取人生哲学的欲望所激发而学习的；相反，他们学习这些课程，是因为指导老师告诉他们，如果不学习这些课程就不能毕业。如果他们的确是想要寻求人生哲学，那么在大多数大学，他们都难以找到一门合适的课程。

虽然哲学学校属于过去的时代，但当今的人们却和以往任何时候一样需要人生哲学。问题是，他们到哪里去获得一种人生哲学呢？如果他们去当地大学哲学系的话，正如我解释过的那样，他们大概会失望。那么如果他们转向当地的教堂又会怎么样呢？牧师可能会告诉他们，要做一个好人他们必须做什么，也就是说，怎样才能达到道德上的无瑕。比如说，他们会得到教导，叫他们不要偷东西，不要撒谎，或者（在某些宗教中）不要堕胎。他们的牧师也许还会解释，他们必须做什么以便获得良好的来世：他们应该定期去做礼拜、祷告和（在有些宗教中）缴纳什一税。但是他们的牧师在他们必须做什么以获得良好的今生方面要说的可能却很少。的确，大多数宗教在告诉信徒他们必须做什么事情以便能够做到在道德上无瑕、进入天堂之后，却把生活中什么事情值得追求、什么事情不值得追求的问题留给他们自己做决定。这些宗教并没有发现一个努力工作以便能够买得起一幢宏伟大厦或者一辆昂贵跑车的信徒有什么错，只要他在这么做时没有违反任何法律；当然，也没有发现一个要小屋而不要大厦、要自行车而不要跑车的信徒有什么不好。

如果宗教确实要就生活中什么事情值得或不值得追求的问题向信徒提供忠告，那么它们倾向于以这样一种低调的方式提出，以至于信徒会把它看成是关于如何生活的一项建议而不是一项指示，因此也就有可能忽略这个忠告。可以想象，这就是为什么尽管各种宗教的信徒所信奉的教义有所区别，他们最终却都抱有同样的即兴式人生哲学（也就是一种开明的享乐主义）的缘故。所以，尽管路德会信徒、浸信会信徒、犹太教徒、摩门教徒和天主教徒持有不同的宗教观点，但是出了教堂，他们彼此却惊人地相似。他们做着类似的工作，有着类似的抱负。他们住在大同小异的房子里；房子里的装修风格也很类似。无论时兴什么消费品，他们都报以同样程度的喜欢。

第一部分 斯多葛主义的兴起 23

一种宗教要求它的信徒采用一种特定的人生哲学，这显然是可能的。作为说明，我们可以举出例子：哈特派就教育它的信徒，生活中最有价值的事情之一就是一种公共感。因此哈特教徒被禁止拥有私人财产，其理论基础就是，这样的私有制会引起嫉妒的感情，这种嫉妒的感情转而又会破坏哈特教徒所珍视的公共感。（我们当然能够质问，这是否是一种健全的人生哲学。）

然而大多数宗教并不要求它们的信众采纳某种特定的人生哲学。只要信教者不伤害他人，不做使上帝生气的事情，他们是可以自由地按照自己的意愿生活的。的确，如果哈特教对于大多数人来说是极端的和奇怪的，这是因为人们不能想象，属于一种告诉他们怎样生活的宗教是什么情形。

这就是说，在当今，一个人在一种宗教洗礼中长大成人，并且在大学里学习了哲学课程，但是仍然缺少自己的人生哲学，是完全有可能的。（的确，这就是我大多数的学生发现他们自己所处的状况。）那么，那些寻求一种人生哲学的人应该怎么办呢？也许他们最好的选择就是，通过阅读古代那些创办学校的哲学家的著作，为自己创立一所虚拟学校。无论如何，这是我在接下来的篇幅中要鼓励读者们去做的事情。

在古希腊，当哲学学校还是文化风景的突出特点时，有大量的学校可供父母选择送孩子去就读。假设我们能够在时间上回到公元前300年，并作为一个思想者在雅典徒步旅行，我们的旅行可以从集市开始，这是一个世纪前苏格拉底和雅典公民推究哲理的地方。在集市的北侧，我们可以看到斯多葛学派的学校（Stoa Poikile），或者油上漆的柱廊，站在那儿侃侃而谈的可能就是斯多葛哲学学校的创始人——季蒂昂的芝诺。这个"廊苑"实际上是个用壁画装饰的石柱廊。

穿行于雅典城，我们可能会与犬儒学派哲学家克雷特斯（Crates）擦肩而过，芝诺就曾经上过他的哲学学校。虽然最早的犬儒学派哲学家们在西诺萨迦斯（Cynosarges）运动场附近聚会——他们也因此而得名——但是在雅典的任何地方都可以找到他们。他们在吸引（或者说拖拽，如果需要的话）普通人加入他们的哲学讨论。而且，父母们有可能心甘情愿地把孩子送去跟芝诺学习，但却不可能鼓励孩子变成犬儒主义者。因为如果犬儒主义的说教得以成功地内化的话，他们的孩子势必会过上一种丢脸的贫苦生活。

朝西北走，从迪普利翁之门（Dipylon Gate）出城，我们会进入伊壁鸠鲁主义者（Epicureans）的花园，他们的聚会由伊壁鸠鲁本人亲自主持。先前说的那个漆过的柱廊是处于闹市之中的，可以想象犬儒学派的授课人会时不时地被街上的噪音或者路人的评论所打断；而伊壁鸠鲁的花园却给人一种独特的乡村感受。这个花园实际上是一个种植园，伊壁鸠鲁主义者们在里面种植自己的蔬菜。

继续朝西北走，至离集市大约一英里的地方，我们会来到学园，就是柏拉图于公元前387年也就是苏格拉底去世十几年后创立的哲学学校。像伊壁鸠鲁的花园一样，学园也是一个推究哲理的美妙地方。这是一个像公园一样的僻静之处，装饰着人行道和喷泉。学园的庭院里有建筑物，是由柏拉图和他的朋友们出资修建的。在公元前300年，在那里侃侃而谈的应该是帕莱莫（Polemo）。他继承了学校校长的职位。（我们将会看到，斯多葛学派哲学家芝诺曾经有一段时间也在帕莱莫的学校学习。）

掉头折返，再次穿过城市，出城门后进入雅典的东郊，我们就来到了亚里士多德的吕克昂学府（Lyceum）。在这个满是树木、靠近阿波罗·莱克奥斯圣坛的地方，可以看到那些巡游教师，即亚里士多德的门徒，在那里边走边谈，这群人里面为首的可能就是狄奥弗拉斯特（Theophrastus）。

但是这只是对古代父母们开放的教育选择的开始。除了在我们的徒步旅行中提到的学校之外，还有更早提到的昔勒尼、怀疑论、麦加拉、伊黎安等学派的学校。除了这些，我们还可以加上第欧根尼·拉尔修斯提到过的另外几所学校，包括埃利特伦（Eretrian）学校、安妮西伦（Annicerean）学校和迪奥多伦（Theodorean）学校，另外还有伊达蒙主义者（the Eudaemonists）、真理热爱者（the Truth-lovers）、驳斥主义者（Refutationists）、类推论理者（Reasoners from Analogy）、物理学家（Physicists）、道德家（Moralists）和辩证家（Dialecticians）所开办的学校。[6]

在这种情况下，年轻的男子（很少有年轻的女子）并不是唯一去上哲学课的人。有时候，父亲们也跟着儿子一起学习。在另外一些情况下，成年人会自己去听学校的讲课。有些成年人仅仅是对哲学感兴趣而已；也许他们年轻时上过一所学校，现在是想在那所学校所教授的人生哲学中得到"继续教育"。其他成年人，虽然从来没有上过一所学校，但是可以作为嘉宾来听课。他们的动机非常像现代人听公共讲座的动机：想变得有见识并得到娱乐。

然而，也有一些到哲学学校听课的成年人是别有用心的：他们想要开办自己的学校，所以去听名校中翘楚的课程，以便借用其哲学观念到自己的教学中去。季蒂昂的芝诺就被指责做了这样的事情：帕莱莫抱怨说，芝诺在学园听课的动机就是要偷走他的学说。[7]

作为对手的哲学学校在教授的科目上有所不同。比如说，早期的斯多葛学派哲学家不仅仅对人生哲学感兴趣，而且对物理学和逻辑学也感兴趣。原因很简单，他们认为这些学科在内部相互盘根错节。伊壁鸠鲁主义者和斯多葛学派一样，也对物理学感兴趣（尽管他们对这个物理世界所持的观点和斯多葛学派不一样），但是他们对逻辑学却不感兴趣。昔勒尼学派和犬儒派对物理学和逻辑学都不感兴趣；在他们的学校，教授的全部内容都是人生哲学。

那些给学生们提供人生哲学的学校，在他们推荐的哲学主张方面也不尽相同。比如，昔勒尼学派认为生活的宏伟目标就是体验快乐,因此主张抓住每一个机会去体验快乐。犬儒派则主张禁欲主义的生活方式:他们论证说,如果要过良好的生活,你就得学会接受近乎于一无所有的状况。斯多葛学派位于昔勒尼学派和犬儒派之间的某个位置:他们认为人们应该享受生活所能提供的良好事物,包括友谊和财富;只要他们不紧紧抓住这些良好的事物不放就行。的确,他们认为我们应该定期中断自己对生活所能提供的事物的享受,花一些时间去仔细思考我们从正在享受的事物中所遭受的损失。

让自己皈依于某个哲学流派是一件严肃的事情。根据历史学家西蒙·普赖斯(Simon Price)的说法,"坚守一个哲学派别不仅仅是头脑的事情,或者不仅仅是智力生活的结果。那些严肃地对待他们的哲学观的人力图日复一日地在生活中践行那种哲学。"[8]正如一个当代人的宗教信仰能够成为他个人身份的关键因素一样——考虑一下一个重生的基督教徒吧——一个古希腊或者古罗马的哲学背景会是他身份的一个重要部分。根据历史学家保罗·维恩(Paul Veyne)的说法,"做一个真正的哲学家,就是要在生活中践行某种教派的教义,就是要在行动上(甚至服装上)与其保持一致;如果有需要,甚至为它而死。"[9]

因此,本书的读者应该牢牢记住,虽然我把斯多葛主义作为一种人生哲学进行宣扬,但这并不是寻求这种哲学的人的唯一选择。而且,尽管斯多葛学派认为他们能够证明他们拥有的是正确的人生哲学,但我并不认为(我们在第二十一章将会看到）这样的证明是可能的。相反，我认为一个人选择什么样的人生哲学，取决于他的个性和环境。

在承认了这一点之后，我要补充的是，我认为有非常多的人，他们的个性和环境将他们塑造成践行斯多葛主义的理想候选人。而且，一个人无论最终采取什么人生哲学，较之那种没有一以贯之的人生哲学的生活，他都可能获得更加美好的人生。

第 2 章

最早的斯多葛主义者

芝诺（Zeno，公元前333-前261）是第一个斯多葛学派哲学家。（我所说的芝诺，是季蒂昂的芝诺，不要和因为涉及阿克琉斯和一只乌龟的悖论而出名的埃里亚的芝诺相混淆，也不要和第欧根尼·拉尔修斯在他的传记描写中提到的另外七个芝诺中的任何一个相混淆。）芝诺的父亲是一个经营紫色染料的商人，他旅行回家时总是给芝诺带回很多书来读，其中就有在雅典购买的哲学书籍。这些书籍唤起了芝诺对哲学和雅典的兴趣。

由于一起海难，芝诺留在了雅典，在此期间，他决定好好利用雅典所能提供的哲学资源。他去一家书店，询问在哪里可以找到像苏格拉底这样的人。这时,犬儒派哲学家克雷特斯正好经过那儿,卖书的人就指着他说,"跟那个人走吧。"据说,就这样芝诺成了克雷特斯的学生。在回顾生活中的这段经历时,芝诺评论说,"海难为我带来了一次幸运的旅程。"[1]

犬儒派对于哲学论理的兴趣极少。相反,他们主张一种相当极端的哲学生活方式。他们是禁欲主义者。从社会的角度来讲,他们就是古代的(我们今天所说的)无家可归者。他们在街上生活,在地上睡觉。他们仅拥有盖在背上的衣物,典型的就是一件破烂的袍子,古人把它叫作"犬儒服"。他们的生存是一种得过且过、仅能糊口的日子。

当有个人告诉爱比克泰德(Epictetus)——爱比克泰德自己虽然是一个斯多葛学派哲学家,但对犬儒主义也很熟悉——自己正在考虑去犬儒派的学校上学时,爱比克泰德解释了成为犬儒派所需要做到的事情,"你必须完全抛开'得到'的意愿,必须乐意避免那些位于你意愿范围之内的东西;你绝不能怀有生气、愤怒、嫉妒和怜悯之心;美貌少女、良好的名声、最爱之物或者香甜的点心,等等。对于你来说,这些必须毫无意义。"他解释道,"一个犬儒派的忍耐力必须达到这样一种程度,以至于他近乎像石头那样没有感知。即使谩骂、责打或侮辱,他都会毫不在意。"[2]可以想象,很少有人有这样的勇气和忍耐力,去过一个犬儒派的生活。

犬儒派以风趣和智慧而著称。比如,有人问,一个男人应该和什么样的女人结婚。安提西尼回答说,无论他选择什么样的女人做老婆，他都会把日子过到后悔不已："如果她美丽，她将无法专属于你；如果她丑陋，你就得为此付出许多金钱。"在与人交往的问题上，他评论说，"与乌鸦交友也比与马屁精交友好；因为前一种情况下你是死后被吞食的，而在后一种情况下你是被生吞活剥的。"他还忠告他的听众，要"注意你们的敌人，因为他们是首先发现你们错误的人"。尽管他言辞犀利，或者说恰恰是因为他的犀利和睿智，安提西尼被描述成"谈话最令人愉悦的人"[3]。

锡诺普的第欧根尼（Diogenes of Sinope，不要与为他和其他哲学家写传记的第欧根尼·拉尔修斯相混淆）是安提西尼的学生，后来成了最著名的犬儒派哲学家。第欧根尼注意到，为了保证简单的生活，"神灵将轻松生活的手段赐予了人类，但是人们却对此无知无觉，因为我们需要抹了蜂蜜的蛋糕、油膏和这一类的东西。"他说，这就是人类发疯的地方，当有能力获得满足时，他们却选择过得不幸福。问题是，"坏人服从了他们的欲望，就像仆人服从了他们的主人一样"，正因为不能控制自己的欲望，他们永远也得不到满足。[4]

第欧根尼坚持认为人类的价值观遭到了腐蚀。他举例说：一尊雕像，唯一的作用就是取悦眼睛，但却可能价值三千个银币；而一夸脱大麦面粉，能够维持我们的生命，购买时却只需要花两个铜钱。[5]他相信饥饿是最好的开胃菜，因为要等到饥饿或口渴时才吃东西或喝水，所以"他吃一个大麦面饼的快乐比别人吃最昂贵菜肴的快乐还要大，从潺潺溪水中喝水的快乐比别人喝美酒的快乐还要大。"[6]当被问及他缺少一个住处的问题时,第欧根尼回答说,他可以进出每一座城市里的大房子——也就是进出它们的庙宇和体育馆。当被问及从哲学中学到了什么时,第欧根尼回答说,"准备迎接每一种命运。"[7]我们将会看到,这个回答预示了斯多葛主义的一个重要主题。

犬儒派并不像伊壁鸠鲁和柏拉图那样,在郊区的环境中贩卖他们的主张;而是像苏格拉底那样,在雅典的大街上。犬儒派还像苏格拉底那样,不仅仅寻求教导那些主动来求学的学生,而且还寻求教导其他的任何人,包括那些不大情愿接受教导的人。的确,犬儒派哲学家克雷特斯——正如我们已经看见的那样,是斯多葛学派哲学家芝诺的第一个哲学老师——就不满足于去"纠缠"那些他在街上碰到的人,他还不请自来,登门造访,到人家里去劝诫。因为这个习惯,他以"叩门人"的名号而著称。[8]

在跟克雷特斯学习了一段时间之后,芝诺发现他比克雷特斯对理论更感兴趣。于是他冒出了这样的念头,即不只是要单独研究作为生活方式的哲学或作为理论的哲学,而是要把生活方式和理论结合起来,就像苏格拉底所做的那样。[9]19世纪德国的哲学家叔本华(Arthur Schopenhauer)总结了犬儒主义和斯多葛主义的关系,他观察的结果是,斯多葛学派哲学家是"以从实践衍变为理论的方式"从犬儒派中发展而来的。[10]

于是芝诺出发去学习哲学理论。他离开克雷特斯后跟随的

第一部分 斯多葛主义的兴起 _33

老师是麦加拉学派的斯蒂尔帕（Stilpo）。（克雷特斯的反应是硬要把他拖走。）他还在学园跟帕莱莫学习过。在大约公元前300年时，他开办了自己的哲学学校。在他的教学中，他致力于把克雷特斯关于生活方式的忠告和帕莱莫的理论哲学融为一体。（根据帕莱莫的说法，芝诺差不多只是给学园的学说"化了一个腓尼基人的妆"。）[11] 在这种结合中，他还融入了麦加拉学派对逻辑和悖论的兴趣。

芝诺的哲学学校立刻取得了成功。[12] 他的追随者最初叫作芝诺主义者，但是因为在斯多阿－堡意其利（斯多葛学派的学校）讲课的习惯，后来他们就成了斯多葛学派——顺便提一下，就像早先习惯于在那里逗留的诗人也成了斯多葛学派一样。[13]

斯多葛主义变得吸引人的原因之一，就是它摒弃了犬儒派的禁欲主义：斯多葛学派偏爱的生活方式虽然简单，却是接纳物质享受的。斯多葛学派为了捍卫他们对禁欲主义的摒弃，争辩说，如果他们像犬儒派一样避免这些"好事物"，那就证明了这些事物真的是好的——是一些如果不从眼前藏起来他们就会渴望的事物。无论碰到什么可以获得的"好事物"，斯多葛学派都会享受，但是即便这样做时，他们也准备着让自己放弃这些事物。

芝诺的哲学由伦理学、物理学和逻辑学组成。那些在他之下学习斯多葛主义的人，开始学习逻辑学，然后学习物理学，最后学习伦理学。[14]

虽然斯多葛学派不是最先研究逻辑学的人——例如亚里士多德和麦加拉学派,都比他们要早——但是斯多葛学派的逻辑学却显示了前所未有的复杂程度。斯多葛学派对于逻辑学的兴趣,是他们相信人类独有的属性是他们的理性这一观念的自然结果。毕竟,逻辑学研究的就是对推理论证的正确使用。斯多葛学派成为了论证形式的专家,这些论证形式诸如"如果 A,那就 B;但是 A,因此 B",或者"要么 A 要么 B,但是不是 A,因此 B"之类。这两个论证形式,分别叫作"取式"(modus ponens)和"拒取式"(modus tollendo ponens),今天的逻辑学家还在使用。

还有一个事实有助于我们理解斯多葛学派对于逻辑学的兴趣。那就是——别忘了父母们把孩子送到哲学学校,不仅仅是为了让他们学会怎样才能生活得更好,而且也是为了强化他们劝说别人的技能。斯多葛学派用教学生逻辑的方法来发展他们的这种技能:懂得逻辑的学生能够识别他人的谬论,因此能够在辩论中击败对手。

物理学是芝诺的斯多葛主义的第二个组成部分。生活在一个没有科学的时代,芝诺的学生无疑会珍视这种对周围世界的解释。除了像现代物理学那样提供对自然现象的解释之外,斯多葛学派的物理学还与我们所说的神学有关。比如,芝诺就试图解释神灵的存在和性质这样的事情,解释神灵为什么创造了宇宙和它的居民,解释神灵在决定事件的结果中所起的作用,以及人和神灵之间的正确关系。

伦理学是芝诺的斯多葛主义的第三个也是最重要的组成部分。读者们会意识到，斯多葛学派的伦理概念，和我们现代的伦理概念是不同的。我们认为伦理学就是关于道德上正确和错误事情的学问。比如说，一个现代的伦理学家会考虑堕胎在道德上是不是被允许，以及（如果被允许）在哪种情况下被允许的问题。相比较而言，斯多葛学派的伦理学，就是所谓的伊达蒙主义的伦理学，来自于希腊语 eu（意为"好"）和 daimon（意为"精神"）。所以它不是与道德上的正确和错误相关联的，而是与有一个"好精神"相关联的。也就是说，是与过一种良好、幸福的生活或者有时人们所说的道德智慧相关联的。[15]正如哲学家劳伦斯·C. 贝克尔（Lawrence C. Becker）所指出的那样，"斯多葛学派的伦理学，是伊达蒙主义的一个子系。它中心的、统领的关注是关于我们应该做什么或者是什么以便能够生活得更好——能够生命繁盛——的问题。"[16]用历史学家保罗·维恩的话说，"斯多葛主义不像是一种伦理，却更像是一种看上去有些矛盾的幸福秘诀。"[17]

当代读者很容易误解斯多葛学派观念中的"良好生活"。的确，许多读者会把"良好生活"和"生计不错"等同起来——这样，良好的生活就成了拥有一份收入颇丰的工作。然而，斯多葛学派却认为，一个人完全有可能生计很好却拥有糟糕的生活。比方说，他恨他高收入的工作，或者工作要求他做他明知道是错误的事情，结果在他的头脑中形成冲突。

那么，一个人必须做什么，才能获得斯多葛学派所说的幸福生活呢？要有德行！可是"德行"也是一个容易引起误解的词。告诉一个当代读者，说斯多葛学派主张她以一种有德行的方式来生活，那么她可能会翻翻眼皮；的确，对于这个读者来说，修女就是有德行的个体的最佳例证，而她们的德行就是她们的纯洁、谦逊和善良。那么，斯多葛学派是不是主张我们像修女那样生活呢？

实际上，这根本不是谈及德行时斯多葛主义者头脑里所想到的内容。对于斯多葛主义者来说，一个人的德行并不取决于，比方说，他性生活的历史。相反，这要取决于他作为人的优秀程度——也就是他对生而为人应有的作用发挥得有多好。一把"有德行的"（或者说优秀的）锤子就是很好地发挥了锤子作用的锤子——也就是说，钉钉子——同样，一个有德行的个体就是很好地发挥了人生而为人所应该有的作用的人。那么，要有德行，就是要像人生而为人所应该生活的那个样子去生活；按照芝诺的说法，就是要顺应自然。[18]斯多葛主义者还会补充说，如果我们这样做了，我们就会有幸福的生活。

那么人是为着什么作用而生的呢？斯多葛学派认为，要回答这个问题，我们只需要考察自己就行了。我们会发现，我们有一定的本能，就像所有的动物一样。我们会体验饥饿；这是自然让我们滋养自己的方式。我们也会体验性欲；这是自然让我们繁衍的方式。但是我们在一个重要的方面是和其他动物不同的：我们有推理的能力。芝诺断言，从推理的能力我们可以得出结论，我们生来是要富有理智。

如果使用我们的理性，就可以进一步得出结论，我们生来是要做一定的事情的，也就是我们有一定的责任。既然自然的目的是要把我们变成社会动物，那么具有最重要意义的事情，就是我们对于同胞是有责任的。比如，我们应该尊敬父母，对朋友友善，而且关心同胞的利益。[19]正是这种社会责任感使得斯多葛学派哲学家加图（Cato）在罗马的政坛上发挥了积极的作用，尽管这样做使他送了性命。

像我已经说过的那样，尽管斯多葛学派的主要关注是伦理——就是关注有德行的生活并由此获得良好的生活——他们对逻辑学和物理学也感兴趣。他们希望通过对逻辑学的学习，更好地发挥我们生来需要发挥的功用之一，那就是行为举止富有理智。他们也希望通过对物理学的学习，获得对生而为人的意义的洞察。斯多葛学派使用各种比喻来解释他们哲学中三个组成部分之间的关系。比如他们声称，斯多葛哲学就像是一块肥沃的土地，"逻辑学就是将土地围起来的篱笆，伦理学就是庄稼，而物理学就是土壤"[20]。这个比喻说明了伦理学在他们的哲学中所起的中心作用：如果不是因为庄稼要长成的话，为什么还要担心土壤的问题，为什么还要建篱笆呢？

假使我们完美地顺应着自然而生活——也就是完美地践行着斯多葛主义——就会成为斯多葛学派所说的智者或圣人。根据第欧根尼·拉尔修斯的说法，一个斯多葛学派的圣人，就是"没有虚荣心的人；因为无论别人说他好还是说他坏，他都会漠不关心"。他从不会感到悲伤,因为他意识到悲伤是一种"灵魂不理智的收缩"。他的行为是值得仿效的。他不会让任何事情阻止他履行自己的责任。虽然他也喝酒,但是他喝酒从来不是为了喝醉。简言之,斯多葛学派的圣人,就是"像神一样"[21]。

斯多葛学派自己会第一个承认,这种像神一样的特性是极其罕见的。但是对于他们来说,这种变为圣人的几乎不可能性,并不是一个问题。他们谈论圣人,主要是为了要有一个楷模,去引导他们践行斯多葛主义。圣人是供他们瞄准的目标,尽管他们有可能击不中这个目标。换言之,圣人之于斯多葛主义,犹如佛陀之于佛教。大多数佛教徒永远都不能指望变得和佛陀一样开悟,但是仔细思考佛陀的完美可以帮助他们达到一定程度的开悟。

克里安西斯(Cleanthes,公元前331–前232)是芝诺的斯多葛学派学校的学生。芝诺死后,他继承了学校的领导地位。可是当克里安西斯年老时,他的学生开始离开他而投奔别的学校,斯多葛主义的未来显得暗淡无光。他死后,斯多葛学派学校的领导地位传给了他的学生克里希帕斯(Chrysippus,约公元前282–前206)。在他的治理之下,学校才重获往日的声望。

克里希帕斯死后,斯多葛学派的学校在一连串领导者的相继掌权之下继续繁荣。这些领导者当中有罗得岛的潘纳修斯(Panaetius)。他在斯多葛主义的历史中并不是作为改革创新者而是作为本学派的对外传播者被记录下来。大约是在公元前140

年，当潘纳修斯旅行到罗马时，他把斯多葛主义也一同带了去。他同西皮奥·阿弗里卡纳斯（Scipio Africanus）以及罗马的其他绅士结交为友，激发他们对哲学的兴趣，因而成为罗马斯多葛主义的创始人。

在引进斯多葛主义之后，罗马人对这个学说进行了修改，以适应他们的需要。一方面，他们对逻辑学和物理学所表现出来的兴趣要少于希腊人。的确，到了伟大的罗马斯多葛学派中最后一人——马可·奥勒留（Marcus Aurelius）的时代，逻辑学和物理学已经基本上被抛弃了：在《沉思录》中，我们可以发现马可祝贺他自己没有浪费时间去学习这些科目。[22]

罗马人对希腊斯多葛学派的伦理模式也做了微妙的修改。我们已经看到，希腊斯多葛学派的主要伦理目标就是获取德行。罗马斯多葛学派保留了这个目标，但是我们也发现他们不断地推进第二个目标，即获得安宁。安宁的意思并不是说他们的头脑处在一种行尸走肉般的状态。（毕竟，主张这种安宁，就是放弃斯多葛学派认为对于有德行的生活所必须的理性。）斯多葛学派所说的安宁，是一种以消极情感的缺席和积极情感的存在为特点的心理状态。消极情感包括悲伤、生气、焦虑等，积极情感包括愉悦之类。

对于罗马斯多葛学派来说，获取安宁的目标和获取德行的目标是相联系的。因为这个原因，他们讨论德行时也有可能就是在讨论安宁。他们尤其可能会指出，获取德行的益处之一就是我们因此而体验到安宁。所以，早在他的《论述》中，爱比克泰德就劝勉我们追求德行，但立刻又提醒我们德行"是信守……创造幸福、平静和安详的承诺的"，"朝着德行的进步就是朝着这每一种心智状态的进步"。的确，他讲得这样深入，以至于把安详等同为德行所致力于达到的结果了。[23]

因为罗马斯多葛学派花很多时间来讨论安宁的问题（作为有德行的生活的一个副产品），他们给人们造成了一种对德行不感兴趣的印象。比如，我们可以考虑一下爱比克泰德的《手册》，也称为《指南》。阿里安（Arrian，爱比克泰德的一个学生）编撰了这部著作，目的是要给二世纪的罗马听众提供一部对于斯多葛主义的通俗易懂的介绍。《手册》充满了爱比克泰德关于我们必须做什么事情以获取和保持安宁的忠告，但是阿里安却认为并没有看到提及德行的必要。

最后一点，是要评论一下对于罗马斯多葛学派来说获取德行的目标和获取安宁的目标这两者之间联系的前后顺序。我想，除了声称追求德行会给我们带来安宁之外，罗马斯多葛学派还会论证说，获取安宁也会帮助我们追求德行。一个内心不宁的人——也即一个因生气或悲伤这样的消极情感而心烦意乱的人——可能会发现，要做他的理性告知他应该做的事情是很困难的：他的情感会压倒他的智力。因此这个人会在"何为真正有价值之事"的问题上变得糊涂起来，结果就可能无法去追求它们，最终就不能够获得德行。所以，对于罗马斯多葛学派来说，追求德行和追求安宁是一个有德行的循环的组成部分——的确，这是一个有双重德行的循环：追求德行带来一定程度的安宁，安宁反过来又让我们追求德行变得更加容易。

为什么罗马斯多葛学派比他们的希腊前辈更加突出地重视安宁的作用呢？我认为，对这个问题的部分回答是，罗马斯多葛学派对于用纯粹的理性驱动人心的信心不及希腊人。希腊斯多葛学派认为，让人们追求德行的最佳方法，就是让他们理解什么事情是好的：如果一个人理解真正的好事情是什么，由于他是有理性的，他就一定会追求这些事情，因而就会变得有德行。因此希腊斯多葛学派认为提及追求德行的有益副产品并无必要，这当然就包括最有意义的对安宁的获取。

相比较而言，罗马斯多葛学派显然认为，为什么人们应该追求德行，这个问题对于他们的罗马同胞来说并非显而易见。他们也认识到，普通的罗马人会本能地珍视安宁，结果就会善于接受获取安宁的策略。因此罗马斯多葛学派似乎得出了这样的结论：用给德行加上安宁的糖衣的方法——更准确地说，是用给人们指明他们可以靠追求德行来获取安宁的方法——他们就可以使得斯多葛学说对于普通的罗马人更具吸引力。

而且，斯多葛学派的老师，比如墨索尼亚斯·鲁弗斯和爱比克泰德，强调安宁还有另一个原因：这样做，可以使他们的学校对潜在的学生更具吸引力。我们应该记住，在古代世界，哲学学校是直接相互竞争的。如果一所学校教授的哲学被人们发现是有吸引力的，它就获得了"市场份额"；而如果一所学校的哲学不符合潜在学生的胃口，它就会被人们遗忘——这个现象我们已经看到,几乎就发生在克里安西斯领导下的斯多葛学派学校身上。

要获得和留住学生,学校愿意对他们所教授的哲学学说采取灵活的态度。据记载,公元前三世纪中叶,学园派和斯多葛学派的哲学学校,因为学生流失到伊壁鸠鲁主义的学校,就组合成一个哲学联盟,并对其学说做了相应的调整;其共同的目的就是要把学生从伊壁鸠鲁主义者那里吸引过来。[24]可以想象,沿着类似的路线,罗马斯多葛学派也可能采用在他们的哲学中强调安宁的策略,试图把学生从伊壁鸠鲁主义者那里吸引过来;而伊壁鸠鲁主义者也用安宁的前景来吊他们学生的胃口。

如果说古代的哲学家为吸引学生而"扭曲"哲学学说的做法有些不合情理的话,我们总应该记得这正是许多哲学学校得以开张的方式。例如,当亚历山德里亚的博塔莫(Potamo)决定开办一所哲学学校时,他采用了天才的营销手段:他认为吸引学生的最好方式就是从彼此竞争的各所学校中优选他们的哲学学说。[25]他论证说,那些到他所谓的"兼收并蓄"的学校上学的学生,能够获得每一所竞争中的学校所提供的精华。更到位的,我们应该记得芝诺本人,他为了"调配"出希腊斯多葛主义,扭曲和混合了(至少)三种不同的哲学流派:犬儒派、麦加拉学派和学园派。

因为强调"安宁"在哲学中的地位,斯多葛学派不仅使其哲学更加吸引古罗马人,而且——我认为——还使它更加吸引当代的人们。毕竟,要让当代的个体对自己更富德行(就这个词的古典意义而言）产生兴趣，是一件不寻常的事。（我们也许对更有德行应该有兴趣，但无情的事实是，大多数人并没有兴趣。）所以，如果你告诉某人，你拥有某种古人获取德行的窍门并愿意同他分享，那么，你可能遇到的回应就是他的呵欠。但是如果你告诉他你拥有古人获取安宁的方法并愿意同他分享，那么，他的耳朵就有可能会竖起来；在大多数情况下，我们是不需要去说服人们相信安宁的价值的。事实上，如果问起来，他可能会喋喋不休地抱怨他的生活被妨碍安宁的消极情感所损害。

正是因为这个原因，在接下来的篇幅中，我将把焦点集中在罗马而不是希腊的斯多葛学派上。也是因为这个原因，我考察罗马斯多葛学派的主要焦点将不是他们对如何获得德行的忠告，而是他们对如何获得并保持安宁的忠告。另外，我还要补充：追随罗马斯多葛学派获取安宁忠告的读者，应该也同时得到了德行。如果情况是这样，那就更好了。

第3章

罗马斯多葛主义

最重要的罗马斯多葛学派哲学家——也就是我认为现代人从他们那里可以获益最多的斯多葛学派哲学家——包括塞涅卡、墨索尼亚斯·鲁弗斯、爱比克泰德和马可·奥勒留。[1]塞涅卡是这群人当中最好的作家，他的文章和给鲁基里乌斯（Lucilius）的信，成为对罗马斯多葛主义通俗易读的入门介绍。墨索尼亚斯是以实用主义而闻名的：他对于斯多葛主义的践行者应该如何吃饭、穿衣、对待他们的父母，甚至如何进行性生活，都提供了详细的建议。爱比克泰德的特点是分析，他从许多其他的事情中，解释了为什么践行斯多葛主义能够给我们带来安宁。

最后，从马可以一种日记体写成的《沉思录》中，我们了解到一个践行斯多葛学派的哲学家秘密的内心世界：对于作为罗马皇帝碰到的问题和日常生活中碰到的问题，他同样都寻求斯多葛主义的解决办法。

卢修斯·阿纳犹斯·塞涅卡（Lucius Annaeus Seneca），又叫作小塞涅卡，于公元前四年到公元前一年之间的某个时候在西班牙的柯杜巴出生。虽然我们拥有的他的哲学文献比任何其他斯多葛学派哲学家的都要多，但他并不是其中最多产的人（克里希帕斯以多产而闻名，但是他的著作却没能留存下来），而且他也不是特别具有原创性。然而，他的斯多葛学派文献却相当精彩。他的文章和信件充满了对于人类状况的洞见。在这些文献中，塞涅卡谈到了那些使人们不幸福的典型事情——比如悲伤、生气、年老和社交焦虑等——也谈到了我们能够做什么来使我们的生活变得更加愉快，而不只是仅仅忍受。

就像我要讨论的其他罗马斯多葛学派哲学家一样，塞涅卡并不是淡泊地顺从生活；相反，他是积极地投入生活。像其他斯多葛学派哲学家一样，他也是一个复杂的人物。的确，即使塞涅卡没有写过一个关于哲学的字，他也会因为另外三个原因而将哲学带到历史记载中来。他会作为一个成功的剧作家而被记住。他会因为他的金融事业而被记住：他似乎是一位典型的投资银行家，部分因为自己的敏锐而变成了一位巨富。最后，他会因为在一世纪的罗马政治中所起的作用而被记住：除了元老之外，他还是皇帝尼禄（Nero）的家庭教师，并且后来成为了尼禄的首席顾问。

塞涅卡介入皇室给他带来了麻烦。当克劳迪厄斯（Claudius）成为皇帝之后，他指责塞涅卡和他的侄女朱莉娅·里维拉（Julia Livilla）通奸（这是莫须有的）而定他死刑，但是审判改成了放逐和没收全部财产。于是，公元41年，40多岁的塞涅卡就被送往了我们称之为"贫瘠、困难重重的荒石之地的科西嘉"[2]。在这期间，他阅读、写作，对这个岛屿进行研究——大概正是践行他提倡的斯多葛主义。

到了公元49年，阿格里皮娜（Agrippina）嫁给了克劳迪厄斯，她劝说他把塞涅卡从放逐中召回，以便让塞涅卡给她的儿子尼禄做家庭教师，当时尼禄只有十一二岁。就这样，在被放逐了八年之后，塞涅卡又回到了罗马。正如有人告诉我们的那样，他在罗马社会安顿下来之后，又成为了"他那个时代声誉最为卓著的公民：当时最伟大的散文家和诗人，世纪之初黄金时代以来文坛上最伟大的名字，专横的皇后最喜欢的人"[3]。就连塞涅卡自己，也和任何一个外人一样，惊讶于自己在生活中的成功：他曾发问，"难道真的是我，生于低微的骑士阶层、偏远的地区，而位列权贵之中？"[4]

尼禄成为皇帝之后，塞涅卡被提升为顾问。事实上，他和禁卫军首领瑟科斯塔斯·阿芙洛尼亚斯·巴罗斯（Sextus Afranius Burrus）一同成为了尼禄的贴身亲信。一开始，塞涅卡和巴罗斯行之有效地约束住了尼禄的放荡趋势，罗马帝国也享受了五年的良好统治。这期间塞涅卡自己也发达起来：他变得越来越富有。他的财富引起了人们对他的指责，说他是一个伪君子。因为他一面主张斯多葛学派的克制生活，另一面又过得极其富裕。然而读者们需要记住的是，斯多葛主义并不像犬儒主义，它并不要求支持者采用禁欲主义的生活方式。相反，斯多葛主义者认为，享受生活所能够提供的好处并没有什么错，只要我们在享受的方式上小心谨慎就行。特别是当客观环境发生变化时，我们就必须准备好放弃这些好处而不感到遗憾。

公元59年阿格里皮娜死后——尼禄设计杀死了她——尼禄开始对塞涅卡和巴罗斯的指导感到恼怒。公元62年，巴罗斯死了，可能是病死的，也可能是被毒死的。塞涅卡意识到他身居朝廷的日子不多了，所以企图用托病和告老的方式从政治中隐退。尼禄最后同意他隐退，但是他隐退的时间并不长。接替塞涅卡的幕僚们让尼禄相信，塞涅卡和一起反对他的阴谋有牵连。于是，公元65年，尼禄下令将塞涅卡处死。

在刑场上，当他的朋友为他的命运哭泣时，塞涅卡却责备他们。他问，他们的斯多葛主义都给了他们什么？然后他拥抱了他的妻子。他手臂上的动脉被割开，但是由于年老和疾病，他的血流得很慢，结果腿上和膝上的动脉也被切断。但他还是没有死。他请一个朋友拿来毒药，不过喝下之后还是没有出现毙命的效果。最后他被带到一个浴室，那里的蒸汽使他窒息而死。[5]

塞涅卡的散文《论幸福生活》是为他的哥哥加里奥（Gallio）写的——顺便提一下，这就是在圣经新约《使徒行传》（18:12-16）中提到的在科林斯拒绝审判圣保罗（St. Paul）的那个加里奥（圣经和合本译作迦流）。在这篇散文中，塞涅卡解释了怎样做才是追求安宁的最佳方法。从根本上讲，我们需要使用理性来赶走"所有那些使我们激动或使我们受到惊吓的事物"。如果可以做到这一点，就可以保证有"无法被破坏的安宁和持久的自由"，我们就能体验"坚实的、永恒的、无穷尽的愉悦"。的确，他声称（我们也已经看到了），践行斯多葛主义原则的人，"无论是否愿意，他都一定能够得到恒久不变的欢悦和一种深邃的、发自内心深处的快乐，因为他是从自己的智慧中找到快乐的，他也不可能渴望得到比他内心深处的愉悦更大的愉悦"。而且，和这样的愉悦相比较，肉体的快乐是"不重要、微小和转瞬即逝的"[6]。

在另一个地方，我们发现塞涅卡告诉他的朋友鲁基里乌斯，如果他想要践行斯多葛主义，就必须把"学习如何感到愉悦"当做一件正事来做。他补充说，他要鲁基里乌斯践行斯多葛主义的原因之一，是因为他不想让鲁基里乌斯"在任何时候都可能被剥夺欢乐"[7]。那些习惯于把斯多葛主义者想成一群忧郁的家伙的人，可能会对这样的观点感到惊奇，但是这些观点和其他言论都清楚地表明，"愉快的斯多葛主义者"这个说法，并非自相矛盾。[8]

盖厄斯·墨索尼亚斯·鲁弗斯（Gaius Mosonius Rufus），是四个伟大的罗马斯多葛学派哲学家中名气最小的一个，大约出生于公元30年。按着他的家庭地位，墨索尼亚斯本可以在政治上走得很远，但他却开办了一所哲学学校。我们对墨索尼亚斯知之甚少，部分原因是因为他像苏格拉底一样，没有花力气写下他的哲学思想。幸运的是，墨索尼亚斯有一个学生卢修斯（Lucius），在听课时做了笔记。在这些笔记中，卢修斯经常一开始就谈到"他"（即墨索尼亚斯）在回应某个问题时所说的话。因此，墨索尼亚斯在学校的讲课似乎有可能并不是他自己的独角戏；相反，他与学生进行的是苏格拉底式的双向对话。墨索尼亚斯也有可能运用这些对话，既指导了学生，也评估了学生们在哲学上的进步。

墨索尼亚斯在皇帝尼禄的时代处于名声和影响力的顶点。他显然使自己站到了尼禄敌对者的行列里——或者更准确地说，是跟尼禄视为敌人的人站到了一起。尼禄将他投入监狱，然后将他放逐。（根据塔西佗〔Tacitus〕的说法，尼禄放逐墨索尼亚斯的真正原因，是因为他嫉妒墨索尼亚斯作为哲学家的名望。）[9]

对墨索尼亚斯的放逐特别残酷。公元65年，他被送到了希腊东南部爱琴海上基克拉迪群岛中的基亚拉（或基亚拉斯）岛上。这座岛屿荒凉、阴郁、多石头而且几乎没有水。希腊地理学家和历史学家斯特雷波（Strabo）把它描述成"毫无用处"，[10]塞涅卡也在他的"最糟糕流放地"清单中提到了它。

[11]（有趣的是，这座岛屿到了 20 世纪仍然被用作流放之地：它是 20 世纪 70 年代初期希腊将军们流放其政治对手的地方。）[12]

然而，墨索尼亚斯并没有因为流放而陷入绝望。相反，他对基亚拉岛和岛上的居民产生了兴趣。岛上的居民大多数都是渔民。他很快在岛上发现了一处泉水，因此使得这座岛屿变得更加适宜居住。而且无论他经历了怎样的寂寞，这些寂寞都被大量涌来的哲学门徒所冲淡。

尼禄死后，墨索尼亚斯回到了罗马。不久，新皇帝维斯帕西安（Vespasian）将所有的哲学家从罗马放逐，但是却似乎赦免了墨索尼亚斯。[13]但后来墨索尼亚斯又遭到了放逐。他大约死于公元 100 年。

根据墨索尼亚斯的思想，我们都应该研习哲学，因为除此之外，我们靠什么才能生活得更好呢？[14]而且他说，学习哲学应该深刻地影响我们的人格；更确切地说，当一个哲学家演讲时，他的话应该使他的听众颤抖、使他们感到惭愧，当他说完之后，听众不是应该给他喝彩，而是应该被震慑得一言不发。[15]根据爱比克泰德的说法，墨索尼亚斯本人显然就有这种让他的听众被震慑到一言不发的能力，因为当他说话时，他的听众会感觉到他似乎已经发现了他们那些暗自惭愧的品格，并且要将这些品格特征呈现在他们的面前。[16]

墨索尼亚斯也认为，践行哲学并不要求一个人逃避现实，就像伊壁鸠鲁主义者们所忠告的那样，反之应成为公共事务的

第一部分　斯多葛主义的兴起　51

积极参与者。因此，墨索尼亚斯是在让学生参与现实的情况下教他们如何获得斯多葛主义的安宁的。

除了认为哲学应该是实践的学科之外，墨索尼亚斯还认为学习哲学应该是一件普遍的事情。的确，他论证说，女人和男人都"从神灵那里得到了同样的推理的能力"。因此，像男人一样，女人也能够从教育和对哲学的学习中受益。[17]因为秉持和宣扬这样的观点，墨索尼亚斯得到了当代女权主义者们的赞赏。

爱比克泰德是墨索尼亚斯最著名的学生，大约于公元50年至60年的某个时候出生于一个奴隶家庭。他先后被皇帝尼禄的秘书厄帕洛狄托（Epaphroditus）和皇帝多米田（Domitian）赏识。这无疑让爱比克泰德接触到了皇室。[18]这也意味着，爱比克泰德虽然是一个奴隶，但却是一个"白领"奴隶。罗马人是珍视那些表现出智慧和创造力迹象的奴隶的。他们培训这些奴隶，以便他们能够最好地利用他们的天赋。随后他们会给这些奴隶安排工作，让他们做教师、顾问和行政官员。

爱比克泰德早年就产生了对哲学的兴趣。还是一个青年时，他就四处奔走，询问人们他们的灵魂是否健康。如果人们忽视他，他就会坚持追问下去，直到人们威胁要揍他为止。[19]说真的，这种行为表明，爱比克泰德最早是受犬儒主义而不是斯多葛主义的吸引；我们已经看到，犬儒主义者劝诱人们的方式是斯多葛主义者不采用的。即使在爱比克泰德成熟的哲学中，我们也能发现他对犬儒主义者尊敬的证据。

尼禄死后，爱比克泰德显然获得了自由，他开办了一所哲学学校。但是后来，他和罗马所有的哲学家一起，都被多米田放逐了。他把他的学校搬到了尼科波利斯，也就是现在希腊的西部。多米田遭刺杀之后，斯多葛主义重新受到尊重，甚至在罗马人中间变成了时尚。爱比克泰德那时是首屈一指的斯多葛学派教师。他本可以迁回罗马，但是他却选择留在了尼科波利斯。他的学校尽管位置偏僻，但是却吸引了来自整个罗马帝国的学生。

根据古典学者安东尼·A.朗（Anthony A. Long）的说法，爱比克泰德希望他的学生符合两个条件："第一，渴望从哲学中受益；第二，理解献身哲学所带来的将是什么。"[20]爱比克泰德明白，对于还没有认识到自身不足或者不愿意采取必要措施去克服这些不足的学生而言，他的话都是废话。他把他理想的学生描绘成这样的人：满足于"生活得不受束缚、不遭烦恼"，也就是，一个寻求"安宁和免于焦虑"的人。[21]

这些学生在爱比克泰德的一堂课上能够盼望的，并非从老师到学生关于神秘难懂的哲学理论的单向灌输。相反，他要求学生在上课时能和他单独交流。他要让自己的话语击中要害。因此他告诉学生，斯多葛主义的学校应该像大夫的诊室一样，让患者感到难受，而非舒适。[22]意思是说，任何有可能治愈疾病的方法也有可能给病人带来不适。所以根据朗的说法，他的课程是"需要辩证对待的——邀请他的听众考察他们自身"[23]。

爱比克泰德认为，哲学的主要关注应该是生活的艺术：正

第一部分　斯多葛主义的兴起　53

如木材是木匠的介质、青铜是雕塑家的介质一样，你的生活就是你践行人生艺术的介质。[24]类似于木匠师傅通过演示各种将木头加工成物件的技巧来带徒弟的方法，爱比克泰德也是通过演示从生活中成就事情的技巧来给学生传授生活的艺术。这里所说的技巧相当实际，完全可以运用于学生的日常生活。在各种各样的事情中，他教导他们如何应对侮辱，如何应对不称职的仆人，如何应对生气的兄弟，如何应对失去所爱的人，以及如何应对流放。爱比克泰德许诺说，如果能够掌握这些技巧，他们就能够体验目标明确、富有尊严的生活，更重要的是，他们就能够获得安宁。更进一步地说，哪怕生活可能让他们承受各种苦难，他们还是能够保持这种尊严和安宁。

那些阅读爱比克泰德著作的人会不可避免地注意到他频繁地提到宗教。的确，除了苏格拉底之外，（他）提得最多的就是宙斯主神了。为了更好地理解宙斯在斯多葛主义中所起的作用，不妨设想一下一个潜在的学生来到爱比克泰德学校的情形。如果这个人问，一个人必须做什么来践行斯多葛主义，爱比克泰德就可能描述斯多葛学派倡导的各种技巧。如果他问，他为什么应该践行这些技巧，爱比克泰德可能回答说，这样做能够使他获得安宁。

这样，到目前为止，一切都还好。但是假设这个学生也考察了其他的哲学学校，并且质疑为什么爱比克泰德的学校比那些学校都更好。更具体说，假设他问爱比克泰德，斯多葛学派所倡导的技巧能够使他获得安宁的理由何在。要回答这个问题，爱比克泰德就会开始谈起宙斯。

他会告诉这个学生，我们都是宙斯创造的。他的学生有可能会接受这个说法，因为在古罗马无神论似乎是极其罕见的。（这又要说回来了，当爱比克泰德提到宙斯时，他头脑里所想到的和大多数罗马人头脑里所想到的东西可能是不同的。尤其可能的是，爱比克泰德把宙斯等同于自然。）[25] 爱比克泰德会继续解释说，宙斯在一个重要的方面使我们不同于其他动物：我们是有理性的，和神灵一样。因此我们是一种奇妙的混合物，半兽半神。

碰巧，宙斯是一位体贴、善良、具有爱心的神灵，当他创造我们时，他考虑到了我们最大的利益。但是不幸的是，他似乎并不是全能的，所以在创造我们时，他所能做的是有限的。在《论述》中，爱比克泰德假想自己同宙斯进行了一次对话，在对话中宙斯用下面的言辞解释了自身的窘境："爱比克泰德，假使有可能，我本应该既给你这个小小的身躯，也给你这份微薄的财产——让你自由自在、无拘无束……然而既然我不能给你这个，我们就把自己的某一个部分给了你，这就是选择和拒绝、渴望和厌恶的能力。"他补充说，如果爱比克泰德学会恰当地使用这个能力，他永远也不会感到挫败和不满。[26] 换句话说，他就可以保持他的安宁——甚至于体验欢乐——尽管命运可能给他施加打击。

在《论述》的其他地方，爱比克泰德指出，即便宙斯能够让我们"自由自在、无拘无束",他也不会选择那样做。爱比克泰德把宙斯以一个体育教练的形象呈现给我们:"正是困难显示了人是什么。因此,当困难降临时,要记住,上帝就像一个体育教练那样,要你配得上做一个百折不挠的年轻人。"为什么要这样做呢?是为了让你变得坚韧、强大,以便你能够成为"奥林匹克的胜者"[27]——换句话说,是为了让你有尽可能好的生活。顺便提一下,塞涅卡也说过立场相近的话,他说,上帝"并不是把一个好人造就成一个被溺爱坏了的宠儿。他要给他设置困难,考验他,然后使他适宜于自己的使命。"尤其我们经历的逆境,只能算作是"训练",而且"我们所有人都为之颤栗的那些事情,都是有益于遭遇这种事情的人的"[28]。

爱比克泰德会告诉这个潜在的学生,如果要过良好的生活,他必须考虑他的天性、上帝创造他的目的,然后过相应的生活;正如芝诺所说的那样,他必须顺应自然去生活。这样生活的人不会仅仅追求快乐,就像动物那样;相反,他会使用他的推理能力,去思考人类的状况。然后他就会发现我们被创造的原因以及我们在宇宙的体系中所起的作用。他会意识到,要过良好的生活,他需要好好地发挥一个人的作用,这就是宙斯创造他的目的。因此他就会在德行这个词的古代意义上去追求德行,去努力变成一个优秀的人。他还会意识到,如果他顺应自然去生活,他的回报就是宙斯允诺给我们的安宁。

这个解释可能会让爱比克泰德时代的人感到满意,但是却有可能使现代人感到失望。因为现代人当中几乎没有人相信宙斯的存在，而且许多人都不相信我们是由一位要给我们带来最好事物的神创造的。因此，在这个问题上，许多读者都会想，"如果为了践行斯多葛主义，我必须得信仰宙斯和神创，那么斯多葛主义对我来说还没有开始就没希望成功了。"因此，读者们应该能够意识到，在不相信宙斯——或者就此事而言——神创造人的情况下，是完全有可能践行斯多葛主义的——特别是，运用斯多葛主义的策略来获取安宁。在第二十章我将谈论更多，来说明如何做到这一点。

"每日之始告诫自我：今天我会遇到干涉、忘恩负义、傲慢、不忠诚、恶意和自私——所有这些都是因为冒犯者的无知，不知道什么是善什么是恶而造成的。"[29]这些话并不是一个像爱比克泰德这样的奴隶写的，尽管我们会自然地认为像他这样的奴隶倒是易于碰到傲慢无礼和恶意；这些话反而是由当时世界上最有权力的人——罗马皇帝马可·奥勒留写的。

因为马可是一个重要人物，所以我们对他的了解比其他任何罗马斯多葛学派哲学家都要多。由于他与他的家庭教师科尼利厄斯·弗朗多（Cornelius Fronto）的通信，也由于他对生活及个人所为进行思想的《沉思录》，我们能够对他内心深处的思想有着不同寻常的洞察。

马可生于公元121年。他似乎早年就对哲学产生了兴趣。有一个传记作家把他描述成一个"庄重的孩子"，并叙述说，"他刚一超过需要人照顾的年龄，就被送去接受高等的教育，因而也就获得了对哲学的了解。"[30]12岁时,他师从画家和哲学家戴奥吉纳图斯(Diognetus),开始尝试听起来像犬儒主义的生活方式:他穿粗布衣服,并且开始在地上睡觉。[31]后来他的母亲劝说他睡在皮面的床榻上。[32]

少年时代,马可师从于斯多葛学派哲学家——查尔西顿的阿波洛尼斯(Apollonius)。根据马可的回忆,正是阿波洛尼斯让他铭记了决断和理性的必要,教会他如何把紧张的时日和闲散的时光结合在一起,如何"用同样不可改变的沉着"去忍受病患和痛苦——特别是,马可解释说,如何经受住后来他失去一个儿子时巨大的精神痛苦。另外一个对马可有重要影响的人物是昆塔斯·朱尼厄斯·拉斯提库斯(Quintus Junius Rusticus),很有意义的一件事情就是他把一本爱比克泰德的《论述》借给了他。[33]后来,爱比克泰德成了对马可具有最重要影响的人物。

和爱比克泰德一样,较之物理学和逻辑学,马可也是对斯多葛学派的伦理学——也就是人生哲学——更感兴趣。的确,在《沉思录》中,他断言,即使我们没有掌握逻辑学和物理学,也是有可能获得"自由、自尊、无私和对神祇意志的服从"[34]。

马可16岁时,皇帝哈德良收养了马可的姨父安东尼乌斯,安东尼乌斯又收养了马可(马可很小时他的父亲就死了)。从马可进入宫廷生活起,他就有了政治权力;当安东尼乌斯成为皇帝时,马可实际上就是一个联合执政的皇帝。但是他并没有让这份权力深入他的头脑,在他做安东尼乌斯卫队长的13年间，他并没有给人们留下渴望独自统治的印象。[35]而且，在安东尼乌斯驾崩、马可执掌政权之后，他还任命路奇乌斯·维鲁斯（Lucius Verus）为联合皇帝。这是罗马帝国第一次拥有两个皇帝。[36]

在罗马皇帝更迭的过程中，马可是做得特别好的一个。原因之一，就是他对自己使用权力进行了很大的约束。从历史记载中可以看到，没有哪个皇帝比马可更加尊重元老院。他小心谨慎，以便不浪费公共资金。[37]虽然在花钱的问题上他不需要征得元老院的许可，但他还是惯常这样做。而且在一次讲话中他提醒元老们，说他居住的皇宫不是他的而是他们的。[38]在为战争筹款时，他不采用征税的办法，而是将皇室的财产拍卖，这些财产包括塑像、绘画、金花瓶，还有他妻子的一些首饰和衣物。[39]

历史学家爱德华·吉本（Edward Gibbon）写道，马可是"统治从公元96年到公元180年，并带来了'世界史上人类状况最为幸福和繁荣时期'的五位贤明皇帝"（其他四位是涅尔瓦〔Nerva〕、图拉真〔Trajan〕、哈德良和安东尼乌斯）中的最后一位。[40]19世纪历史学家W. E. H. 莱基（W. E. H. Lecky）写道，这个时期"展现了一种良好政府的一致性，没有一个专制的君主制度能与之匹敌。执政的这五个皇帝当中的每一个，都有资格被列入有史以来最优秀统治者的名单当中"[41]。换句话说，作为哲学家皇帝，马可是一个罕有的例子，而作为臣民想要拥戴为王的哲学家，那或许就是唯一的例子了。

像其他的罗马斯多葛学派哲学家一样，马可不认为安宁的价值需要证明。相反，他认为其价值是显而易见的。假使有人告诉马可，我们的平常生活也可以提供某种比"心灵的安宁"还要好的东西，马可是不会试图反驳他的；相反，他会忠告这个人转向所说的那种东西，"全身心地投入，并欣喜于你发现的宝藏。"[42]

作为一个成人，马可非常需要斯多葛主义所能提供的安宁。他生病，大概是有溃疡。他的家庭生活也是一个痛苦的源泉：他的妻子似乎对他不忠，而且在她为他所生的至少14个孩子中，只有六个存活。除此之外还有随统治一个帝国而来的压力。在他统治期间，有无数的边境叛乱，马可经常亲自去督战，平息部落的反叛。他自己的官员——最著名的是阿维狄乌斯·卡西乌斯（Avidius Cassius），叙利亚的地方长官——也背叛了他。[43]他的部下对他粗鲁无礼，他就用"一种镇定的脾气"来忍受这样的粗鲁无礼。[44]公民拿他来开玩笑也不会受到惩罚。在他统治期间，帝国还经历了瘟疫、饥荒和士麦那的地震这样的自然灾害。[45]所以，马可有很好的理由在他的《沉思录》中做出这样的结论："生活的艺术更像是摔跤而不像是跳舞。"[46]

罗马历史学家卡西乌斯·戴奥（Cassius Dio）对马可的困境做了如下的总结："他没有遇上他应得的好运，因为他身体并非强壮，而又在他的——实际上是——整个统治期间卷入了许多的麻烦。但是对于我来说，正是由于这样的原因，我对他崇敬更深。在不同寻常的特殊困难中，他不仅保护了自己，而且保住了帝国。"戴奥补充说，从最初给安东尼乌斯当顾问，到最后作为皇帝，"他都始终如一，一点也没有变。"[47]

公元180年，马可病重。他拒绝吃喝，以期快点死去。[48]他于当年的3月17日辞世，时年58岁。他的去世，引起了公众悲伤情绪的爆发。尤其是他的士兵，为他的离去深感悲恸。[49]

正像罗马皇帝君士坦丁（Constantine）的皈依对于基督教来说带来巨大的裨益一样，马可的斯多葛主义对于这种哲学来说也是巨大的裨益。然而，马可并没有就斯多葛主义进行布道。他没有给他的罗马同胞们做践行斯多葛主义益处的演讲；也没有将它们见诸于哲学著作。（《沉思录》是一部私人日记——原来的名字叫《给自己》——是马可去世之后才出版的。）虽然马可对斯多葛主义的兴趣似乎使得许多罗马人自诩为斯多葛主义者——也许是为了迎合他[50]——但是这并没有引发对于这种哲学的广泛兴趣。那么，从某种程度上可以说，马可代表了斯多葛主义的巅峰期。

斯多葛主义曾经繁荣，这是显而易见的。但在你的生活中，你曾经碰到过，哪怕是一个斯多葛主义的践行者吗？把声望的衰败归因于这种哲学的某种缺陷，这是易于发生的事情。但是我想指出的是，斯多葛主义的不流行，并不是因为这种哲学的某一个缺陷，而是因为其他的因素。原因之一就是，现代人很少看到采纳一种人生哲学的需要。相反，他们倾向于把日子用于努力工作，以便能够买得起最新潮的消费品。他们坚定地相信，只要买够了东西，就能过一种既有意义又最令人满足的生活。而且,即使这些人明白了购物之外生活还有更多内容,他们也不可能在对人生哲学的追求中转向斯多葛主义。要么,他们对践行斯多葛主义需要做什么毫无主张,要么——更可能的是——他们的主张是错误的。

因此,作为我重振斯多葛主义的努力的一部分,请允许我在接下来的章节中解释,践行这种哲学到底包含着什么内容。

第二部分

斯多葛主义的心理技巧

如果理解得正确的话，斯多葛主义是治愈疾病的良方。这里所说的疾病，是指焦虑、悲伤、恐惧以及其他各种消极情感。它们给人们带来麻烦，使人们无法体验到喜悦的存在。而凭借运用斯多葛主义的技巧，我们可以治愈这些疾病，并且因此而获得安宁。

第4章

消极想象：能发生的最坏结果是什么？

我们应该这样生活，仿佛此时此刻就是我们的最后时刻。

——塞涅卡

任何爱思考的人都会经常预想他可能遇到的坏事情。这样做的明显理由就是要阻止这些事情的发生。例如，某人会花时间来考虑别人到他家入室盗窃的方式，以便能够阻止这种事情发生。或者他可能花时间去考虑自己可能患上的疾病，以便能够采取预防措施。

但是无论我们多么努力地阻止坏事发生在我们身上，有些坏事还是会发生。因此，塞涅卡指出了预想可能发生在我们身上的坏事情的第二个理由。尽管我们努力试图避免，但它们还是发生了，这时如果我们考虑过这些事情，就能减轻它们的影响:"能够事先觉察劫难来临的人,就能将它带来的伤害掠走。"[1]他说,霉运的打击对于那些"只期望好运"的人来说,是最大的。[2]爱比克泰德响应了这个看法:如果不能够认识到这一点,而总是在那里设想我们始终都能够享受我们所珍视的事情,就有可能发现,当这些事情离我们远去时,我们就会遭受很大的痛苦。[3]

预想可能发生在我们身上的坏事,除了这两个理由之外,还有第三个,也可以说是重要得多的理由。我们人类不幸福,很大程度上是因为我们不知足;努力工作、得到我们想要的之后,我们会惯常地失去对所渴望事物的兴趣。我们得到的并不是满足的感觉,而是感到有些乏味,并且作为对这种乏味的反应,我们会继而形成新的、更大的欲望。

心理学家沙恩·弗雷德里克(Shane Frederick)和乔治·洛温斯坦(George Loewenstein)研究了这种现象,并给了它一个名称:享乐适应。为了解释这个适应的过程,他们指向了对中彩者的研究。中彩的典型作用就是使某人能够过他梦想的生活。但是,在度过最初一段时期的兴奋之后,中彩者就会回到原先的幸福程度。[4]他们开始把他们的新法拉利车和大厦看得习以为常,就像从前他们把破烂的小货车和狭窄的居室看得习以为常一样。

另一个不那么急剧的享乐适应的形式发生在我们购买消费品时。最初,我们对自己购买的宽屏幕电视机或者精致的皮质手提包感到欣喜。然而过了一段时间之后,我们就开始看不上它们了，并且会发现我们在渴望屏幕更宽的电视机或者更加奢侈的手提包。同样，在事业中，我们也会经历享乐的适应。我们可能曾经梦想得到某一份工作。因此我们会在大学或者研究生院努力学习，以便走上正确的职业之道。在这条职业之道上，我们可能会花上数年的时间，朝着目标努力，进步缓慢但坚定不移。最后，得到梦想的工作之后，我们会感到欣喜，但是过不了多久我们就有可能变得不满。我们会抱怨我们的薪酬、同事，以及老板对我们的才能视而不见。

在人际关系中我们也会体验享乐的适应。我们遇到了梦中的白马王子或白雪公主，经过一个激动人心的恋爱期后，和这个人结了婚。开始时我们处于婚姻的极乐之中，但是不久之后，我们就发现自己盯上了配偶的缺陷，再过不久，我们就会幻想和一个新人开始一段新的关系。

作为适应过程的结果，人们会发现自己处于一个满足感的跑步机之上。当他们在自己身上发现一个没有满足的欲望时就会感到不幸福。他们会努力工作以便满足这个欲望，并且相信，只要实现了这个目标，自己就会满足。但问题是，一旦满足了对于某事物的欲望，他们就会适应这个事物在生活中的存在，结果就会不再渴望它——或者至少会发现它不像曾经的那样令人渴望。最终，他们就会像满足这个欲望之前一样仍然感到不满足。

所以，幸福的关键就是阻止这个适应的过程。一旦得到了经过辛苦工作才得到的东西，我们要采取步骤来阻止自己把这些东西看得习以为常。但是由于过去大概没有能够采取这样的步骤,所以在生活中无疑有许多东西我们都已习以为常,就是那些我们曾经梦想获得而现在视为理所当然的东西,其中也许包括我们的配偶、孩子、房子、汽车和工作。

这意味着,我们不仅需要找到一个办法来阻止这个适应的过程,还需要找到一个办法来逆转它。换句话说,我们需要一种技巧来给自己创造一种对于已经拥有的事物的欲望。几千年来,世界各地那些曾经仔细思考过欲望的原理的人们都意识到了这一点——获得幸福最容易的方式,就是学会如何想要我们已经拥有的事物。这个忠告说起来容易,无疑也是正确的;但策略在于如何把它放到我们的生活实践中去。毕竟,我们怎样才能劝服自己,去想要我们已经拥有的东西?

斯多葛主义者认为,他们有这个问题的答案。他们建议我们花时间想象我们失去了自己所珍视的东西——比如妻子离开了我们,汽车被偷了,或者失去了工作。斯多葛主义者认为,这样做,相对于不这样做,会让我们更加珍视我们的妻子、汽车和工作。这个技巧——让我们把它叫作消极想象吧——至少早在克里希帕斯的时代就为斯多葛主义者所使用了。[5] 我认为,这是斯多葛主义者心理工具箱里面最宝贵的技巧。

塞涅卡在写信安慰马西娅(Marcia)时也描述了消极想象的技巧。马西娅失去儿子已经三年,但仍然如同埋葬儿子那天一样悲伤。在安慰信中,除了告诉马西娅如何克服眼前的悲伤外,塞涅卡还就未来如何避免遭受这样的悲伤提供了忠告：她需要做的就是预测可能造成她悲伤的事件。他特别说，她应该记住，我们所拥有的一切都是从命运那里"借来的"，命运可以不经我们允许而将它收回——的确是这样的，甚至都不需要提前通知一声。因此，"我们应该爱我们所有的心爱之物……但是始终都要想到，我们并没有得到可以永远保有他们的承诺——没有，就连我们可以长期保有他们的承诺都没有得到。"[6]所以，在享受至爱的人的陪伴时，我们应该时不时地停下来思考这个可能性，那就是这种享受是会完结的。如果没有什么别的东西来完结它，我们自己的死亡也会完结它。

爱比克泰德也提倡消极想象。例如，他向我们建议说，当我们亲吻自己的孩子时，要记住她是终有一死的，而并不是某个我们的所有物——她是作为"礼物"给予我们的，但并不是"不可分离的或永久的"。他的忠告是：在亲吻孩子时，我们应该安静地思考她明天就有可能死去的可能性。[7]顺便提一下，在《沉思录》中，马可·奥勒留也赞许地引用了这个忠告。[8]

我们可以以两个父亲做例子，看一下如何通过想象孩子的死亡而达到珍视她的目的。第一个父亲将爱比克泰德的忠告记在心上，隔一段时间就会提醒自己他的孩子是必将会死去的。第二个父亲拒绝进行这种忧伤的思考。相反他推断他的孩子会活得比他长，而且她总是会伴他左右，由他享受天伦之乐。几乎可以肯定的是，第一个父亲比第二个父亲对孩子更加殷勤，也更加爱孩子。当他早晨醒来时，一睁眼就会看到他的女儿，他会为她仍然是他生活的一部分而感到高兴。这一天下来，他会充分利用一切机会和她接触交流。比较起来，第二个父亲是不可能在早上遇到孩子时产生一阵喜悦的。的确，他甚至都不从报纸上抬起眼来，去确认她在房间里的存在。一天下来，他不会主动抓机会去跟她接触。因为他相信，这种接触可以推迟到明天。等到最后他有机会跟她接触时，可以想象，他从她的陪伴中所得到的欣喜，是不如第一个父亲从这种接触中所体验到的欣喜深厚的。

除了预想亲人的死亡之外，斯多葛主义者还认为，我们还应该花时间来思量失去朋友的可能性，或许因为死亡，或许因为吵架。所以，爱比克泰德会劝告人们说，当和一个朋友说再见时，我们应该悄悄提醒自己，这也可能是最后的分别。[9] 如果这样做，我们就不那么可能把朋友的存在看成天经地义，结果就会比不这样做从友谊之中衍生出更多的乐趣。

爱比克泰德说，在我们预想的死亡当中，应该有我们自己的一份。[10] 塞涅卡用类似的话忠告他的朋友鲁基里乌斯说，要把每一天都当最后一天过。事实上，塞涅卡的做法比这还要极端：我们应该这样生活，仿佛此时此刻就是我们的最后时刻。[11]

过每天都好像是在过最后一天，这是什么意思呢？有些人认为，这句话的意思就是狂野地生活、从事各种享乐主义的放肆行为。毕竟，如果这就是最后一天，我们狂暴地生活也不用付出什么代价。我们可以吸毒而不用害怕变成瘾君子。同样我们可以满不在乎地花钱，而不用担心明天账单送来怎么支付。

然而，斯多葛主义者忠告我们把今天当做最后一天来过时，他们意识里所想到的并非如此。对他们来说，带着每天似乎都是最后一天的想法生活，仅仅只是消极想象技巧的延伸：在度过一天时，我们应该时不时地停下来，思虑一下"我们不会永远活着"，以及"因此这一天就可能是我们的最后一天"的事实。这样的思考不会让我们变成享乐主义者，而会让我们欣赏这一天活着的精彩，并让我们有机会用活动来填满这一天。这样做，接下来也不可能让我们把我们的日子挥霍掉。换句话说，当斯多葛主义者劝告我们度过每一天要像度过最后一天那样时，他们的目标并不是要改变我们的活动，而是要改变我们进行这些活动时的头脑状态。特别是，他们并不希望我们停止思考未来、为明天做计划；他们其实是要我们在为明天思考和做计划的同时，记着欣赏今天。

那么，斯多葛主义者为什么要我们思虑我们自己的死亡呢？因为这样做可以大大增强我们对生活的享受。

斯多葛主义者说，除了预想失去生命之外，我们还应该预想失去财产。大多数人都是把闲暇时分用来思考我们想要而又没有的东西。马可说，如果把时间花在念及所有那些我们已经拥有的东西，并且反省如果失去了它们我们会多么想念它们，那么我们就会富裕得多。[12]根据这些话，我们应该思考如果失去了自己的物质财富我们会有何感受，这些物质财富包括我们的房子、汽车、衣服、宠物和银行存款等等；我们应该思考如果失去了自己的官能我们将有何感受，这些能力包括说话、听声音、走路、呼吸和吞食的能力等等；我们还应该思考如果失去了自由我们将作何感想。

我们大多数人都是"正生活在梦想中"——也就是，过上了曾经梦想拥有的生活。我们可能和曾经梦想要与之结婚的人结了婚，可能拥有了曾经梦想拥有的孩子和工作，还可能购买了曾经梦想购买的汽车。但是由于享乐的适应，我们发现一旦过上了梦想的生活，就会把这种生活看得天经地义。我们不是把日子用来享受好运，而是把它们用来形成和追求新的、更大的梦想。结果呢，我们永远都不能满足于我们的生活。消极想象能够帮助我们避免这种宿命。

但是对于那些很明显没有梦想成真的人来说，又怎么样呢？比如，对于一个无家可归的人来说，又该如何？需要意识到的一件重要事情就是，斯多葛主义怎么说都不是富人的哲学。那些过着舒适、富裕生活的人能够从践行斯多葛主义中获益，穷困潦倒的人也能够。尤其值得注意的是，尽管贫穷会阻止他们做许多事情，但是却不会妨碍他们践行消极想象。

考虑一下一个穷到只剩下一条裤腰带的人吧。他的境遇可能会更糟：他可能会失去这条裤腰带。斯多葛主义者说，考虑一下这种可能性，他就会活得比较好。那么，假设一下，如果他失去了裤腰带呢？但是他只要保住了健康就行了。不过他的境遇可能会再次恶化——这是值得考虑的。如果他的健康状况下降了怎么办？他依然可以感恩，因为他还活着。

很难想象一个人的境况无论如何都不会变糟。因此，也很难想象一个人无法从对消极想象的体验中受益。并不是说，进行消极想象会使一无所有的人过得和家财万贯的人一样舒适。这里只是说，进行消极想象——更概括地说就是采纳斯多葛主义——能够消除一无所有带来的部分痛苦，因而使得那些一无所有的人不至于像不进行消极想象那样悲惨。

从这个理念出发，考虑一下詹姆斯·斯托克代尔（James Stockdale）的困境。（如果这个名字听起来有些熟悉，这大概因为他是1992年美国总统大选独立候选人罗斯·佩罗的竞选伙伴。）斯托克代尔是海军飞行员，1965年在越南被击落，成为战俘，直至1973年。在那段时间里，他经历了糟糕的健康状况、原始的生活条件和狱卒的暴虐行为。然而他不仅幸存了下来，而且还以一个健全人的姿态出现。他是怎么做到的呢？他自己说，在很大程度上，是靠践行斯多葛主义。[13]

还有另一点需要意识到：虽然斯多葛主义者向被蹂躏的人提出建议，教他们怎样使自己的生存变得更可以忍受一些，但是他们可一点也不欣赏让这些人待在被征服的状态里。斯多葛主义者会做出努力，帮助这些人改善他们的外部境遇，但是同时，斯多葛主义者会建议他们做他们力所能及的事情，来减轻自身的痛苦，直到他们的境遇得以改善。

人们可能会这样想，由于斯多葛主义者总是预想可能发生的最糟糕情况,他们会滑向悲观主义。但是我们发现,经常性地进行消极想象有将斯多葛主义者改造成成熟的乐观主义者的作用。请允许我来解释。

我们通常把乐观主义者描述成一个把他的杯子看成是半满而不是半空的人。但是对于一个斯多葛主义者来说,这种程度的乐观主义仅仅是个起点。在表达了他对于他的杯子是半满而不是全空这一事实的感激之情后,斯多葛主义者甚至还会继续表达他对于拥有一个杯子的感激:毕竟,杯子也是可能被打破或者偷走的。如果他正处于斯多葛主义游戏的兴头之上,他还会继续评论说玻璃容器是多么令人吃惊的物件啊:它们既便宜又相当经久耐用,不管装什么东西也不会留下那种东西的味道,而且——奇迹中的奇迹就是——还能让我们看清它们装的是什么。这听起来可能有些傻,但是对于一个还没有丧失获取快乐能力的人来说,这个世界是一个很精彩的地方。对于这样一个人来说,玻璃杯也是令人惊异的;对任何其他人来说,玻璃杯就是玻璃杯,而且还是半空的。

享乐适应拥有终止我们享受世界的能量。因为这种适应,我们把我们的生活和我们所拥有的东西看得习以为常,而不是对它们感到欣喜。但是,消极想象却是对付享乐适应一剂有力的解药。用有意识地想象失去我们所拥有的事物的方法,我们就能够重新获得对这些东西的珍视;用这种重获的珍视,我们就能够使喜悦的能力死而复生。

孩子能够享受快乐的一个原因,就是他们不把任何事情看得习以为常。对于他们来说，这个世界的新奇和令人惊讶达到了精彩的程度。不仅如此，他们对这个世界如何运行也不确定：也许他们今天拥有的东西明天就会神秘消失。当他们甚至还不能够依赖于某种事物的持续存在时，他们是很难把它看得习以为常的。

但是等长大一些之后，他们就变得没有新鲜感了。等他们长成十几岁的少年时，他们就有可能把周围的一切人和事看成是理所当然的了。他们可能会抱怨不得不过他们正在过的生活、待在他们碰巧居住的家庭里、与他们碰巧拥有的父母和兄弟姊妹相处。在多得吓人的例子中，这些孩子长大成人后，不仅无法从周围的世界中获得欢愉，更有甚者，他们似乎还因为这种能力的缺失而感到骄傲。关于他们自己和他们的生活，他们可以毫不迟疑地罗列出一大堆他们不喜欢的事情；并且如果可能的话，希望它们会改变。这些事情包括他们的配偶、孩子、房子、工作、汽车、年龄、银行存款、体重、头发的颜色以及肚脐的形状等等。如果你问问他们欣赏这个世界什么——问问他们，如果有的话，他们对什么感到满意——那么他们呢，就可能思索一番，然后勉强地点出一两件事情。

有时候，一场灾难能够将这些人从麻木中抛出来。例如，我们假定一场龙卷风摧毁了他们的家园。当然，这样的事件是悲惨的，但是同时受灾的人却有着潜在的希望之光。那些幸存下来的人可能会开始珍视他们还没有失去的一切。更概括地说，战争、疾病和自然灾害都是悲惨的，因为它们把我们珍视的东西带走，但是它们也有力量改造那些经历了它们的人。过去，这些人在生活中可能是梦游而过；而现在他们却是喜悦而感恩地活着——和之前的几十年间一样真切地活着。过去，他们可能对于周围的世界漠不关心；而现在，他们却敏锐于世界的美丽。

不过，灾难引发的个人改变有它的缺陷。一则，你不可能依赖灾难来打击你。的确，许多人都没遇到过什么灾难；结果，他们的生活毫无乐趣。（具有讽刺意味的是，这些人幸运地过着没有厄运降临的生活，这却正是他们的不幸。）二则，有力量改变某人命运的灾难，却也可能要了他的性命。比如，考虑一下一位飞机乘客吧：他所乘坐的飞机引擎突然燃起了大火。这个突发事件可能促使这位乘客重新审视他的生活，结果呢，最终他可能会有所领悟，生活中哪些东西是真正宝贵的，哪些不是。遗憾的是，这种顿悟之后没多一会儿，他可能就死掉了。

由灾难引发改变的第三个缺陷，就是变迁所激发出的欢愉之心会渐渐被消磨掉。那些濒临死亡随后又复生的人，通常都会重新燃起对生活的热情。比如，他们可能会主动去观赏以前曾经视而不见的日落，或者致力于与以前遭自己冷落的配偶促膝谈心。他们会这样持续一段时间，但是随后，在所有的例证中（这样的例证太多了），冷漠又回来了：他们很可能只为向伴侣抱怨电视上没有值得一看的节目，而忽略窗外燃烧着的绚烂的落日。

但是，消极想象却没有这些缺陷。我们不必像等待灾难打击那样，等待着进行消极想象。受到灾难的打击很容易使我们丧生，而进行消极想象却不会。而且由于消极想象可以重复进行，所以它的益处，不同于灾难的益处，是可以无限延续的。因此，消极想象是我们重获对生活的珍视以及与此相伴的获得欢愉的能力的绝佳办法。

斯多葛主义者并不是唯一运用消极想象之力量的人。比如说，我们可以考虑一下那些做饭前祷告的人。有些人做饭前祷告大概仅仅是因为他们有这个习惯。其他人做饭前祷告可能是因为他们害怕如果他们不做的话上帝会惩罚他们。但是如果理解恰当的话，做饭前祷告——就此事而言，说任何感激的祷文——就是消极想象的一种形式。在吃饭之前，那些做饭前祷告的人会停下片刻，来思考一下他们本来有可能吃不上这顿饭的事实。在那样的情况下，他们就会挨饿。而且即便可以吃得上饭，他们也有可能无法和此刻坐在饭桌旁的人一起分享。做饭前祷告时怀着这些想法，就能将一顿普通的饭食，变成一个庆祝的理由。

有些人并不需要斯多葛主义者或者一个神父来告诉他们，就能知道获得欢乐性情的关键，就是定期地怀有消极想象；他们是自己弄明白的。在我的人生阅历中，碰到过许多这样的人。他们分析自己境遇的根据并不是缺乏什么，而是拥有什么，以及如果他们失去这些自己拥有的东西他们会多么想念。客观地说，他们当中许多人的生活相当不幸；然而他们会不厌其烦地告诉你他们有多么幸运——因为他们还活着、还能走、还能生活在他们生活的地方，等等。如果把这些人同那些客观地说"什么都有"但却因为对所有之物全无珍视的缘故，而过得十足悲惨的人进行一番比较，那将是很有教益的。

我在前面曾经提到，有些人似乎会为他们不能从周围世界获取快乐而感到骄傲。他们似乎有这样的观点，通过拒绝从这个世界中获取快乐，他们显示出情感上的成熟：从外界事物获取快乐是幼稚的。或许他们认定，拒绝从这个世界中获取快乐很时髦，就像他们认为劳动节之后拒绝穿上白领衬衫是时尚一样；他们感觉自己是在被迫遵循时尚的法则。换句话说，拒绝从这个世界中获取快乐，就是老练的证明。

如果你问这些不满的人，他们怎么看待刚才说到的那些愉快的人——或者更糟，就是那些就玻璃杯的奇妙喋喋不休的斯多葛主义的乐观主义者——他们很可能用这种轻蔑来回应："这样的人显然是傻子。他们不应该因为这仅有的一点点就感到满意。他们应该要更多的东西，不达目的就不罢休。"但我要争辩的是，只要改变生活观就能轻易地将满意揽入怀中，你却偏要在自我诱导的不满中生活，这才是真正的愚蠢。能够对很少的东西满意，这并不是一种失败，而是一种福分——无论如何，只要你寻求的是满意的话。如果你寻求的不是满意而是别的什么，我就会（惊讶不已地）探询：你发现的比满意更值得拥有的到底是什么东西？我会问，是什么东西，值得人们牺牲满意去获取？

如果我们能够进行积极的想象，消极想象也就会容易起来；比如，想象我们的房子被烧毁了、老板把我们解雇了、我们变成瞎子了等等，都很容易。如果想象这样的事情有困难，可以注意发生在别人身上的坏事并且思考这些事情也有可能发生在我们身上，用这样的方法来进行消极想象。[14]或者，也可以做一些历史研究，来看看我们的祖先是怎么生活的。我们很快就会发现，我们生活的世界对于他们来说，就是一个梦幻的世界——我们视作天经地义的事物，在祖先的生活中却是不可想象的，包括抗生素、空调、卫生纸（！）、手机、电视、橱窗、眼镜，以及一月份的新鲜水果，等等。意识到这些之后，我们会得到解脱似地叹一口气：我们幸好不是我们的祖先啊！当然，我们的子孙后代大概有一天也会同样叹一口气：幸好他们不是我们啊！

顺便说一下，消极想象的技巧，也可以反方向使用：除了想象发生在别人身上的事情发生在我们身上之外，也可以想象发生在我们身上的坏事发生在别人身上。爱比克泰德就在他的《手册》中倡导这种"投射式想象"。他说，假定我们的仆人打破了一个杯子。[15]我们有可能生气，这样我们的安宁就被这件事情破坏了。转移这种怒气的一个方法就是想想如果这件事发生在另外某个人身上，我们会作何感想。如果在另外某个人家里，他的仆人打破了一个杯子，我们是不大可能生气的；我们可能试图用这样的话语来使主人保持平静，"只是一个杯子，这样的事是常发生的。"爱比克泰德相信，进行投射式想象，能够使我们对发生在自己身上的坏事相对而言的无足轻重感到释然，从而阻止这些坏事搅扰我们的安宁。

到这里，一个非斯多葛主义者可能会提出以下的反对。我们已经看到，斯多葛主义者是忠告我们追求安宁的，而作为获取安宁策略的一部分，他们又忠告我们进行消极想象。这样的忠告是不是自相矛盾呢？我们设想一个斯多葛主义者应邀去参加一次野餐。当其他人在那里尽情享受时，这个斯多葛主义者会坐在那里，静静地思想野餐被破坏的各种可能性："土豆沙拉可能是变质的，有人可能在食物里下毒；某人在玩垒球时可能会折断脚踝；也许会来一场暴风雨把大家浇成落汤鸡；也许我会被雷电击中而死于非命。"这些听起来很扫兴。但更关键的是，一个斯多葛主义者如果进行这些想象，似乎是不可能获得安宁的。相反，他很有可能因此闷闷不乐，忧心忡忡。

作为对这种反对的回应，请允许我指出，认为斯多葛主义者会把所有的时间都用来预想潜在的灾难，这无疑是一个错误。相反，他们只是阶段性地做这件事情：一天几次，或者一周几次，一个斯多葛主义者会从他对生活的享受中抽身出来，去考虑所有这些也就是所有他享受的东西，如何有可能从他这里被拿走。

而且，预想某种坏事的发生和因为这种坏事而焦虑，这两者之间是有区别的。深思熟虑是一种智力活动，我们进行这样的活动而不影响我们的情感，是完全有可能的。比如说，一个气象学家整天预测龙卷风，但是并不会因此而生活在恐惧中，担心自己会因一场龙卷风而丧命。同样,一个斯多葛主义者预判可能发生的坏事但并不因此而变得忧心忡忡,这也是有可能的。

最后,消极想象不仅不会使人们闷闷不乐,还会提高他们享受已有生活的程度,因为这可以使他们不把这个世界看得理所当然。尽管他有——或者说恰恰因为他有——(偶尔)闷闷不乐的想法,斯多葛主义者可能会比其他拒绝怀有这种负面想法的人对这次野餐享受得更多;他能够从对某个活动的参与中得到快乐,因为他充分意识到,这次活动也许本来就不会举办呢。

斯多葛主义的批评者现在可能提出另一个他们关注的问题,那就是,如果你不重视某物,你就不会在意失去它。但正是由于持续不断地进行消极想象的练习,斯多葛主义者会非常珍视他们周围的人和事。他们会因此而准备好伤心吗?当生活真的把这些人和事卷走时,因为有时确实会发生这样的情况,难道他们不会陷入深深的痛苦吗?

我们用举例的方法考虑一下前面提到的两位父亲。第一个父亲会不时地预想失去他的孩子,因此就不会把她的存在看成理所当然;相反,他会非常珍视她。第二个父亲设想他的孩子总是会为他待在那儿,因此就会把她看得习以为常。这里的意思可能是,因为第二个父亲不珍视他的孩子,所以对于她的死,他的反应可能就是耸耸肩而已;而第一个父亲因为深深地珍视他的孩子,所以他注定会在她死去时陷入悲伤。

我认为,在回应这样的批评时,斯多葛主义者会指出,第二个父亲几乎可以肯定会为失去孩子而深陷痛苦:他会为把她看得习以为常而充满悔恨。他尤其可能遭受"要是……就好了"这种想法的折磨。"要是我花了更多的时间跟她一起玩就好了!要是晚上睡觉时我给她讲更多的故事就好了!要是我不去打高尔夫球而去参加她的小提琴音乐会就好了!"而第一个父亲是不会有这样的遗憾的;因为珍视女儿,他就会充分地利用各种机会和她在一起。

不要弄错:第一个父亲的确将会为他孩子的死而悲痛。我们将会看到,斯多葛主义者认为,间或出现的悲伤小插曲是人类生存状况的一部分。但是知道自己很好地利用了有限的时间,和孩子待在一起,这个父亲至少可以得到一些安慰。第二个父亲就不会有这样的安慰。结果他会发现,他悲伤的感情会跟负罪的感情混杂在一起。我认为,第二个父亲那么做,注定是要伤心的。

斯多葛主义者也可以如此应对上面的批评,那就是他们观察到,消极想象在帮助我们珍视这个世界的同时,也在帮助我们准备好应对这个世界的变化。毕竟,进行消极想象,就是预想我们周围世界的非永恒性。这样,一个进行消极想象的父亲,如果他做得正确的话,心里就会接受两个判断:他有幸有一个孩子;而因为他在有生之年无法确定能一直拥有她,他就应该准备着有可能失去她。

这也就是马可为什么忠告读者们花时间想一想,如果他们失去财产、他们会多么想念这些财产之后,又立刻警告他们"要警惕,以免对所有物的爱会导致你过分地珍视它们,以至于失去它们会打破你心灵的平静"[16]。塞涅卡用类似的话,在建议我们享受生活之后,又劝告我们对所享受的事物不要发展出"过多的爱"。相反,我们要小心,要成为"命运之恩赐的使用者而不是奴隶"[17]。

换句话说,消极想象,是教导我们拥抱我们恰巧拥有的无论什么样的生活,并从中抽取每一点欣喜。但是它同时教导我们对于那些会剥夺使我们欢欣的事物的变化要做到有备无患。换个说法就是,它教导我们享受我们所拥有的东西,而又不依附于它们。接下来的含义就是,靠践行消极想象,我们不仅能够增加经历快乐的机会,还能增加经历的快乐长盛不衰的机会,也就是说我们的快乐在经过了境遇的变化之后仍然存在。这样,通过践行消极想象,我们就能够寄希望获得塞涅卡所说的斯多葛主义的主要裨益,也就是"一种坚实的、不可改变的无尽的欢乐"[18]。

我在"引言"中提到,一些将我吸引到佛教里的事物在斯多葛主义中也能找到。和佛教徒一样,斯多葛主义者也倡导我们思考世界的非永恒性。"人类的一切事物,"塞涅卡提醒我们说,"都是短暂的和可以消亡的。"[19]同样,马可也提醒我们说,我们珍视的事物,就像树上的树叶一样,风一吹就有可能掉落。他还论证说，我们周围世界的"流转和变迁"，并不是一种偶然，而是我们宇宙本质的一部分。[20]

我们需要在心里牢牢地记住，我们所珍视的一切和我们所爱的人，总有一天都会离我们而去。如果不是别的什么东西，那就是我们自己的死亡，会将他们统统从我们这里剥夺掉。更概括地讲，我们应该记在心里的是，任何不能够无限进行下去的人类活动，都必然有一个终结。你生命中的最后一次刷牙、理发、驾车、割草坪或跳房子都是会有的——或者已经有了。将会有你最后一次听到下雪的声音，最后一次看见月亮的升起，最后一次闻到爆米花，最后一次感觉到一个小孩在你怀里睡着时的温暖，或者最后一次做爱。某一天，你会吃下你最后一顿饭，接下来不久你将进行最后一次呼吸。

有时候这个世界会提前给我们打招呼，我们就要最后一次做某事了。例如，我们可能在某家最喜欢的餐厅宣告停业之前的那个晚上在那儿用餐，或者我们可能吻别一个为境遇所迫要搬到地球上很遥远的角落而且可能将永远待在那里的恋人。以前，当我们认为可以随意重复这些事情时，在这个餐厅的一顿饭或者与恋人分享的一次接吻，可能都是再寻常不过的事情。但是既然我们知道这些事情不能够再重复下去了，它们就有可能变成不同寻常的事件：这顿饭将成为我们在这个餐厅里吃的最好的一顿饭，分手时的吻别将成为生活所能够提供的最强烈的苦甜参半的经历之一。

通过思考世界上一切事物的非永恒性，我们被迫意识到，每次做某事时，我们都可能是在最后一次做这件事。这种意识能够赋予我们所做的事情一种意义和深度，而它们在没有这种意识的情况下是不可能有的。我们再也不会在生活中梦游而过了。我发现，有一些人会感觉预想非永恒性是令人沮丧和恐怖的。然而我还是确信，我们能够真正活着的唯一方法，就是将预想非永恒性作为我们定期要做的事情来做。

第5章

控制的两分法：论变得无敌

任何无意义的事情都是不值得做的。

——马可·奥勒留

根据爱比克泰德的看法，我们生活中最重要的选择就是：使自己关注外部世界还是内心世界？大多数人选择了前者，因为他们认为，危害和裨益都来自他们自身之外。但是，根据爱比克泰德的看法，一个哲学家——按照他的意思就是一个对斯多葛哲学有所理解的人——所要做的却正相反。他会"从他自身寻找所有的裨益和危害"[1]。尤其是他会放弃外部世界所能提供的赠予，以便获得"安宁、自由和镇定"。[2]

通过提出这一说法，爱比克泰德把满足欲望的正常逻辑颠倒了过来。如果你问大多数人如何获得满足，他们会告诉你，你必须有所作为：你必须策划满足你欲望的战略，然后去实施这些战略。但是正如爱比克泰德所指出的那样,"幸福和对不拥有之物的渴求,是不可能联系在一起的。"[3]他说,要得到你想要的东西,更好的做法就是只要那些你确定可以获得的东西。

当大多数人以改变他们周围世界的方式来寻求获得满足时,爱比克泰德却忠告我们以改变我们自己的方式来获得满足——更确切地说,是改变我们欲望的方式。而且他并不是唯一给出这种忠告的人;的确,这实际上是每一个反省过人类的欲望和人类不满足的原因的哲学家和宗教思想家所提出的忠告。[4]他们一致认为,如果你寻求的是满足,那么改变你自己和你所要的东西,比改变你周围的世界更好,也更容易。

爱比克泰德说,你主要的欲望,应该是这样的,它不会因为你编织了无法满足的其他欲望而遭到阻挠。你的其他欲望应当与这个欲望相吻合,如果不能够吻合,你就应该尽最大努力来抑制它们。如果成功地做到了这一点,你就再也不会陷入因为会否得到想要的事物而产生的焦虑了;你也不会陷入因为没有得到想要的事物而产生的失望了。爱比克泰德说,的确,你就能变得无敌了:如果你拒绝参加你可能输掉的争斗,你就永远不会输掉一场争斗。[5]

爱比克泰德《手册》的开篇之词非常有名,他宣称:"有些事物是由我们决定的,有些事物不是由我们决定的。"他把我们的意见、冲动、欲望和厌恶作为由我们决定的事物的例子,把我们的财产和名誉作为不由我们决定的事物的例子。[6]在这个论断之后，我们面临的是对我们产生的欲望进行选择：我们可以要由我们决定的事物，或者要不由我们决定的事物。

如果要不由我们决定的事物，我们有时就不能够得到我们所想要的。当这种情况发生时，我们就会"遭遇不幸"，感到"受挫、痛苦和烦恼"[7]。爱比克泰德说，我们想要亲戚和朋友永远活着，尤其愚蠢，因为这些都是不由我们决定的事物。[8]

假使我们很幸运，在想要某种不由我们决定的事物之后，成功地得到了它。这种情况下，我们最终的感受就不是"受挫、痛苦和烦恼"了。但是在想要这个自己无法做主的事物的过程中，我们大概经历了一定程度的焦虑：因为这个事物不由我们决定，所以我们有可能得不到它，我们或许会因此而焦虑。所以，想要不是由我们决定的事物，即便最终得到了它们，也会破坏我们的安宁。总而言之，无论什么时候我们渴望某种自身无法左右的事物，我们的安宁都有可能受到搅扰：如果得不到想要的东西，我们就会烦恼；如果得到了想要的东西，我们又会经历获取过程中的焦虑。

再考虑一下爱比克泰德"控制的两分法"：他说有些事情是由我们决定的，而有些事情不是由我们决定的。这个两分法表述的问题在于，"有些事情是由我们决定的"这个短语是模棱两可的：可以理解为"有些事情我们对它们完全不能控制"，或者"有些事情我们对它们不能完全控制"。如果按第一种方式理解，我们就能将爱比克泰德的两分法重述如下：有些事情我们能够完全控制，而有些事情我们一点也控制不了。但是如果这样叙述的话，这个两分法就是一个虚假的两分法，因为它忽略了我们能控制一些但又不能完全控制的事物的存在。

比如，考虑一下我在一场网球比赛中的胜利。这并不是一件我能够完全控制的事情：不管我投入了多少训练，不管我多么努力，我还是有可能输掉比赛。但这也不是我一点都不能控制的事情：大量的练习、非常努力可能不会保证我会赢，但是肯定会影响我赢球的机会。因此，这就是一个例子：我赢得网球比赛是一件我能控制一些但又不能完全控制的事情。

这意味着，我们应该按第二种方式来理解"有些事情不是由我们决定的"：应当理解为有些事情我们不能完全控制。如果接受这个解释，我们就会将爱比克泰德的控制的两分法重述如下：有些事情我们能够完全控制，而有些事情我们不能完全控制。用这样的方式叙述，这个两分法就是一个真正的两分法。那么就让我们假定，爱比克泰德说"有些事物是由我们决定的，有些事物不是由我们决定的"，指的就是这个意思。

现在，让我们把注意力转向这个两分法的第二个分支，即我们不能完全控制的事物。我们不能够完全控制某事有两种方式：我们对它可能一点也不能控制，或者我们能够控制一些但不能完全控制。这意味着，我们可以把我们不能够完全控制的事物这个类别分成两个亚类：我们一点也不能控制的事物（比如明天会不会出太阳）和我们能控制一些但又不能完全控制的事物（比如是否会赢得网球比赛）。这样就又有可能把爱比克泰德的控制两分法重新描述为一个三分法了：有我们能够完全控制的事物，我们一点也不能控制的事物，以及我们能够控制一些但又不能完全控制的事物。我们在生活中碰到的"事物"，每一件都会落入这三个范畴当中的一个，而且只能是一个。

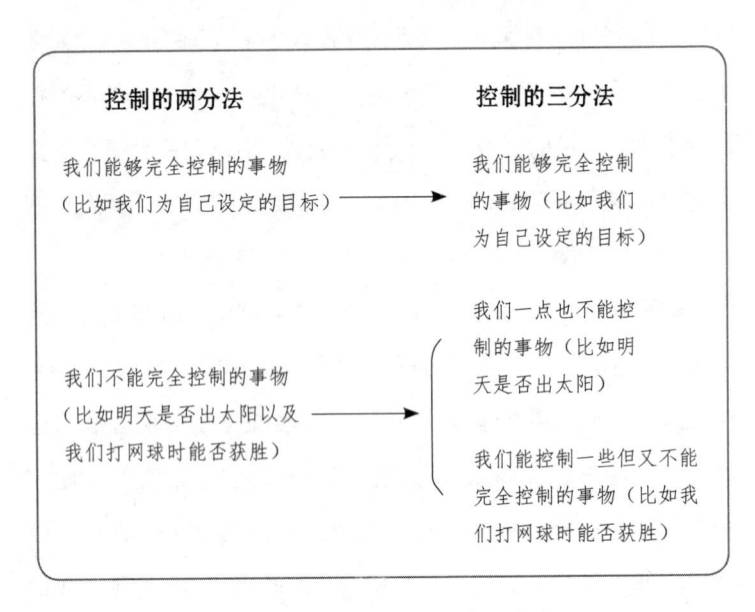

控制的两分法	控制的三分法
我们能够完全控制的事物（比如我们为自己设定的目标）	我们能够完全控制的事物（比如我们为自己设定的目标）
我们不能完全控制的事物（比如明天是否出太阳以及我们打网球时能否获胜）	我们一点也不能控制的事物（比如明天是否出太阳） 我们能控制一些但又不能完全控制的事物（比如我们打网球时能否获胜）

将控制的两分法改变为一个三分法

爱比克泰德在对控制的两分法的叙述中，相当明智地建议，如果花时间去担心那些不由我们决定的事物，我们的行为就是愚蠢的；因为它们不由我们决定，所以担心它们是无用的。相反，我们应当关注那些由我们决定的事物。因为我们可以采取步骤，促使其发生或阻止其发生。但是，在将控制的两分重述为三分时，我们必须再次表述他关于什么值得担忧、什么不值得担忧的建议。

首先，我们把时间和精力花在自己完全能够控制的事情上，这是有意义的。这种情况下，我们的努力能保证收到效果。并且我们也会注意到，由于我们对事物控制的程度，通常只需要付出相对很少的时间和精力，就能保证它们的发生。如果不关注这样的事情，我们就是愚蠢的。

什么是我们完全能够控制的事物呢？在前面引述的一个段落中，爱比克泰德说，我们能够完全控制我们的意见、冲动的念头、欲望和厌恶。我同意爱比克泰德的说法，认为我们可以完全控制我们的意见，只要我们正确解释意见的意思——过一会儿我们再更多地讨论这个问题。但是关于把冲动的念头、欲望和厌恶算在我们可以完全控制的事物范畴内，我却有些疑虑。相反，我会把它们放在我们能够控制一些但又不能完全控制的事物范畴之内；或者在有些情况下，把它们放在我们一点也不能控制的事物范畴之内。请允许我解释这其中的原因。

假设我正走过一处赌场，刚经过一张轮盘赌的桌子，却发现我内心冒出了一个"赌一把"的冲动，认为骰子在下一转之后会出现的数字是17。我对我是否会因这个冲动念头而采取行动有一定程度的控制，但对这个念头是否从我的内心产生却无法控制。（如果某事真是一个冲动的念头，我们是不可能阻止它涌现出来的。）我的许多（但不是全部）欲望也处于同样的情况。例如，正在节食时，我可能突然发现自己渴求一杯冰激凌。我对自己是否因这个渴望而采取行动有一定程度的控制，但是对这个渴望是否会自发从我心中升起却是无法控制的。同样，我会发现自己内心有一种无法抑制的对蜘蛛的厌恶。尽管我讨厌它，但是我还是可能做到这样的事，就是通过纯粹意志力的控制，拿起一只狼蛛并摆弄它；然而我对蜘蛛的厌恶却是不由自主的。

这些例子表明，爱比克泰德把冲动、欲望和厌恶包括在我们能够完全控制的事物范畴之内是错误的。相反，它们属于我们能够控制一些但又不能完全控制的事物的范畴；或者在某些情况下，又属于我们一点也不能控制的事物的范畴。说到这里，我应该补充的是，在解释的过程中，也可能某些重要的东西已经被丢失了——也就是说，在谈到冲动、欲望和厌恶时，爱比克泰德头脑里所想的事物和我们所想的可能是有所不同的。

那么，什么是我们能够完全控制的事物呢？我认为我们首先能够完全控制我们为自己设定的目标。例如，我的目标是要成为下一任大主教、百万富翁还是一所特拉普派修道院里的修道士，我是完全可以控制的。说到这里，我应该补充一点，那就是，虽然我可以完全控制为自己设定哪些目标，但是是否能够实现这些目标当中的任何一个，我却显然是不能完全控制的；相反，我为自己设定的目标的实现与否，典型地属于我能够控制一些但又不能完全控制的事物的范畴。另一个我认为我们能够完全控制的事物就是我们的价值观。例如，我们对自己是否看重名誉、财富、快乐或安宁是完全可以控制的。当然，我们是否根据自己的价值观来生活，就是另一个问题了：这也是一件我们能够控制一些但又不能完全控制的事情。

正如已经看到的那样,爱比克泰德认为我们能够完全控制我们的意见。如果他所说的意见是我们对于应当为自己设立什么样的目标的意见,或者是我们对于事物的价值的意见,那么我同意他的看法,也就是说,我们的意见是"由我们决定的"。

我们花时间和精力来为自己制定目标以及确定我们的价值观,显然是有意义的。这件事情所需的时间和精力相对较少。而且,正确地选择目标和价值观,其回报可能是巨大的。的确,马可就认为,拥有良好生活的关键,是珍视真正有价值的事物和对缺乏价值的事物漠不关心。他补充说,因为我们有能力识别事物的价值,所以我们就有能力过良好的生活。更概括地说,马可认为,通过正确地构建我们的意见——也就是正确地识别事物的价值——我们可以避免许多苦难、悲伤和焦虑,因此就能获得斯多葛主义者所追求的安宁。[9]

马可指出,除了对自己的目标和价值观能够完全控制之外,我们还能够完全控制我们的品质。他说,我们是唯一能够阻止自己获得善良和诚实的人。例如,我们完全有能力阻止邪恶和贪心在我们的灵魂中找到歇脚之地。如果我们愚笨,我们可能没有能力成为一个学者,但是并没有什么能阻止我们培养其他一些品质,包括真诚、尊严、勤劳和节制;也没有什么能够阻止我们采取措施,去抑制傲慢,去超越快乐和痛苦,去放弃追求名声,以及控制我们的脾气。更有甚者,停止抱怨,变得体贴和坦诚,言谈举止温和,做事有"自制",都是我们可以做到的。马可观察到，这些品质立刻就能成为我们的——如果我们选择它们的话。[10]

现在，让我们把注意力转向控制的三分法的第二个分支，也就是转向我们一点也不能控制的事物，比如明天太阳是否会升起。如果花时间和精力去关注这样的事物，显然是愚蠢的。因为完全不能够控制所谈的事物，我们花费的时间和精力对事情的结果不会有任何作用。正如马可所观察的那样，"任何无意义的事情都是不值得做的。"[11]

这把我们带到了控制的三分法的第三个分支：我们能够控制一些但又不能完全控制的事物。例如，考虑一下赢得网球比赛的情况。正像我们已经看到的那样，虽然不能确信自己会赢得比赛，但是我们可以通过行动，寄希望去影响结果。我们想问的问题是，一个斯多葛主义的践行者还会关注网球吗？特别是他应不应该花时间和精力，去试图赢得比赛？

我们可能会认为他不应该。因为斯多葛主义者也不能完全控制网球比赛的结果，他总会有输球的可能性；如果输了，他就会烦恼，他的安宁就会遭到搅扰。所以对于一个斯多葛主义者来说，更安全的做法似乎应该是避免打网球。采用类似的推理，如果他珍视他的安宁，似乎就不应该寄希望于他的妻子爱他；因为总有这样的可能性，那就是无论他做什么，他的妻子都不爱他，这样他就会感到心碎。同样，他也不应该寄希望于他的老板给他加薪；因为依然有这样的可能性，那就是无论他做什么，她都不会给他加薪，而他就会感到失望。的确，如果把这种想法进一步推展,斯多葛主义者甚至都不应该请他的妻子嫁给他或者请他的老板雇佣他,因为他们都有可能拒绝他的要求。

换句话说,人们可以得出结论,说斯多葛主义者会拒绝关注他们能够控制一些但又不能完全控制的事物。但是由于日常生活中的大多数事物都是我们能够控制一些但又不能完全控制的事物,结论就是斯多葛主义者对生活中的许多方面都不会关注。他们会成为消极、孤僻的落后分子。可不是吗?他们会成为一帮连早晨爬起来都感觉困难的意志消沉者。

但是,在进行这样的争论之前,我们应该记得,斯多葛主义者并不是被动和孤僻的。相反,他们积极地参与日常生活。从这点出发,我们将得出以下两个结论当中的一个:要么斯多葛主义者是不依照他们的原则行事的伪君子,要么就是在前面的论述中,某种程度上我们误解了斯多葛主义的原则。现在,我要就第二个可能性进行论证。

要记住,在我们能够完全控制的事物当中,有我们为自己设定的目标。我认为,当一个斯多葛主义者关注他能够控制一些但又不能完全控制的事物比如一场网球比赛时,他为自己制定目标时会是非常小心的。特别地,他会为自己设定内在目标而不是外在目标。因此,他打网球的目标将不是赢得一场比赛(这是某种他自身以外的事物,对此他只有部分的控制),而是在比赛中尽己所能地发挥实力(这是某种内在的东西,对此他是完全能够控制的)。选择这个目标,如果输掉比赛的话,他就可以免于挫败和失望:因为赢得比赛并不是他的目标,所以只要尽了自己最大的努力,他就不会达不到目标。他的安宁不会被打乱。

在这个问题上值得注意的是,在一场网球比赛中尽你的能力最好地发挥和赢得那场比赛,这两者之间是有因果联系的。尤其是为了赢得一场比赛,还有什么比尽全力发挥水平更好的方法吗?斯多葛主义者意识到,我们内在的目标会影响到我们外在的表现;但是他们也意识到,我们刻意设定的目标对我们随后的情绪状态有巨大的影响。特别是,如果有意识地把赢得一场网球比赛设定为我们的目标,可以说,这不会增加赢得比赛的机会。实际上,我们甚至可能会破坏我们的机会:如果比赛一开始和在接下来不久的时间里,我们看起来就像要输掉比赛,那么我们就可能会变得慌乱,而且这可能在剩下的比赛中对我们的表现产生消极影响,因而最终破坏我们赢球的机会。不仅如此,把赢得比赛作为目标,我们就大大增加了因比赛结果而烦恼的机会。而反过来,如果把在比赛中尽力发挥作为目标的话,我们也许不会增加赢得比赛的机会,但确实会减少因比赛结果而沮丧的机会。所以,在网球比赛的问题上使我们的目标变得内在化,也就是不言而喻的了:把目标设定为尽我们的能力发挥到最佳水平,这样做至少有一个积极效果——减少随后情感上的苦恼——却很少有甚至没有消极效果。

至于生活中其他更重要的方面,斯多葛主义者在为自己制定目标时也同样会小心谨慎。例如，斯多葛主义者会建议，我应该关注妻子是否爱我，尽管这是一件我能够控制一些但又不能完全控制的事情。不过当我关注这件事情时，我的目标不应该是"使她爱我"这样一个外在目标；无论多么努力，我也可能完不成这个目标，结果就会很烦恼。相反，我的目标应该是一个内在的目标：尽我最大的能力，让自己的所作所为值得被爱。同样，针对老板，我的目标应该是尽我最大的能力做好工作。这些是我能够实现的目标，无论我的妻子和老板随后对我的努力怎样反应。用使日常生活中的目标内在化的方式，斯多葛主义者就能够在应对他只能部分控制的事物时保持他的安宁。

事物的类别	例子	爱比克泰德的忠告
我们完全能够控制的事物	我们为自己设定的目标，我们形成的价值观	我们应当关注这些事物
我们一点也不能控制的事物	明天是否会出太阳	我们不应当关注这些事物
我们能够控制一些但又不能完全控制的事物	打网球时我们是否能赢	我们应当关注这些事物，但是要注意，在设立相关目标时别忘了将它内化

控制的三分法

我认为，如果在我们的职业中，"外在的失败"是寻常发生的事情，那么将我们的目标内在化就尤其重要。想想一位有抱负的小说家吧。要在她选择的职业中取得成功，她必须得打赢两场战斗：必须掌握一定的技艺，还必须学会应对作品被退回——大多数小说家在听到"是"之前都听到过许许多多次"不"。在这两场战斗中，对于大多数人来说，这第二场是最为困难的。人们可能会好奇：有多少想要成为小说家的人，并没有寄出他们写好的稿件，只因害怕听到"不"字？又有多少想要成为小说家的人，一旦听到"不"字，就被这种经历打趴下了，再也不会寄出稿件了？

一个有抱负的小说家怎样才能减少遭受拒绝的心理成本，从而增加成功的机会呢？这要靠她将写小说的目标内在化。她不应该把某种她很少能左右的外部事物当做目标，比如说小说出版；而是应该把某种她能控制的内在事物当做目标，比如说她为写作尽了多少力，或者在一定时期内投过多少次稿。我并不是宣称，通过将目标内在化，她就可以在收到退稿信时（或者，像经常发生的那样，当她没有收到对她投稿的任何回复时）完全摆脱精神痛苦。然而，这可以在很大程度上减少这种痛苦。在她再次投稿之前，她就不会再用上一年的时间来垂头丧气；她可以把这个时间压缩到一周甚至一天，这种改变会大大增加她的稿件得以出版的机会。

读者们可能会抱怨：将我们的目标内在化的过程，充其量就是一个心理游戏。想要成为小说家的人的真正目标，显然就是让她的小说得以出版——这是她完全知道的；而通过建议她在写小说这件事情上将目标内在化，我所做的事情充其量就是建议她要假装出版作品并不是她的目标。

作为对这种抱怨的回应，我首先要指出，某人花足够的时间来练习将目标内在化,以便培养出不逾越内在目标的能力——在这种情况下这些内在化的目标变成她"真正的"目标,是有可能的。而且,即使内在化的过程是一个心理游戏,它也是一个有用的心理游戏。害怕失败是一种心理特性,所以,用改变我们对失败的心理态度的方法(也就是小心地选择我们的目标),我们就可以影响自己害怕失败的程度,这似乎也并不值得大惊小怪。

我已经解释过,斯多葛主义者对人类的心理非常感兴趣,一点也不反对使用心理学的"把戏"来克服人类心理的某些问题,比如消极情感的出现。的确,前一章所描述的消极想象技巧真的充其量就是一个心理学的把戏:通过思考事情如何有可能变糟的方式,我们就可以预先阻止或颠倒享乐的适应过程。然而,如果我们的目标是享受我们拥有的东西而不是把它们看作天经地义,如果我们的目标是体验快乐而不是对我们居于其中的生活和我们碰巧居住的世界变得厌倦,这会是一个非常有效的把戏。

说了所有这些关于目标内在化的技巧之后,让我暂停下来,做一次坦白。在我对爱比克泰德和其他斯多葛主义者的研究中,我发现很少有证据能够证明,他们是主张以我所描述的方式将目标内在化的。这就牵出了一个问题:斯多葛主义者是不是真的使用了内在化技巧?然而,我还是把这个技巧归功于他们,因为如果一个人像斯多葛主义者那样只关注他所能控制的事物,或者在进行可能失败(从这个字的外部意义看)的努力时想要保持他的安宁,那么将目标内在化,显然就是他要做的事情。在谈到目标的内在化时,我也许会因为篡改或者推进斯多葛主义而感到内疚。但是我将在第二十章中解释,我这么做并没有什么不安。

我们现在既然理解了将目标内在化的技巧,就有能力解释斯多葛主义者那看上去似乎是自相矛盾的行为。虽然他们珍视安宁,他们却感到有义不容辞的责任要成为所居住社会的积极参与者。而这样的参与却显然将他们的安宁置于危险的境地。例如,有人就会怀疑,如果加图不是被迫去抵制凯撒攀升到权力之巅的话——比如说,如果他把日子花在图书馆里,去阅读斯多葛主义哲学家的著作的话,那么他就会享受到安宁得多的生活。

但是我却要指出,尽管加图和其他斯多葛主义者卷入了周围的世界,但是他们却找到了一种保持自身安宁的方法:将自己的目标内在化。他们的目标不是改变这个世界,而是尽自己的努力带来一定的改变。即使其努力被证明是无效的,他们也会处之泰然,因为他们实现了自己的目标:他们做到了自己能够做到的事情。

一个斯多葛主义的践行者在进行日常事务时,会把控制的三分法牢牢记在心里。他会执行某种"鉴别分类法",从而把生活的元素分成三个范畴:他能完全控制的,他一点也不能控制的,以及他能控制一些但又不能完全控制的。第二个范畴中的事物——他一点也不能控制的——他会放置一边作为不值得担心的事物。这样做时，他会为自己省去大量不必要的焦虑。他会转而关注他完全能够控制的事物和他能够控制一些但又不能完全控制的事物。当他关注最后一个范畴中的事物时，他会仔细地为自己设定内在而非外在的目标，这样他就可以避免大量的挫败和失望了。

第 6 章

宿命论:放下过去……以及现在

一个优秀的人应该迎接命运的织布机为他织出的所有经历。

——马可·奥勒留

斯多葛主义者认为,保持我们安宁的一种方法,就是对发生在我们身上的事情采取一种宿命论的态度。根据塞涅卡的说法,我们应该把自己供奉给命运,因为"知道自己同宇宙一起漂流沉浮,对我们就应该是一个巨大的安慰"[1]。根据爱比克泰德的说法,我们应该在心里牢牢地记住,我们只是另外某人——更准确地说就是命运三女神——所写的剧本当中的演员而已。在这出剧目中我们不能选择自己的角色;但是不管我们被分派了什么角色,我们必须尽力来演好它。如果命运三女神分派我们扮演乞丐,我们就应该把这个角色演好;就像如果命运三女神分派我们扮演国王,我们也应该把它演好一样。爱比克泰德说，如果想要生活过得更好，我们就不应该要求事情来顺应我们的欲望，而是应该让我们的欲望来顺应事情；换句话说，我们应该希望事情"像它们确实发生的那样发生"[2]。

马可也主张对生活采取一种宿命论的态度。不这样做就是对自然的反叛，如果我们寻求的是良好的生活，这样的反叛更是达不到预期的目的。马可说，尤其是，如果拒绝命运的判决，我们就有可能经历搅乱安宁的悲痛、生气或恐惧。要避免这种情况，我们必须学会改变自己，以适应命运将我们置入的环境，尽我们最大的努力，去爱命运安排在我们周围的人们。无论什么闯入我们的命运，都必须学会欢迎它；而且劝说自己相信，无论在我们身上发生什么事情，那都是为了我们有个最好的结果。的确，根据马可的说法，一个优秀的人应该迎接"命运的织布机为他织出的所有经历"[3]。

就像大多数古罗马人一样，斯多葛主义者把命运之事看成是理所当然的。更准确地说，他们相信命运三女神的存在。命运三女神中的每一位都有一份自己的工作：克洛索（Clotho）编织生活，莱克西斯（Lachesis）度量它，阿特洛波斯（Atropos）裁剪它。不管人们怎样努力，他们都逃不出命运三女神为他们选择的宿命。[4]

对于古罗马人来说，生活就像是一场注定的赛马一样：命运女神已经知道谁会赢得、谁会输掉这场竞争。一位赛马骑师大概会拒绝参加一场他已经知道输赢的比赛；当某人在某处已经知道谁将会取胜，干嘛还要找麻烦去参加比赛呢？因此，人

第二部分 斯多葛主义的心理技巧 _103

们也可能认为古罗马人会拒绝参加生活的竞争；当未来已经被决定时，干嘛还要自寻麻烦呢？有趣的是，尽管他们有决定论，尽管他们相信无论发生什么都是必然的，但是古人并不以宿命论的态度来面对未来。例如，斯多葛主义者并不是漠然地坐在那里，顺从地等待着未来无论怎样的发落；相反，他们日日努力劳作，以求能够影响未来事情的结果。同样，古罗马的士兵也会勇敢地奔赴疆场，而且英勇地作战，尽管他们相信战斗的结果是由天命支配的。

自然，这给我们留下了一个难题：虽然斯多葛主义者主张宿命论，他们却似乎并不践行宿命论。那么，怎么理解他们要我们对发生在自己身上的事情采取宿命论的态度这个忠告呢？

要解决这个难题，我们需要区分针对未来的宿命论和针对过去的宿命论。如果一个人针对未来持宿命论的观点，那么她在决定做什么的时候就会在心里牢牢地记住，她的行动对未来的事情是不会有影响的。这样一个人就不可能花时间和精力去思考未来或者试图去改变未来。如果一个人针对过去持宿命论的观点，那么她对过去的事情也会采取同样的态度。她在决定做什么时会牢牢地在心里记住，她的行动对过去是不会有影响的。这样一个人就不会花时间和精力去假想"过去或许会不是那样"。

斯多葛主义者主张宿命论时，我认为他们主张的是宿命论某一限定的形式。更准确地说，他们是在忠告我们针对过去持宿命论的观点；他们要我们牢记在心，过去是不能改变的。因此，斯多葛主义者不会劝告一个生病孩子的母亲宿命地对待孩子的未来；她应该好好护理孩子以使其恢复健康（即便命运女神已经决定了这个孩子的死活）。但是如果孩子死了，他们就会劝告这个母亲将已经发生的事情视为命定。只有在孩子死了之后才去经历悲伤，这是唯一的自然之道。即便对于一个斯多葛主义者也是如此。反复咀嚼孩子的离去，就是浪费时间和情感；因为过去是不能被改变的。沉溺于这件事情最终只会给这个母亲带来不必要的悲伤。

斯多葛主义者说到我们不应该沉溺过去，意思并不是说永远都不要去想它。我们有时候应该思考过去，以便吸取教训，帮助我们努力构建未来。例如上面提到的那位母亲，就应该探究一下她孩子的死因，以便更好地保护其他的孩子。所以，如果那个孩子是因为吃浆果中毒而死的，她就应该采取措施，让其他孩子远离毒浆果，并告诉他们那是有毒的。这样做过之后，她就应该把过去放下。尤其是她不能终日满脑子都是"要是……就好了"的念头："要是我知道她在吃毒浆果就好了！要是我早一点把她送到医生那里就好了！"

对于现代人来说，针对过去的宿命论无疑比针对未来的宿命论要更加令人愉快一些。大多数人都会拒绝这样一个观念，那就是我们是命中注定要过某一种生活的；相反，我们认为未来会因我们的努力而改变。同时，我们乐于接受这样的观点，那就是，过去是不能改变的。这样，当听到斯多葛主义者劝告我们将过去视为命中注定时，我们是没什么好反对的。

除了推荐我们针对过去采取宿命论的态度之外，我认为斯多葛主义者还提倡针对现在的宿命论。毕竟，我们显然是不能够通过我们的行动来影响现在的，如果我们所说的现在指的是此时此刻的话。我的某种作为影响到十年以后、一天以后、一分钟以后，甚或半秒钟以后发生的事情，这样的情况是可能的；然而，我的某种作为能够改变此时此刻正在发生的事，这是不可能的；因为我刚一行动用以影响此时此刻正在发生的事情时，这一刻就已滑向过去，因而就不会受到影响了。

所以，斯多葛主义者在主张宿命论时，并不是忠告我们针对未来采用宿命论，而是忠告我们针对过去和现在采用宿命论。为了支持斯多葛主义对宿命论的解释，再次考虑一些前面引用过的斯多葛主义的建议是有意义的。当爱比克泰德建议我们让事情"像它们确实发生的那样发生"时，他是就确实发生的事情——确实发生就是指已经发生或者正在发生——而不是将要发生的事情在给我们提建议。换句话说，他是在忠告我们针对过去和现在要采取宿命论的态度。同理，正如你无法欢迎一位尚未到来的客人一样，马可的好人也要等命运的织布机为他编织的经历到达的时候才能去欢迎这些经历。

针对现在而言的宿命论怎么能使我们的生活过得更好呢？我已经说过，斯多葛主义者认为，获得满足的最好方法，并不是去劳作以满足我们内在的任何一种欲望，而是学会满足于我们生活的本来面目——也就是学会对我们拥有的无论是什么都感到幸福。我们可以把时日花在期望境况得到改变上，但是如果我们允许自己这样做，我们的日子就会在不满足的状态中度过。换个做法，如果我们学会需求于我们已经拥有的事物，而无论它们是什么，我们都不必用劳作来获得满足感了；因为我们的欲望已经得到了满足。

而我们已获得的事物之一，就是此时此刻。关于此时此刻，我们还有一个重要的选择：可以把眼下的时刻用于希望事情变得有所不同，也可以拥抱眼下这个时刻。如果习惯于前面一种做法，我们就会在不满足的状态中度过许多的时日；如果习惯于后面一种做法，我们就会享受我们的生活。我认为，这就是为什么斯多葛主义者建议我们针对现在采取宿命论态度的原因。这就是为什么马可提醒我们说我们拥有的一切就是此时此刻，以及忠告我们生活在"这转瞬即逝的片刻"[5]中的原因。（当然，这最后一个忠告，与佛教要求我们努力"活在当下"形成了呼应——这是斯多葛主义和佛教之间又一个有趣的相似之处。）

要注意，对过去和现在采取宿命的态度，这个忠告和前一章里不要关注我们不能控制的事物的忠告是一致的。我们对于过去是不能控制的；我们对于现在也是不能控制的，如果我们所说的现在是指此时此刻的话。所以，如果担忧过去和现在的事情，就是在浪费时间。

还要注意，对过去和现在采取宿命的态度，这个忠告和要体验消极想象的忠告，是有趣地联结在一起的。进行消极想象时，我们想到了自己的情况可能会更糟的种种可能性，这样做的目的就是要让我们珍视自己已经拥有的无论什么东西。斯多葛主义者所主张的宿命论，在一定意义上讲是一种反转，或者也可以说是消极想象的镜像：我们不是考虑自身情况如何可能会更糟，而是拒绝考虑自身的情况如何可能会更好。在对过去和现在采取宿命态度的时候，我们拒绝把自己的现状同另外一种更佳的境遇进行比较，在那种更佳的境遇中，我们可能已经发现或者正在发现自己的身影。斯多葛主义者认为，这样做，无论现在的境遇如何，我们都能够使它变得更可忍受一些。

我在本章中对宿命论的讨论和在第四章中对消极想象的讨论，可能会使读者担忧，认为践行斯多葛主义会导致自我满足。读者可能会认为，斯多葛主义者对他们所拥有的会感到异乎寻常地满足，无论拥有的是什么——那都可以肯定地说是一种福分。结果，斯多葛主义者不就变得相当没有抱负了吗？

作为对这种关注的回应，我要提醒读者，我们一直以来所论及的斯多葛主义者都是相当有野心的。我们已经看到，塞涅卡作为哲学家、剧作家、投资家和政治顾问，都有着活跃的生活。墨索尼亚斯·鲁弗斯和爱比克泰德都成功地经营过哲学学校。而当马可没有进行理论研究时，他在勤奋工作，治理着罗马帝国。不论怎么说，他们一个个都是成就杰出的人。这的确非常奇妙：虽然满足于几近一无所有的状态，他们却都又为某些事物而努力奋斗。

斯多葛主义者这样解释这种似乎自相矛盾的情况。斯多葛主义哲学不仅教导我们对于已经拥有的无论是什么都要感到满足，也劝告我们在生活中要追寻些什么。例如，我们应该奋斗，以成为更好的人——成为古代意义上的有德行的人。在第九章中我们会看到，我们还应该奋斗，以尽到我们的社会责任：这就是为什么塞涅卡和马可都被驱动着投入罗马的政治之中，以及墨索尼亚斯和爱比克泰德都被驱动着教授斯多葛主义的原因。而且，斯多葛主义者也不认为我们采取行动去享受我们所处的境遇有什么错；的确，塞涅卡就忠告我们"要注意所有那些给我们的生活增添光彩的东西"[6]。结果呢，我们就可能结婚和生儿育女。我们也可能形成友谊、享受友谊。

那么世俗的成功又怎么样呢？斯多葛主义者会追求名誉和财富吗？他们不会。斯多葛主义者认为这些事物没有真正的价值，所以追求它们是愚蠢的，特别是这样做打乱了我们的安宁或者要求我们以不道德的方式行事时更是如此。我意识到，这种对世俗成功的漠不关心，会使斯多葛主义者在那些成天努力工作以图获得（一定程度的）名誉和财富的现代人面前显得似乎有些动机不明。说到这里，我还要补充的是，虽然斯多葛主义者不寻求世俗的成功，但是他们却经常得到它。

的确，我们拿来研究的这些斯多葛主义者都可以算作他们所处时代的成功人士。塞涅卡和马可两人都是既有财富又有名望，墨索尼亚斯和爱比克泰德作为广受欢迎的学校的校长，也享有一定程度的名望,并且在生活中也因经济宽裕而过得相当舒适。因此,他们会发现自己是处于奇怪境地的人,他们虽然并不寻求成功,但却偏偏获得了它。在第十四章和第十五章当中,我们会看到他们是怎样应对这种窘境的。

第7章

自我否定：论应对快乐的阴暗面

追求快乐确实就像追逐一只野兽一样：当野兽被追上时，它会转过身来扑向我们，并且把我们撕成碎片。

——塞涅卡

进行消极想象就是对可能发生在我们身上的坏事进行预想。塞涅卡建议将这个技巧加以延伸：除了预想坏事的发生之外，我们有时还应该生活得就好像坏事已经发生了一样。尤其是，我们不应该仅仅想象失去财富会是个什么样子，而应该定期地"体验贫穷"：也就是说，让自己满足于"最微薄廉价的食物"以及"简陋和粗糙的衣物"[1]。

根据塞涅卡的说法，伊壁鸠鲁，一个斯多葛主义者的哲学对手，也体验贫穷。[2] 然而他这样做的目的，似乎与塞涅卡大相径庭。塞涅卡是为了要珍视他拥有的东西；而伊壁鸠鲁是要检验他认为自己需要的东西，以此决定哪些东西实际上是生活中没有也可以的。他从许多例证中领悟到，我们努力工作以求获得某种事物，是因为我们确信没有它我们会很悲惨。问题是，没有这些事物当中的一些，我们照样可以生活得极好；但是如果我们不试着离开这些东西去生活的话，我们就不知道其中哪些是离得了的。

墨索尼亚斯将这一技巧进一步发展：他认为，除了要生活得好像坏事已经发生在我们身上一样之外，我们有时候还要促使坏事真的发生。尤其是，我们应时不常地给自己制造机会，去经历我们本来可以轻易避免掉的不舒适。比如，可以在寒冷的天气里穿得很单薄或者不穿鞋。或者可以定期让自己忍受干渴和饥饿，即便水和食物唾手可得。也可以睡硬床，即便软床近在咫尺。[3]

听到这里，许多现代读者会下结论说，斯多葛主义包含着一种受虐狂的成分。但是，读者们应该意识到，斯多葛主义者并不是到处鞭打自己。事实上，他们使自己遭受的磨砺相当轻微。而且，他们遭受这些磨砺并非为了惩罚自己；这样做恰恰是他们为了提高对生活的享受。最后，提出斯多葛主义者强加磨砺于自身，会误导大家。这创造了一个自我矛盾的形象，也就是一个人强迫自己做自己不想做的事。其实相比较而言，斯多葛主义者是欢迎生活中有一定程度的不舒适的。所以，对斯多葛主义者的主张更恰如其分的描述，应该是一个自寻不适的计划，而不是一个对自身横加磨砺的计划。

但是，即使弄清楚了斯多葛主义者对于自寻不适所持的态度，也还会使许多现代读者感到迷惑："当有可能享受完美的舒适时，我们为什么要对哪怕是丁点的不舒适表示欢迎呢？"为了回答这个问题，墨索尼亚斯指出了三个源于自寻不适的好处。

首先，实施自寻不适的行为——例如，在能够获得温饱的时候选择饥饿和寒冷——能使自己变得更坚韧，以便抵御将来有可能降临的厄运。如果我们知道的全部都是舒适，那么我们被迫经历痛苦或不舒适的时候，就可能受伤，而我们有朝一日经历痛苦或不舒适是完全有可能的。换句话说，自寻不适可以被想成一种疫苗：现在将自己暴露给少量弱化的病毒，我们就在自己体内创造了一种免疫力；这种免疫力将来就能保护我们免遭病害的侵袭。或者，自寻不适也可以被想成是一种保险费，一旦支付之后，就能使我们有资格享受好处：如果将来我们成为某个不幸事件的牺牲品，那时我们所经历的不适，就要比我们不交保险费的情况下少得多。

实施自寻不适行为的第二个好处并不出现在将来，而是会立竿见影。一个时不时经历微小不适的人会变得有信心，认为他同样也可以承受严重的不适。所以，对未来某个时候经历这种不舒适的想象，就不会成为他现在焦虑的一个根源。墨索尼亚斯说，通过体验微小的不适，一个人其实是在锻炼使自己变得更有胆量。[4] 相比较而言，一个对于不适很陌生的人，一个从来没有挨过饿受过冻的人，就可能对将来某一天挨饿受冻感到恐惧。即使他现在生理上是舒适的，也有可能经历心理上的不舒适——也就是对未来可能出现在他生命里的事情感到焦虑。

实施自寻不适行为的第三个好处，就是它能帮助我们享受我们已经拥有的东西。尤其是靠有意识地给自己制造不适的方法，我们可以更好地享受我们所经历的舒适。当外面狂风呼啸、寒冷难耐时，待在暖和的房间里当然是很温馨的；但是如果真的要享受那种温暖和居有定所的感觉，我们就应该出去在寒冷中待一会然后再回到屋里。同样，我们也可以（正如第欧根尼所观察到的那样）用等到饿了再吃的方法来大大强化对任何一顿饭的享受，也可以用等到渴了再喝的方法来大大强化对任何饮料的享受。

把我们应该定期实施自寻不适这一忠告拿去和一个缺乏远见的享乐主义者可能提出的忠告进行一番比较，会是有益的。缺乏远见的享乐主义者可能会认为，将我们所享受的舒适最大化的最佳途径，是以一切代价来避免不适。而墨索尼亚斯会争辩说，试图避免一切不适的人，比定期接纳不适的人更有可能得不到舒适。后者可能比前者有一个宽得多的"舒适带"，所以，在可能给前者带来相当大痛苦的境地中，他们也可以感觉到舒适。如果我们能够采取措施，确保自己永远都不会经历不适，这当然是一件美事；但是既然我们做不到，不计一切代价来避免不适的策略就注定是无效的。

斯多葛主义者说，除了定期实施自寻不适的行为之外，我们还应该定期放弃体验快乐的机会。这是因为快乐有着阴暗的另一面。塞涅卡警告说,追求快乐确实就像追逐一只野兽一样:当野兽被追上时,它就会转过身来扑向我们,并且把我们撕成碎片。或者,稍微调整一下这个比喻,他告诉我们说,强烈的快乐一旦被我们捕获,就会变成追捕我们的人。意思就是,一个人捕获了越多的快乐,"他就得为越多的主人服务"[5]。

通过质疑快乐,斯多葛主义者暴露了他们犬儒主义的背景。所以,犬儒主义哲学家第欧根尼断言,任何人都得打的最重要的一仗,就是反快乐之战。要赢得这场战斗尤其困难,因为快乐"不使用公开的武力,而是采用误导和下毒施魔法的方法,就像荷马史诗中的女巫喀耳刻下药麻醉奥德修斯的伙伴那样"。第欧根尼警告说,快乐"秘藏的不是单一的诡计,而是一切种类的诡计,目的是通过视觉、听觉、嗅觉、味觉、触觉,还有食物、饮料以及性欲等等来扰乱人们,诱惑那些苏醒的以及熟睡的人们"。快乐,"用她的魔杖一敲……就把她的受害者赶进了类似猪圈的地方,并且将他拦在里面,从此以后那个人就像猪或者狼一样生活了"[6]。

斯多葛主义者会强调说,有一些快乐我们始终都应该戒除。我们尤其应该戒除那些见一面就会俘获我们的快乐。这包括从特定的药品当中衍生而来的快乐:假如古代世界就存在去氧麻黄碱粉,斯多葛主义者无疑是会劝告我们禁用它的。

但是,有意义的是,斯多葛主义者对快乐的怀疑并没有就此结束。他们还劝告我们有时要重视戒除其他相对无害的快乐。

例如，我们可能会把放过一次喝酒的机会当回事——并不是因为害怕变成酒鬼，而是因为这样我们能够学会自控。对于斯多葛主义者来说——事实上，对于任何一个想要践行一种人生哲学的人来说——自控都是一种应该获得的重要品质。毕竟，如果缺乏自控的话，我们就有可能被生活所能提供的各种快乐引得分心。在这样分心的状态中，我们就不可能实现自己人生哲学的目标。

马可说，从更概括的意义上讲，如果不能抵制快乐，末了我们就只能扮演奴隶的角色，"在自我利益的每一次拉拽之下像牵线木偶那样乱颤"，而我们就将在"不断抱怨今天和不断哀叹明天"中度过一生。为了避免这样的命运，我们必须小心谨慎，避免痛苦和快乐淹没了我们理性的能力。正如马可所说的那样，我们必须学会"抵制我们的皮肉所发出的牢骚"[7]。

一个斯多葛主义者处理日常事务时，除了有时选择做一些使他感觉糟糕的事情（比如在寒冷的天气里穿得很单薄）之外，他还会选择不做一些使他感觉良好的事情（比如吃一碗冰激凌）。这似乎使斯多葛主义者看起来像是反快乐的，但是其实他们不是。例如，斯多葛主义者并不认为享受从友谊、家庭生活、一顿饭甚至财富中衍生出来的快乐有什么错，但他们劝告我们享受这些事物时要小心谨慎。毕竟，在享受一顿饭和陷入暴饮暴食之间有着一条清晰的界限。但也存在着使我们黏住一些享受的事物而不放的危险。所以，即便是在享受快乐事情的时候，我们也应该遵循爱比克泰德的忠告，使自己处于警惕状态。[8]

根据塞涅卡的说法，一个斯多葛主义的圣贤，会这样解释享受快乐这件事在斯多葛主义者和普通人之间的区别：普通人拥抱快乐，而圣贤束缚快乐；普通人认为快乐是最高级的好处，而圣贤甚至并不认为快乐是一种好处；普通人做一切事情都是为了快乐，而圣贤做的事情没有一件是为了快乐。[9]

在本书第二部分我所讨论的这些斯多葛主义技巧中，本章描述的自我否定无疑最难践行。例如，一个斯多葛主义者，因为他在体验贫穷，所以就赶公共汽车而不开自己的轿车，这并不好玩。在冬天的风暴中只穿一件单薄的夹克衫，仅是为了感受令人不适的寒冷，这也不好玩。对别人递给自己的冰激凌说"不"——这样说不是因为他在节食，而是因为他在练习拒绝某种他本可享受的东西，这肯定也不好玩。实际上，一个斯多葛主义的新手会不得不调动他所有的毅力来做这样的事情。

但是，斯多葛主义者发现，毅力就像是肌肉中的能量：人越锻炼肌肉，肌肉就越变得强壮；越锻炼意志，意志也越变得强壮。的确，长期践行斯多葛主义自我否定的技巧，斯多葛主义者就可以把自己改造成具有非凡魄力和自控能力的人。他们能够完成别人害怕去做的事情，也能够避免别人无法抵制去做的事情。结果，他们就能够彻底地控制自我。这种自控，使得他们有大得多的可能性去实现他们的人生哲学，进而也就极大地增加了他们过上良好生活的机会。

斯多葛主义者首先会承认，锻炼自控是需要付出努力的。

但是，承认这一点之后，他们还会指出，不锻炼自控，也是需要付出努力的：墨索尼亚斯说，想想人们耗费在不正当男女关系上的那些时间和精力吧；假使人们有自控能力，他们就不会干这种事。[10]用类似的话语，塞涅卡表达了他的观察结果："贞洁为我们省下了光阴，而淫荡却让人片刻不宁。"[11]

接下来，斯多葛主义者会指出，锻炼自控还会有一些不那么显而易见的好处。特别是，有意识地避免快乐，本身也会让人快乐，这看起来似乎有些奇怪。假定你在节食时突然渴望吃一块冰激凌，而你知道冰箱里就有。如果你吃了，你肯定会得到那特有的口腹之乐，但也肯定会伴有某种程度的悔意。不过如果你坚持不吃这块冰激凌，你放弃了这种口腹之乐，却会体验到另一种不同的快乐：正如爱比克泰德所观察的那样，你会因为没吃它"而感到快乐，并且还会褒奖自己"[12]。

这最后一种快乐，肯定与吃冰激凌的快乐是全然不同的，但它却是一种真正的快乐。进一步说，如果我们在吃冰激凌之前先停一下，做一个成本收益分析——也就是把吃和不吃冰激凌的代价和好处进行对比衡量——我们可能会发现，要将快乐最大化的明智之举，就是不吃这块冰激凌。正是由于这个原因，爱比克泰德劝告我们，每当考虑要不要抓住获取快乐的机会时，要进行这种分析。[13]

沿着这个思路走下去，假定我们遵循斯多葛主义的忠告，简化我们的饮食。我们可能会发现，这种饮食方式虽然缺乏多样化的口腹之乐，却是一种完全不同种类的快乐之源："水，大麦饭,还有大麦面包皮,"塞涅卡告诉我们说,"并不算美味佳肴,然而正是从这类饮食中可以衍生出快乐,而且是最高级的快乐。"[14]

放弃快乐的行为本身就可能给人带来欢愉,让斯多葛主义者去领悟这个真谛吧。正如我所说的那样,他们是他们时代一些最有洞见的心理学家。

第8章

沉思：监督自我践行斯多葛主义

> 你今天治愈了自身的什么病患？抵制了自身的什么弱点？你在哪方面显示出有所进步？
>
> ——塞克提乌斯

为了帮助我们推进对斯多葛主义的践行，塞涅卡建议我们定期对日常生活中的事件进行深入思考：我们怎样应对这些事件？而根据斯多葛主义的原则，我们又应该怎样应对这些事件？他把这个技巧归功于他的老师塞克提乌斯（Sextius），这位老师在入睡前会自问，"你今天治愈了自身的什么病患？抵制了自身的什么弱点？你在哪方面显出有所进步？"[1]

塞涅卡为他的读者描述了一份自己入睡前沉思的内容，并提供了一份他可能会反思的事件的清单，以及他反思之后可能得出的结论：

- 塞涅卡在训诫别人时太具有侵略性；结果，训诫不仅没有让人改正错误，反而只是惹恼了对方。他对自己的忠告是：在预想要不要批评某人时，不仅仅应该考虑批评是否有价值，而且还要考虑这个人是否能够承受批评。他补充说，一个人越糟糕，他越没有可能接受建设性的批评。
- 在一个聚会上，人们拿塞涅卡的花销开玩笑，他不是耸耸肩对此不屑一顾，而是对此想不开。他对自己的忠告是："远离下贱之徒。"
- 在一个宴会上，塞涅卡没有坐在他认为自己配得的尊贵席位之上。结果，整个宴会期间他都在对那些安排座位的人生气，而且嫉妒那些比他座位更好的人。他对自己表现的评价是："你这个蠢蛋，把你的重量放在长沙发的哪个位置上不都一样？"
- 塞涅卡听说有人说他文章的坏话，他就把这个批评者当做他的敌人了。但是随后他开始想到文章曾经被自己批评的那些作者们，他会希望所有那些人都把他当做敌人吗？当然不是。塞涅卡的结论：如果你的作品要面世，你就必须愿意容忍批评。[2]

在读了这些和其他一些塞涅卡列出的生活中的烦恼之后，人们会惊叹：在过去的两千年里，人类的天性几乎没发生什么变化呀！

当然，塞涅卡所推荐的睡前沉思，和一个禅宗佛教徒的参禅，是完全不同的。一个禅宗佛教徒参禅时，可以坐上几个小时，同时使他的头脑尽量放空。相比较而言，一个斯多葛主义者的头脑，在睡前沉思中是相当活跃的。他会反思一天中的要事。有什么事情扰乱了他的安宁吗？他生气过吗？还是嫉妒？还是贪求性欲？为什么一天当中的事情使他心烦意乱？有没有他本来可以做的事来避免这种烦恼？

爱比克泰德将塞涅卡睡前沉思的忠告又往前发展了一步：他建议，处理日常事务时，我们应该同时扮演参与者和旁观者这两个角色。[3] 换句话说，我们应该在自己的内心创造一个斯多葛主义的观察者，来监视我们，对我们践行斯多葛主义的努力做出评价。以类似的思路，马可也建议我们检验自己所做的每一件事情；弄清我们做事情的动机；并且无论我们试图完成的事是什么，考虑它的价值。我们应该持续不断地问自己，我们是由自己的理性主宰，还是由别的什么东西主宰。当确定不是由理性主宰自己时，我们应该问一问，是什么东西在主宰我们。是一个孩子的灵魂吗？一个暴君？一头沉默无言的牛？还是一只野兽？同样，我们也应该成为别人行动的细心观察者。[4] 毕竟，我们可以从他们的错误和成功中学到东西。

除了对日常事件的反省之外，我们还可以把部分的省思用于理清自己精神世界的备忘录。我们是在践行斯多葛主义者所推荐的心理技巧吗？例如，我们是否定期进行了消极想象？我们是否花时间来区分我们能够完全控制的事情、一点也不能控制的事情以及能够控制一些但又不能完全控制的事情？我们是否注意到了将自己的目标内在化？我们是否做到了不沉溺于过去而把注意力集中在未来？我们是否有意识地实践了自我否定的行为？我们也可以把斯多葛主义的沉思作为一种机会，来考察我们在日常事务中是否遵循了斯多葛主义者提出的忠告。在本书的第三部分，我将细述这些忠告。

进行斯多葛主义的沉思期间还可以做另外一件事情，就是评价我们作为斯多葛主义者的进步。有几个可以用以衡量这种进步的指标。其一，由于斯多葛主义的影响，我们会注意到，我们同其他人的关系发生了变化。爱比克泰德说，我们会发现，当别人说我们对于我们以外的事情像是"没有头脑的傻瓜"或什么也不懂时，我们不会觉得感情受到了伤害。我们对他们的侮辱和怠慢会耸耸肩表示蔑视。我们也会对任何指点我们方向的赞扬耸耸肩表示不屑。事实上，爱比克泰德认为，别人的仰慕对于我们作为斯多葛主义者的进步而言，是一个反向的晴雨表："如果人们认为你物有所值，你就要反过来对自己有所怀疑。"[5]

爱比克泰德提到的其他进步的标志如下：我们将不再批评、指责和褒奖别人；我们将不再吹嘘自己以及自己知道得很多；当我们的欲望被阻挠时，我们将责备自己而不是外部条件。因为一定程度掌控了自己的欲望，我们会发现，我们现在的欲望比以前要少；正像爱比克泰德所说的那样，我们会发现，自己"对于任何事物的冲动都减少了"。非常有意义的是，如果作为一个斯多葛主义者取得了进步，我们就不会把自己当做一个所有的欲望都必须得到满足的朋友，而是会把自己当做"一个伺机而动的敌人"[6]。

根据斯多葛主义者的说法，践行斯多葛主义，除了影响我们清醒时的思想和欲望之外，还要影响我们的梦境。特别是，芝诺曾指出，当我们在实践中取得进步时，我们将不会梦到自己从不光彩的事情中得到快乐。[7]

在我们践行斯多葛主义的过程中，另一个进步的标志就是，我们的哲学是由行为而不是言语构成的。爱比克泰德说，最要紧的事情，并不是滔滔不绝地讲述斯多葛主义原则的能力，而是根据这些原则来生活的能力。因此，在一个宴会上，一个斯多葛主义的新手会花时间来谈论一个在哲学上有见识的人应该吃什么东西；而一个进一步践行了斯多葛主义的人只是按这个方法去吃就行了。同样，一个斯多葛主义的新手可能会吹嘘她简单的生活方式，或者吹嘘她已经戒酒而更喜欢喝白开水；而一个更资深的斯多葛主义者，已经沿用一种更简单的生活方式、已经以水代酒，却会感到不必对这样的事实进行任何评价。的确，爱比克泰德认为，在践行斯多葛主义的过程中，我们应该如此低调，以至于别人不会给我们贴上斯多葛主义者的标签——甚至连哲学家的标签也不会给我们贴上。[8]

除此以外，作为斯多葛主义者取得进步的最显著标志，就是我们情感生活的变化。不过这并不像那些对斯多葛主义真正的本质一无所知的人通常相信的那样，是要我们不再体验情感。

相反，我们会发现我们经历的消极情感更少。我们还将发现，我们现在在希冀事情发生变化方面花的时间比原来少了，而有更多的时间来享受事物原本的面目。更概括地说，我们会发现，我们在经历一定程度上的安宁，这正是我们以前的生活中所缺乏的。我们还会发现，这也许非常令人吃惊，即我们对斯多葛主义的践行，使我们很容易被哪怕微小的欢乐感染到：我们将不再忧郁，而是因为是我们自己、过着我们正在过着的生活、住在我们恰巧居于其间的世界里而感到欣喜。

然而，要获得作为斯多葛主义者取得进步的最终证明，我们还必须等到自己面临死亡时。塞涅卡说，只有到了那时，我们才会知道自己的斯多葛主义是不是真的。[9]

当我们衡量自身作为斯多葛主义者的进步时可能会发现，它总是比我们希望的或者预期的要慢。但是，斯多葛主义者首先会承认，人们是不能够在一夜之间完善他们的斯多葛主义的。的确，即便我们终生践行斯多葛主义，我们也不可能让它完美；始终都会有改进的空间。本着这个意思，塞涅卡告诉我们，他践行斯多葛主义的目标并不是要变成一个圣人；相反，只要"我每天减少我不道德行为的数量，谴责我的错误"，他就认为自己的进步足够了。[10]

斯多葛主义者理解，践行斯多葛主义的过程中一定会碰到挫折。因此，爱比克泰德在提出践行斯多葛主义必须做到哪些事之后，继续告诉他的学生们，在他们无法遵循他的忠告时该怎么办。[11]换句话说，他预料到斯多葛主义的新手会惯常地出现故态复萌的情形。马可用类似的话建议，当我们的实践达不到斯多葛主义的规诫时，我们不应该泄气，也绝不该放弃践行的努力；相反，我们应该重新发起进攻，并且意识到，如果沿着正确的道路走下去，那么，按着斯多葛主义的理论，我们大多数时候从自己的角度来说都做得相当不错了。[12]

关于作为一个斯多葛主义者取得进步的问题，我最后再说一点。马可把他的成年时代用来践行斯多葛主义，即便他的性格很适于这个主义，他也会发现自己有时候状况低迷。在这期间，他会发现他的斯多葛主义似乎不能够提供他所寻求的安宁。在《沉思录》中，他对于在这种关键时刻应该做什么提出了忠告：继续，"即使成功看起来没有希望"[13]。

第三部分

斯多葛主义的忠告

如果我们不是为了财富而努力工作，而是训练自身满足于我们已有的东西；如果我们不去追求名声，而是克服自己对获得别人仰慕的渴望；如果我们不花费时间去谋划怎样伤害一个我们嫉妒的人，而是把时间用来克服自己的嫉妒心；如果我们不用尽心机使自己变得受人欢迎，而是努力维持并完善关系、与我们结交的人成为真正的朋友，那么，我们的生活状况就会更好。

第 9 章

责任：论热爱人类

> 人类的本质非常像蜜蜂的本质。蜜蜂是不能单独生活的：一只蜜蜂被孤立起来就会死亡。
>
> ——墨索尼亚斯

正如我们已经看到的那样，斯多葛主义者忠告我们寻求安宁。然而他们意识到，这种建议本身并不足以提供完全的帮助，所以他们继续就如何最好地获得安宁为我们提供指引。一开始，他们忠告我们践行本书第二部分所描述的心理技巧。他们也在日常生活的具体方面提出忠告。例如，他们劝告我们不要寻求名声和财富，因为这样做会搅乱我们的安宁。他们警告我们要小心谨慎地选择伙伴和朋友；其他人毕竟是有能力粉碎我们的安宁的——如果我们允许他们这样做的话。他们还要就如何应对侮辱、愤怒、悲痛、放逐、年老，甚至在什么样的情况下才该过性生活向我们提出忠告。

现在，让我们把注意力转向斯多葛主义者就日常生活向我们提出的忠告上。一开始，在本章和下一章当中，我们将论述他们关于形成和保持社会关系的忠告。

考察生活时我们会发现，他人可能是生活所能提供的最大的欢乐源泉，包括爱情和友谊。不过我们也会发现，他们也可能是我们所经历的绝大部分负面情感的起因。出行时陌生人阻断我们的交通会惹恼我们。亲戚们会用他们的问题来增加我们的麻烦。老板可能对我们无理，把我们的一天都毁掉。同事可能会力有不逮，从而增加我们的工作负荷并给我们带来压力。朋友可能忘记邀请我们参加聚会，使我们感觉受到轻视。

即使别人不对我们做任何事情，他们也可能会搅乱我们的安宁。很典型的是，我们要别人——朋友、亲戚、邻居、同事甚至还有陌生人——看得起我们。因此我们就会花时间和精力，努力穿不错的衣服、开不错的汽车、在不错的地段住不错的房子，等等。然而，伴随着这些努力的却是一定程度的焦虑：我们害怕自己会做错选择，因而别人会认为我们不行。

还要注意，为了能够支付得起被众人认可的衣服、汽车和房子，我们必须去工作，因而可能会经历与工作有关的焦虑。而且，即便我们通过努力，成功地赢得了别人的羡慕，我们的安宁还是会被那些不那么成功的人投向我们的嫉妒之情所搅扰。塞涅卡说得好："要知道有多少人嫉妒你，就去数数你的仰慕者吧。"[1]除此之外，我们还不得不应对自身向那些比我们更成功的人投去的嫉妒。

因为斯多葛主义者珍视安宁，也因为他们懂得别人有能量来搅乱自己的安宁，所以我们可能期待他们生活得像隐士一样，而且还会建议我们也这样做；但是斯多葛主义者绝不做这样的事情。他们认为，人在本质上是一种社会动物，因此我们就有责任和其他人形成和保持关系，尽管这些人可能给我们带来麻烦。

在《沉思录》中，马可解释了这种社会责任的本质。他说，神灵创造我们，是因为一个原因，也就是"为了某种责任"。正如无花果树的功用是做无花果树应该做的事情一样，狗的功用就是做狗应该做的事情，蜜蜂的功用就是做蜜蜂应该做的事情，人的功用就是做人应该做的事情——也就是要执行神灵创造我们用以执行的功能。[2]

那么，人的功用是什么呢？斯多葛主义者认为，我们主要的功用，就是富有理性。要发现我们次级的功能，只需要运用我们的推理能力就行了。我们会发现，我们被设计出来，就是要生活在其他人当中，要以一种相互有利的方式进行互动；我们会发现，正像墨索尼亚斯所说的那样，"人类的本质非常像蜜蜂的本质。蜜蜂是不能单独生活的：一只蜜蜂被孤立起来就会死亡。"[3]我们还会发现，正像马可所说的那样，"伙伴关系就是创造人类这件事情中隐匿的目的。"因此，一个很好地发挥了人的功用的人，就是既理性又社会化的。[4]

第三部分　斯多葛主义的忠告　__131

要履行我的社会责任——要尽我对于人类的责任——我就必须对全人类有所关心。我必须记住，我们人类是为着相互的需要而被创造出来的，正如马可所说的那样，我们生下来就是要一起工作的，就像我们的左右手和上下眼睑一样。所以，在我做的所有事情中，必须把"为所有人服务和所有人的和谐"作为我的目标。更确切地说，"我有义务为我的同类做好事并且与他们相互体谅。"[5]

马可说，在我尽自己的社会责任时，我应该安静而高效地做这件事。理想的情况下，一个斯多葛主义者对于他为别人提供的服务应该是健忘的，就像一条葡萄藤为酒商结出一串葡萄时那样健忘。他不会停下来吹嘘，而是会继续他的下一项服务，就像葡萄藤继续结出更多的葡萄那样。因此，马可忠告我们要坚定地履行我们人类被创造出来所要履行的那些责任。他说，别的什么都不能使我们分心。的确，当我们早晨醒来时，我们不应该慵懒地躺在床上，而是应该告诉自己，我们必须起床去做人类该做的工作，也就是我们被创造出来所要做的工作。[6]

显而易见，马可拒绝接受以选择性的方式来尽我们的社会责任这样一种观念。尤其是我们不能简单地逃避和令人讨厌的人打交道，即使这样做可以使我们的生活变得更容易一些。但我们也不能为了避免冲突屈服于这些令人讨厌的人。相反，马可声称，我们应当面对他们，并为了共同的利益而和他们合作。的确，我们应该对命运安排在我们周围的人表示出"真正的爱"[7]。

马可显然会给出这样的忠告。关于践行斯多葛主义时哪些方面最有挑战性，斯多葛主义者们的看法各不相同。例如，有些人可能会发现停止纠缠过去最为困难；而另一些人可能会发现克服对于名声和财富的欲望最为困难。然而，马可践行斯多葛主义的最大障碍，似乎是他对人性比较强烈的憎恶。

的确，贯穿整个《沉思录》，马可多次清楚地表达了他把他的同胞看得多么渺小的情绪。在前面，我曾经引用了马可这样的忠告：我们每天开始要做的事情，就是提醒自己，我们将要碰到的人会多么令人讨厌——就是提醒我们自己要注意他们的干预是非、忘恩负义、傲慢无礼、背信弃义、恶毒用意和自私自利。如果对人性的这种评价听起来有些刺耳的话，实际上我们找不到更加刺耳的评价了。马可说，即使是我们相处最为融洽的朋友，也是难以打交道的。他评论说，当某人说要同我们坦诚相见时，我们得警惕他藏着的匕首。[8]

其他方面，马可建议，当我们知道自己死期临近时，只要花一小会儿思考一下，我们走后再也不用和所有那些令人讨厌的人打交道了，离开世界的痛苦就能减轻很多。他说，我们还应该思考这样的事实，那就是，当我们死去时，我们曾经辛勤工作为之提供服务的许多伙伴，也会因我们的离去而感到欣喜。他对同胞的厌恶在下面一段话中得到了很好的总结："吃饭、睡觉、交媾、排泄，如此等等；他们是一帮什么东西！"[9]

有意义的是，尽管有这些厌恶的感情，马可并没有背弃他的同胞。例如，假如他把皇室的责任委托给下属或者放任自流，

第三部分 斯多葛主义的忠告 133

他的生活可以容易很多，但是他的责任感还是占据了上风；的确，他因为"用不知疲倦的热情履行他伟大职位的责任"而闻名。[10]而且他一直努力工作，不仅仅是为了形成和保持与人们的关系，而且是为了爱他们。

现代读者自然会感到奇怪：马可怎么能够完成这样的伟业，他怎么能够克服他对同胞的厌恶而为他们工作呢？我们惊叹马可的成就，部分原因是因为我们对责任所持的观念和马可不一样。激励我们大多数人尽到责任的东西，是我们害怕会受到——也许是上帝、政府或者老板的惩罚——如果我们没有尽到责任的话。但是，激励马可尽到责任的东西，并不是他害怕惩罚，而是他对一种回报的期望。

这里所说的回报，并不是那些受惠之人对我们的感谢；马可说，他不再指望别人对他的服务给予感谢，比一匹马不指望因参加赛马而得到感谢还要有过之而无不及。他也不寻求别人的仰慕甚至同情。[11]相反，马可说，履行自己社会责任的回报，是比感谢、仰慕或者同情还要好得多的某种东西。

正如我们已经看到的那样，马可认为，神灵在创造我们时，头脑里是想到某种特定的功用的。他还认为，神灵创造时就确定如果我们发挥了这种功用，我们就会体验安宁、事事如意。马可说，的确，如果做了被创造出来就该做的那些事情，我们就会享受"人的真正喜悦"[12]。但是，像我们已经看到的那样，我们功用的一个重要部分，就是与我们的同胞一起工作，也为他们工作。因此，马可得出结论说，尽自己的社会职责，可以给他拥有良好生活的最佳机会。这对于马可来说，就是尽一个人责任的回报：良好的生活。

我意识到，对于许多读者来说，这段论述并不能产生预期的效果。他们会坚持认为，责任是幸福的敌人，拥有良好生活的最佳方法，就是逃避所有形式的责任：我们不应该把日子用来做我们不得不做的事情，而应该用来做我们想要做的事情。在第二十章，我将回到这个问题上。现在，请允许我这样说：几千年来，在各种文化中，那些仔细考虑过欲望的人，都会得出这样的结论，那就是，为了得到我们想要的无论什么东西而终日劳作，都不可能给我们带来幸福或者安宁。

第 10 章

社会关系：论与人交往

> 没有什么宗教的游行，比一群孩子牵着他们父母的手、照顾着他们、引导着他们从街市上穿行而过更加美好了。
>
> ——墨索尼亚斯

到现在应该清楚了，斯多葛主义者面临着一个两难的选择。如果与别人进行交往，他们就冒了安宁被别人搅扰的风险；如果用回避别人的方式来保持安宁，他们就不能尽到形成和保持人际关系的社会责任。因此，斯多葛主义者面临着这样的问题：怎么能在与别人互动的情况下保持自己的安宁？斯多葛主义者对这个问题进行了既长久又艰难的思考。在回答这个问题的过程中，他们发展出了一整套关于如何与别人打交道的忠告。

一开始，斯多葛主义者建议说，在不得不与别人打交道之前，我们应进行准备。因此，爱比克泰德忠告说，在我们独处时，我们要形成"一种特定的性格和模式"。然后，当我们与别人进行交往时，我们就能保持一个真实的自我。[1]

正如我们已经看到的那样，斯多葛主义者认为，在尽社会责任时，我们是不能够进行选择的：会有这样的时候，就是我们为了共同的利益，必须与令人讨厌、误入歧途或者心术不正的人进行交往。然而，在与谁做朋友的问题上，我们是能够选择的。因此斯多葛主义者建议我们避免与价值观被腐蚀的人做朋友，以免他们的价值观污染我们。相反，我们应该寻求分享我们（正宗斯多葛主义的）的价值观，尤其是那些遵循这些价值观且在生活方面比我们做得更好的人来做朋友。在享受这些友谊的同时，我们应该努力学习他们身上的优长之处。

塞涅卡警告说，恶习是传染的：它们迅速、不知不觉地从携带者身上传播到那些与他们交往的人身上。[2]爱比克泰德响应了这个警告：花时间和一个不干净的人待在一起，我们也会变得不干净。[3]尤其是如果我们与那些有不洁欲望的人交往，就会有很大的危险在不久之后发现自己也有这样的欲望了，我们的安宁便会因此遭到搅扰。所以，在有这种可能时，我们应该避免和那些价值观被败坏了的人交往，就像我们避免和明显得了流感的人亲吻一样。

除了避开有恶习的人之外，塞涅卡还忠告我们要避开爱发牢骚的人——"那种忧郁和因为任何事情而悲愁的人、那种在每一个抱怨机会中找到乐趣的人"。他观察到，有个同伴"始终烦恼、为任何事情抱怨，也就与安宁无缘"，从而证明这种避开是明智的。[4]（顺便提一下，塞缪尔·约翰逊（Samuel Johnson）在他著名的《英语大辞典》中给这样的人起了一个非常精彩的名字：寻不开心的人（seeksorrow），他解释说，这就是"一个想方设法自寻烦恼的人"。）[5]

斯多葛主义者说，除了对与之交友的人要有选择性之外，对于参加哪些社会活动也应该有选择性（除非社会责任要求我们参加这些活动）。例如，爱比克泰德就忠告我们要避开非哲学家所举办的宴会。他还忠告我们进行社交活动时，谈话要谨慎小心。人们往往具有谈论某种事情的倾向。在爱比克泰德时代，人们谈格斗士、赛马、运动员和吃喝——而谈得最多的，还是别人。当发现自己正处在这样一群人当中时，爱比克泰德忠告说，我们应默不作声或者尽量少说；还有一个选择就是，可以将这样的谈话微妙地过渡到"某种合适的事情"上。[6]

这个忠告肯定有些过时，人们再也不谈论格斗士了（尽管他们还经常谈到赛马、运动员、吃喝——当然，也谈到别人）。然而现代人还是能够从爱比克泰德的社交忠告中抽出其核心。我们同"非哲学家"也就是不能分享我们斯多葛主义价值观的人进行社交，这是允许的——有时还的确是必要的。但是这样做时，我们必须留神：毕竟，他们的价值观会污染我们的价值观，使得我们在践行斯多葛主义的过程中退步，而这样的危险是存在的。

为了尽到社会责任，必须得和令人讨厌的人打交道，在这种场合我们该怎么办呢？怎样才能避免他们搅乱我们的安宁？

马可建议，在和一个令人讨厌的人交往时，我们要在脑子里记住，毫无疑问会有人发觉我们也是令人讨厌的。更概括地说，当发现自己被某人的缺点激怒时，我们应该停下来想一想自己的缺点。这样会帮助我们更加理解和体会这个人的过失，从而变得更加包容。还有一个对我们有所帮助的做法，就是要记住，不管这个人正在做什么，我们对他所做事情的厌恶之情都会毫无例外地伤害到我们自己。[7]换句话说，我们的烦恼越多，事情变得会越糟。

马可建议，我们还能通过抑制我们对别人的想法，减少别人对我们生活的消极影响。比如，他劝告我们不要浪费时间去揣摩我们的邻居在干什么、说什么、想什么，或者策划、图谋什么。我们也不应该让自己的头脑里充满了对他们的"色情的想象、羡慕、嫉妒、怀疑或者任何其他的情感"，这些都让我们感觉脸红，不愿意承认。马可说，一个好的斯多葛主义者，是不会考虑别人在想什么的，除非他必须这样做，以便能够为公众的利益服务。[8]

马可认为最重要的是，如果我们记住没有粗鲁的人这个世界就不能存在，那么我们和他们打交道就会容易得多。马可提醒我们说，人们并不是故意具有他们的缺点。这似乎让人得出结论，那些令我们讨厌的人是情不自禁地要这样做的。因此有些人令人讨厌是不可避免的。马克说，的确，要指望相反的情况出现，就好比指望一颗无花果树不要产生浆汁一样。所以，如果我们看见一个乡巴佬粗鲁地行事就感到震惊或者奇怪，那我们只能责怪自己了：我们本应该更有见识的。[9]

正如我们已经看到的那样，马可提倡宿命论，其他的斯多葛主义者也提倡宿命论。在我们前面引用的一些段落中，马可似乎是在提倡一种特殊的宿命论，我们可以称之为社会宿命论：在与别人打交道时，我们应该基于这样的假设行事，那就是他们天生就是这样一副举止。因此，指望他们不那么令人讨厌是毫无意义的。但是说到这里，我应该补充一下，在别的地方，马可不仅仅表示他人是可以改变的，而且还建议我们应该努力推动这样的改变。[10] 也许马可所言是这个意思：尽管改变他人是可能的，但是当我们与他们相处时，告诉自己他们天生就是这样行事作为的，可以使自己少些苦恼。

假定即便我们遵循了上面的忠告，某人还是成功地惹恼了我们……马可说，在这样的情况下，我们应该提醒自己，"这个凡人的生命只不过是很短暂的"，意思是我们都会很快死去。[11] 他认为，把令人讨厌的事件放到广阔的宇宙背景中，就会使这种事情的微不足道越加显明，因而就会减轻我们的烦恼。

根据马可的说法，在与令人讨厌的人打交道的过程中，最大的风险是我们会憎恨他们；而仇恨会给我们带来伤害。因此，我们需要努力，以确保这些人不会成功地破坏我们对他们的仁慈感情。（马可说，的确，如果一个人是好人，那么神灵永远都不会看见他对别人怀有怨恨。）因此，当人们的行为不人道时，我们对于他们的感受不应当像他们对于别人的感受那样。他补充说,如果我们在自己身上发现了生气和仇恨以及想要报复的想法,那么对于另一个人最好的报复方式之一,就是拒绝像他一样行事。[12]

我们最重要的关系之一是和异性的关系,对此,斯多葛主义者也有很多话要说。墨索尼亚斯说,一个明智的人是不会有婚外性行为的,婚内性行为也是为了生育儿女;在其他的情况下发生性行为,意味着缺乏自制力。[13]爱比克泰德赞同我们应该避免婚前性行为,但是补充说,如果成功地做到了这一点,也不应该吹嘘我们的贞洁,而贬损那些没有和我们一样贞洁的人。[14]

关于性的问题,马可比墨索尼亚斯和爱比克泰德的怀疑更深。在《沉思录》中,他给我们提供了一种发现事物真实价值的技巧:如果我们分析某个事物直到这个事物的构成元素时,我们就能看到这个事物到底是什么,因而就能够恰如其分地珍视这个事物。这样,分析美酒时,我们发现它只不过是发酵的葡萄汁而已,而罗马人如此崇尚的紫袍,无非是用甲壳类动物的血块染成的羊毛。把这种分析技巧运用到性的问题上,马可发现性只不过是"两个人的摩擦以及一个人射精的释放"而已。[15]因此,高度重视性关系是愚蠢的,而如果为了体验这种关系而搅乱我们的生活,那就更加愚蠢。

佛教徒也建议使用同样的分析技巧。例如,当一个男人发现他渴望一个女人时,佛教徒可能会忠告他不要把这个女人想成一个整体，而要想想构成她的成分，包括她的肺、粪便、痰、脓和唾沫等。佛教徒声称，这样做可以帮助这个人熄灭对这个女人的欲火。如果这样做还不见效，佛教徒可能会建议他想象这个女人身体腐烂的各个阶段。[16]

斯多葛主义者对于性的保守态度，现代读者听起来是过分拘谨，但他们自有道理。我们生活在一个沉溺于性的时代，对许多人来说，这种沉溺的结果，就他们心灵的和平而言几乎是灾难性的。例如，考虑一下这样一个年轻女人吧，因为抵抗不了性的诱惑，现在要面对单亲家庭通常要面对的那些艰辛；或者考虑一下这样一个年轻男人吧，因为抵抗不了性的诱惑，现在正背负着种种的责任（或者至少是抚养孩子的费用），这些责任使得他无法追求往日的梦想。现如今很容易找到这样的人：他们会赞同，假设他们在性方面更为节制，他们本可以生活得更好；但是却很难找到这样的人：他们会认为，如果他们在性方面更加放纵，他们的生活本可以过得更好。

我们应该注意到，斯多葛主义者并不是古人中唯一指出性的破坏力的一群人。伊壁鸠鲁可能是斯多葛主义者哲学上的对手，但是他却分享了斯多葛主义者关于性的疑虑："性交对于一个男人来说绝无好处，如果性交没有伤害他的话，那他就算是幸运的了。"[17]

说了所有这些之后，我应该补充的是，尽管斯多葛主义者在关于性的问题上有他们的疑虑，他们却大力主张婚姻。墨索尼亚斯说，一个明智的人是会结婚的，结婚之后，他和妻子都会付出努力，以维系幸福。的确，在一桩好的婚姻之中，两个人会加入一个爱的同盟，会努力给对方比对方给自己更多的关爱。[18]可以想象，这样的婚姻将是非常幸福的。

而且结婚之后，一个明智的人会把孩子带到这个世界上来。墨索尼亚斯说，没有什么宗教的游行，比一群孩子牵着他们父母的手、照顾着他们、引导着他们从街市上穿行而过更加美好了。[19]墨索尼亚斯会让我们相信，很少有人能够比一个有爱自己的配偶和忠诚于自己的儿女的人更加幸福。

第 11 章

侮辱：论容忍奚落

> 记住，侮辱你的不是那个辱骂或打击你的人，而是你认为他们正在侮辱你的这种判断。
>
> ——爱比克泰德

一些人会好奇，罗马的斯多葛学派哲学家为何花时间谈论侮辱以及怎样最妥善地应对的问题。人们会质疑："这是一个哲学家应有的职分吗？"如果我们认为的确是这样，正如斯多葛学派的哲学家所认为的那样，那么哲学家恰当的任务就是要发展一种人生哲学。

正如我们所见，斯多葛学派哲学家劝告人们追寻安宁。然而，他们意识到，别人的侮辱阻止人们获得和维持安宁。因此，生活策略作为人生哲学的一部分，斯多葛学派哲学家花时间为之开发了一些技巧，人们可以将其应用于防止别人的侮辱对自己造成困扰。在这一章中,我将对这当中的一些技巧进行考察。

在下面的论述中,我将在一种非常广泛的意义上使用"侮辱"这个语词。它不仅包括言辞上的侮辱,例如骂人;还指由忽视而带来的侮辱,例如蔑视或冷落某人;以及身体上的侮辱,例如扇某人耳光。人们总是对侮辱很敏感。正如墨索尼亚斯所指出的,在某些境况下仅仅一个眼神就可能被解读为一种侮辱。[1]而且,尽管有时侮辱并不是身体上的伤害,但它还是会带给人很大的痛苦。如果处于权威地位的某人,例如老板或老师,在公开场合责骂你,你的愤怒感与羞耻感可能会非常强烈。不仅如此,在这之后,侮辱带给你的痛苦仍会持续很久。即便十年之后,不经意间提到当初的责骂,你还是会回想起那件事情;不管时间过了多久,你发现自己还是会再次因愤怒而激动。

想要了解侮辱对我们的安宁造成的影响,只需看一看日常生活中那些困扰我们的事情。处在这份名单第一位的即是他人对我们的侮辱行为,尤其包括我们的朋友、亲属与同事对我们的羞辱。有时候这些人公开直接地侮辱我们:"你是个傻瓜。"更多时候,他们的羞辱很隐晦,并不直接。他们会使我们成为一个笑柄:"能否麻烦你戴上帽子?阳光从你头顶反射过来正在晃我的眼睛。"或者,在恭喜我们成功之后,他们会迫不及待地提醒我们过去无数次的失败经历。他们还会说些貌似恭维实为挖苦的赞美之词:"这套衣服正好掩盖了你凸起的肚子。"或者,他们认为冷落我们是理所当然的,所以未给我们应有的尊重。他们可能还会在他人面前贬低我们,而随后那些人会将这种评论告诉我们。只要我们愿意接受，这当中的每一件事情都能破坏我们一天的心情。

并不是只有现代人才对侮辱敏感。根据塞涅卡的举例，有些情况在古罗马的时候就已经被视为对他人的侮辱："'某某人今天没有让我讲演，却让别人讲演了'；'他傲慢地拒绝与我交谈，或公开嘲笑我的言论'；'他没有给我那个尊贵的座位，而是把我安排在桌尾的位置'。"[2]如果这当中任何一种情况发生在今天，无疑也会被视为侮辱。

受了侮辱，人们通常会生气。由于生气是一种消极情绪，会干扰我们的安宁，所以斯多葛学派的哲学家认为需要发展一些策略来防止侮辱激怒我们——即消除侮辱带给我们痛苦的策略。他们的策略之一，是在受到侮辱时停下来想想那些侮辱者所说的是否真实。如果他们所说的是真实的，那么我们就没有什么理由感到沮丧。设想一下，当我们的确是秃头时某人嘲笑我们是秃头。塞涅卡问道："我们本身是怎样的，又被告知是怎样的，为什么这就一定是一种侮辱呢？"[3]

爱比克泰德提出了另外一种消除痛苦的策略，就是停下来想想侮辱者到底了解多少。他说出一些不利于我们的事情，并不是因为他想伤害我们的情感，而是因为他真的相信他所说的属实，或者他只是讲出了对于事物的感受。[4]我们与其为他的诚实生气，倒不如心平气和地纠正他的看法。

一个可以非常有效地消除痛苦的策略是思考侮辱的来源。

如果我尊重侮辱的来源，如果我重视他的意见，他批评的言论就不会对我造成打击。假设我正在学习弹奏五弦琴，而批评我的人是我请来当老师的、技巧娴熟的音乐家。那么在这个例子中，正是我付钱请这个人来批评我的。所以，这种情况下如果我觉得他的批评伤害了我的感情，那我就非常愚蠢了。如果我学习五弦琴的态度是认真的，我应该感谢他批评我才对。

然而，假设我并不尊重侮辱的来源，而是将他视为一个十足卑劣的家伙。这种情形下，我不仅不会被他的侮辱所伤，相反，我应该感到宽慰：如果他不赞成我所做的，那我所做的无疑是正确的事情。这个卑劣的家伙支持我所做的，那才是我应该担心的事情。如果我可以说些什么以回应他的侮辱，那最恰当的说法将是，"正因为你这样对我，我才感到如释重负。"

塞涅卡说，当我们思考侮辱的来源时，最好将那些侮辱我们的人视为"过度生长的儿童"[5]。正像妈妈对刚刚学步的孩子对她的"侮辱"感到痛苦是愚蠢的一样，我们对这些孩子气的成人对我们的侮辱感到痛苦同样也是愚蠢的。在其他情况中，我们会发现那些侮辱我们的人的性格有着极大的缺陷。正如马可所说，这些人与其说值得我们愤怒，倒不如说值得我们同情。[6]

随着在实践斯多葛主义过程中的不断进步，我们会越来越不在意别人对我们的看法。我们将不再以赢得别人的赞赏、避免别人的批评为目标来度过我们的生命；而且，由于我们不在乎别人的意见，因而当他们侮辱我们的时候，我们也不会为此而感到痛苦。事实上，以往有一位斯多葛主义的圣贤，他将他人的侮辱视为犬吠。当一只狗大叫时，我们可能会认为这只狗不喜欢我们，但是如果我们因为这事而陷入苦恼，始终想着"真是的，那只狗不喜欢我"，这也未免太过愚蠢了。

斯多葛学派的哲学家指出，还有另外一种重要的消除痛苦的方法，即我们要牢记，当你被侮辱了，伴随着侮辱而来的任何痛感其实都源于你自身。爱比克泰德说："记住，侮辱你的不是那个辱骂或打击你的人，而是你认为他们正在侮辱你的这种判断。"这样一来，他说道，"除非你希望如此，否则他人不会对你造成伤害；只有你认为自己受到伤害时，你才受到了伤害。"[7]由此可见，如果我们坚信那个人的所作所为不会伤害到我们，那他的侮辱也就不会给我们带来任何痛苦。

这最后一个建议实际上是将更宽泛的斯多葛主义信念付诸实践，正如爱比克泰德所说："困扰人们的不是事情本身，而是人们对于这些事情的看法。"[8]为了更好地理解这句话，让我们假设某人掠走了我的财产。除非我非常看重这些财产，否则他的行为不会对我造成伤害。假设，某人从我的后院偷走了一个水盆。如果我很在乎这个盆，我会因为这次失窃而感到苦恼。（而我的邻居看到我如此痛苦，可能会不解地问："为什么他会为了一个粗陋的水盆而如此生气？"）然而，如果我不在乎这个盆，我就不会因为失去它而苦恼。相反，我将以哲学的——或更准确地说，以斯多葛哲学的——态度来对待这件事情，我会告诉自己:"没有任何理由为了一个粗陋的水盆而如此生气。"我的安宁也就不会被干扰。最后,设想一下,我讨厌那个水盆,我留着它,只因为这是一个亲戚送给我的礼物,如果不把它放在后院亲戚会不高兴。这样一想,水盆不见了,我可能反而会高兴。

发生在我身上的事情究竟会帮助我还是伤害我?斯多葛学派的哲学家称,这完全取决于我的价值观。而且,他们还会继续提醒我,我的价值观属于我能够完全掌控的事物。因此,如果某些外界的事物伤害了我,那只是我自己的过错:我本应采纳不同的价值观。

即便我们成功地消除了侮辱带来的痛苦,也仍然面临着一个问题:"怎样以最好的方式回应侮辱?"大多数人认为最好的回应是以其人之道还治其人之身,用一个高明的侮辱来回应就更好了。但是斯多葛学派的哲学家不赞成这种建议。那如果不这样,我们应该怎样回应侮辱呢?斯多葛学派的哲学家回答说:幽默是一种回应侮辱的绝妙方式。

所以,塞涅卡非常赞同地指出,加图就是利用幽默来抵消那令人难以忍受的侮辱的。加图在为一桩案件辩护时,一个名叫兰图拉斯的对手朝他的脸上吐口水。加图并没有生气,也没有反过去侮辱他,而是平静地擦掉脸上的口水,说道,"兰图拉斯,我敢向任何人发誓,那些说你不会用嘴的人都是错误的!"[9]苏格拉底曾经回应过更加恶毒的侮辱,塞涅卡对此大加赞赏。一次有一个人来到苏格拉底面前，在毫无警示的情况下打了苏格拉底一记耳光。苏格拉底没有生气，而是对这种讨厌的行为开了个玩笑：我们出门时，永远也无法确定是否需要戴一顶头盔。[10]

在为了回应侮辱而使用的各种幽默中，自我贬低的幽默特别有效。在这方面，塞涅卡讲述了瓦蒂纽斯这个人的事情。他的脖子上长了粉瘤，脚也有病，他时常嘲笑自己的畸形，以至于其他人都不再多说什么了。[11]爱比克泰德也建议使用自我贬低的方法应对侮辱。设想一下，你发现某人总是揭你的短。爱比克泰德认为，在这种情况下，你不要反唇相讥，而是想想他作为一个侮辱者是否称职。例如，你可以这样看待这个侮辱者，如果他非常了解你，他应该一针见血地批评你，可现在他只是指出了你一些无关紧要的毛病，而放过了那些更糟的缺点。[12]

对侮辱一笑置之，表明我们并不真的在乎那些侮辱者和他们的侮辱。当然，这也间接反击了那些侮辱者。所以，这种回应侮辱的方式有可能深深地挫败侮辱者。因而，比较那种以其人之道还治其人之身的方法，以幽默的方式对待侮辱似乎更为有效。

然而，要想幽默地应对侮辱，需要机智与风度，但许多人恰恰缺乏这些品质。受到侮辱的时候，我们通常会目瞪口呆地站在那里：虽然知道自己遭到了侮辱，却不知道接下来该做些什么。如果几个钟头之后，我们才想到一个聪明的应对办法，这已经没什么用了。假如一个人在受到侮辱一天之后,才跑到侮辱他的人面前重新提及侮辱事件并且反唇相讥,那就没有什么比这更加可怜的了。

斯多葛学派的哲学家认识到了这一点,所以提出了第二条应对侮辱的策略:对侮辱不做任何回应。墨索尼亚斯说,无须对侮辱做什么反应,我们应该"坦然、平静地承受所发生的一切"。他提醒我们说,"这是一个想要心胸开阔的人应有的举动。"[13]不回应、继续做自己的事情,仿佛侮辱者什么都没说,这样一来就没有任何想法可以影响我们了。事实上,甚至地球上反应最迟钝的人也可以使用这种方法应对侮辱。

在这方面,塞涅卡对加图的某一次做法大加赞赏:在公共浴室里,一个陌生人撞了加图,后来,当这个人认出加图并向他赔礼道歉时,加图没有生气更没有责怪那个人,反而只是回答说,"不记得被撞了呀。"[14]塞涅卡称,加图以不承认被撞代替了对对方的原谅,显示出更高的精神品质。[15]

看似矛盾的是,对侮辱不做回应反而可能是对侮辱最好的回应。正如塞涅卡指出的,原因之一,就是我们的不回应恰恰可以使侮辱者不安,使他疑惑我们是否理解了他的侮辱。这样一来,我们剥夺了他因侮辱人而可能得到的快感,由此他自己倒可能会陷入烦恼。[16]

对侮辱者不做回应也说明,我们正在向侮辱者和旁观的每一个人表示,我们根本没有时间去理会这种孩子气的行为。如果说幽默应对表明我们并没有把侮辱者放在心上,那不回应则仿佛表示我们根本不理会侮辱者的存在：我们不仅是不把他当回事，简直是"目中无他"！没有人愿意被轻视，侮辱者仅会因为我们对他没有反应就感觉受到了侮辱——应对侮辱，不需要反唇相讥，甚至也不需要幽默！

以上的讨论让人觉得，在对待侮辱方面斯多葛学派的哲学家似乎是一群绝对的和平主义者。他们好像从来不会反唇相讥或惩罚侮辱者。然而，事情并非如此。依照塞涅卡的分析，时机恰当的时候我们可以对侮辱进行有力的回应。

以幽默或完全不理会的方式回应侮辱，也会有一种危险：一些侮辱者非常迟钝，他们意识不到我们对侮辱的不回应其实是对他们的嘲讽；对于他们怎样想我们，我们显示的是一种蔑视。对于我们的这种回应，他们不但不感到羞耻，还可能会因为我们的幽默或不理会而倍受鼓励，并开始以没完没了的侮辱来攻击我们。无论在古代还是在现代，如果一个施辱者是某人的奴隶、雇员、学生或者孩子，都会让受辱者感到非常尴尬和难过。

斯多葛学派的哲学家意识到了这种情况，并对如何应对这种人提出了建议。就像妈妈警告和处罚拽她头发的孩子一样，在某些情况下，我们也要警告并处罚那些孩子气地侮辱我们的人。所以，如果一个学生在全班同学面前侮辱老师，而老师却熟视无睹，这不是一种明智的做法。毕竟，侮辱者和其他人会将老师的不回应视为默许，结果将是对老师无休止的侮辱。这种行为显然会扰乱课堂，老师很难再继续教学。

然而，在这种情况下，斯多葛主义者需要谨记，他惩罚不是因为侮辱者指责了自己，而是因为他要纠正侮辱者不正确的行为。塞涅卡称，这就像训练动物一样：驯马时我们惩罚马匹，是想让它以后服从我们，而不是因为我们对它过去不听话的行为感到生气。[17]

当然，在我们生活的时代，很少有人愿意以幽默或不理会的方式回应侮辱。的确，那些倡导"政治正确言论"的人认为，正确处理某些侮辱的方法是惩罚侮辱者。他们最关心的是那些被侮辱的"弱势群体"，包括少数群落中的成员和在生理、心理、社会、经济等方面有困苦的人。他们争论说，弱势群体在心理上很脆弱，如果我们任由人们侮辱他们，他们将遭受极大的心理创伤。所以，这些"政治正确言论"的倡导者向权威人士——政府官员、雇主、学校管理人员——请愿，要求惩罚任何侮辱弱势群体的人。

爱比克泰德不赞成这种对待侮辱者的方式，认为这将产生令人遗憾的反作用。爱比克泰德一开始就指出，倡导"政治正确"的运动也会有一些意外的副作用。一是，保护弱势群体不受侮辱的措施将使他们对侮辱过度敏感，结果，他们不仅对直接的侮辱感到痛苦，而且对于隐含的侮辱也会觉得烦恼。二是，弱势人群将会觉得他们没有力量凭借自身的能力处理侮辱——除非权威人士代表他们从中调停，否则他们对于侮辱没有任何抵御能力。

爱比克泰德论述称，应对那些侮辱弱势群体的行为，最好的办法不是对侮辱者进行惩罚，而是教给弱势群体自我抵御侮辱的技巧。他们特别需要学习如何消除痛苦，无论侮辱者怎样侮辱他们；只要做到这一点，他们就不会对侮辱那么敏感，结果呢，受到侮辱时也不会感到那么大的痛苦了。

值得我们注意的是，按照现代的标准，爱比克泰德是一个双重的弱者：他既是瘸子，又是奴隶。尽管有这些弱点，他还是找到了方法来克服侮辱。更重要的是，尽管命运不济，但他仍然找到了感受幸福快乐的方法。难道人们就不能相信，生活在当今世界的弱势群体也能够从爱比克泰德身上获益良多？

第 12 章

悲伤：论用理性战胜眼泪

> 只有理智才能终结我们的眼泪，连命运都无法做到这一点。
>
> ——塞涅卡

大多数父母得知孩子的死讯都会陷入情绪崩溃的境地。也许一连数天，他们都会以泪洗面，无法正常生活。即使过了很久，他们还会不时感到悲痛来袭；比如看到孩子照片时，过去的一切仿佛又都历历在目。那么，一个斯多葛学派的哲学家如何面对孩子的死亡呢？人们可能会想象，他们对此压根就不理会，或者，无论有何感受他们都会尽量压制，更有甚者还会训练自己不要悲伤。

尽管大多数人都认为斯多葛学派的哲学家从不悲伤，但这却是一种误解。斯多葛学派的哲学家认为，悲伤这样的情感在某种程度上是一种本能反应。正如我们听到一声巨大的、突如其来的声响时会禁不住受到惊吓一样——这是一种生理的反应——当我们突然得知所爱的人不在时，也会禁不住陷入巨大的悲痛之中——这是一种情感的反应。所以，在波利比乌斯因为失去兄弟而悲痛时，塞涅卡写信安慰他，"自然需要我们有这些悲痛，而过度的悲痛却是无用的。但是，我绝不是要求你一点都不应该悲痛。"[1]

一个斯多葛主义者应该悲伤到何种程度？塞涅卡告诉波利比乌斯，在适度的悲伤中，我们的理智"将坚守一种中间状态，它既不冷漠也不疯狂，使我们保持在理智和情感的平衡而非头脑的失衡状态"。于是，他劝告波利比乌斯，"让你的眼泪尽情地流淌吧，但也要让它们停止，让那最深沉的叹息从你胸中抒发出来吧，但也要让它们结束。"[2]

尽管无法从生活中消除悲痛，塞涅卡认为，人们还是可以采取一些措施将一生中经历的悲痛减少到最小的程度。而且，只要这些措施存在，我们就应该采用它们。毕竟，我们生活的这个世界有太多潜在的让人悲痛的事情。所以，塞涅卡称，应该节省我们的眼泪，因为"越是被我们频繁使用的事物，越应该被非常节制地使用"[3]。塞涅卡和其他斯多葛学派的哲学家正是带着这些想法开发出以下策略的，凭借这些良方就能够避免自身陷入过度的悲痛之中；而且无论我们发现自己正在经历什么样的悲痛，也能将它们尽快化解。

斯多葛学派的哲学家对抗悲痛的主要策略是进行消极想象。

如果我们事先设想过亲人死亡这件事，一旦哪天他们离世，这种打击带来的痛苦将会有所减弱；因为在某种意义上，我们已预知过它的到来。而且，如果我们认真设想了这件事，我们就会好好地珍惜与所爱的人相处的时光，这样当他们去世的时候，我们就不会为了那些本来能够或本来应该为他们做或与他们一起做但实际却没有做的事情而感到遗憾了。

消极想象除了可以预防悲痛，也可以消除悲痛。例如，我们可以想想塞涅卡对马西娅的劝告。这位妇女失去儿子已经三年，但却一直处于和埋葬儿子那天同样的极度悲伤中。塞涅卡说，马西娅与其花费时间痛苦地想着儿子之死带走的那些幸福，倒不如回想一下，如果她从来没有享受过儿子的陪伴那岂不是更糟。换句话说，马西娅与其哀悼儿子生命的终结，倒不如感激他毕竟和自己一起生活过。[4]

这也许可以被称为是回顾性的消极想象。通常在预期性的消极想象中，我们设想失去了目前所拥有的事物；而在回顾性的消极想象中，我们想象着从未拥有过那些失去了的东西。塞涅卡认为，凭借回顾性的消极想象，我们再也不会为失去的事物而感到遗憾，而会因为曾经拥有它们而心存感恩。

在安慰波利比乌斯时，塞涅卡就如何克服各种降临在我们身上的悲痛提出了忠告。他坚持认为，理智是我们对抗悲痛的最好武器，因为"只有理智才能终结我们的眼泪，连命运都无法做到这一点"。更为概括地说，塞涅卡认为尽管理智可能无法消除我们的悲痛，但它却可以将其中"过分的和不必要的那部分"去除。[5]

然后，塞涅卡开始采用理智的劝说来治疗波利比乌斯的过度悲痛。例如，他论述到这样一个问题：波利比乌斯正在哀悼的那位兄弟是否想要波利比乌斯遭受眼泪的折磨呢？如果他的兄弟想要波利比乌斯受苦，那他就不值得波利比乌斯为之流泪，因而波利比乌斯就应该停止哭泣；而如果他不想要波利比乌斯受苦，那么要是波利比乌斯爱戴并尊重他的兄弟的话，他也必须停止哭泣。在另一段论述中，塞涅卡指出，由于波利比乌斯的兄弟已经去世，所以他再也不会陷入悲伤，这是一件好事；因此，波利比乌斯继续沉浸在悲痛之中就是不理智的行为。[6]

另外一个塞涅卡的安慰对象是他的母亲希尔维亚。不同于波利比乌斯为了他挚爱的兄弟离世，希尔维亚是因为塞涅卡的流放而感到悲伤。塞涅卡劝慰希尔维亚时，采取了比以往提供给波利比乌斯的说法——波利比乌斯正在哀悼的人不愿他悲伤——更加深入的建议：由于希尔维亚对塞涅卡的境遇感到悲伤，塞涅卡争辩说，因为他是一个斯多葛学派的哲学家，所以他并不为自己的处境而悲伤，因而希尔维亚也不应该为此而悲伤。（他发现自己对希尔维亚的劝慰是非常独特的：尽管他阅读了每一种他所能找到的劝慰方法，但是其中没有一种是这样的情况，即被劝慰者同时又是正在为劝慰者感到悲伤的人。）[7]

在某些情况下，这种对于理性的诉求无疑可以帮助某人减轻他正在经历的悲伤，尽管作用可能只是暂时的。然而，在极度悲伤的情况下,这种对于理性的诉求可能不会成功。原因很简单,处于悲伤中的人,他的理智正被情感所控制。但是即使在这种情况下,我们尝试增强他的理智还是会产生作用,因为这种尝试能够使他了解他的理智在何种程度上屈从于情感,因而就能够引导他采取一些措施来恢复理智本来应该具有的作用。

爱比克泰德也对如何控制悲伤提出了建议。他特别劝告我们不要"陷入"他人的悲痛之中。设想一下,我们遇到一个极度悲伤的女人,爱比克泰德说,我们应该同情她,甚至用自己也悲叹的方式陪她一起悲叹,但这样做时,我们应该小心不要"向内心深处去悲叹"[8]。也就是说,我们应该表现出悲痛的迹象,但又不允许我们自己去体验悲痛。

这样的建议也许会冒犯一些人。他们声称,当他人悲伤时,我们不应只是假装同情他们;而是要真正体会他们的损失,真正让自身也沉浸在悲伤中。为了回应这种批评,爱比克泰德指出,那种以让自己陷入悲伤来安慰朋友的建议是愚蠢的,这就好比我们为了帮助被捕入狱的朋友而让自己也身陷监狱,为了帮助患有流感的朋友而故意让自己受他传染。悲伤是一种消极情绪,因此,我们应该尽可能地避免它。如果一个朋友陷入悲伤之中,我们的任务应是帮助他克服悲伤(或者更确切地说,如果我们恰当地将目标内在化,就应该竭尽全力帮助他克服悲痛)。如果我们凭借并非发自内心的哀叹就可以完成这个任务,那就这样做吧。毕竟,我们"陷入"朋友的悲伤中并不会对他有什么帮助，反而会伤害自己。

在这一点上，一些读者会怀疑斯多葛主义应对消极情绪的技巧是否明智、有效。在我们生活的时代，健康专家和外行都一致认为，情感健康要求我们切实地感受我们的情感，与他人分享这些情感，并且毫无保留地发泄这些情感。而斯多葛学派的哲学家却主张，我们有时要伪装情感，采取一些措施来消除我们的真情实感。因此有些人认为，按照斯多葛主义的建议来处理我们的情感是危险的，而且由于这种建议是斯多葛主义的核心观念，所以他们可能会进而拒绝把斯多葛主义当做一种人生哲学来接受。

请放心，在第二十章我会就对斯多葛主义的这种批评做出回应。我的回应可能会使一些人感到惊讶，因为我将对人们在"我们应该做什么来保持我们的情感健康"的问题上所达成的共识提出质疑。毫无疑问，有一些人——例如那些经历了强烈悲痛的人——的确可以借助于心理咨询来获得裨益。不过我同时也认为许多人可以不依靠这种咨询而享有充分的情感健康。我尤其认为，践行斯多葛主义能够帮助我们避免许多折磨人的情感危机。我还认为，如果我们发现自己陷入了一种消极情感，那么在许多情况下，靠遵循斯多葛主义的忠告，我们是可以独立地克服这种消极情感的。

第 13 章

愤怒：论战胜反快乐

> 我们是生活在一群坏家伙之中的坏家伙，只有一件事情能够使我们平静下来——大家共同致力于和平相处。
>
> ——塞涅卡

愤怒是另一种消极情感；任由它发展，它就会破坏我们的安宁。的确，愤怒可以被视为一种对快乐的抵制。斯多葛学派的哲学家设计了一些策略，用以将我们可能经历的愤怒减到最少。

斯多葛主义关于如何防止和应对愤怒的建议，其中一个最好的来源是塞涅卡的文章《论气愤》。塞涅卡称，愤怒是"短暂的精神失常"，愤怒带来的破坏是巨大的："没有什么灾难比愤怒让人类付出了更多的代价。"他说，在我们的周围，我们看到人们因为愤怒而被杀害、被毒死、被指控；还看到城市和民族因为愤怒而被毁灭。除此之外，愤怒还会毁掉我们每一个个体。毕竟，我们生活的世界有太多让人感到愤怒的事情，这意味着，除非我们能够学会控制愤怒，否则就将陷入永无休止的愤怒之中。塞涅卡下结论说，愤怒是对宝贵时间的浪费。[1]

有些人坚持认为愤怒有它的作用。他们指出，当我们愤怒时，我们可以被激发起来。塞涅卡反对这种观点。他说，的确，人们有时可以从愤怒中获得益处，但是并不能由此认为我们应该欢迎愤怒进入我们的生活。请注意，毕竟人们有时也会从一次海难中得到教训，然而，头脑健全的人谁会因此而去想办法提高他遭遇海难的机会呢？塞涅卡担心人们将愤怒作为激发性的工具，原因在于一旦我们开启了愤怒之门后就不能再将它关闭；而且，无论愤怒最初给我们带来的好处有多少，它随后带来的危害在将这些好处（平均来说）抵消之后还绰绰有余。他警告人们说，"理性绝不会到鲁莽、不受羁绊的冲动那里寻求帮助，因为在那里它说话是不算数的。"[2]

那么，难道塞涅卡是说，一个人目睹他的父亲被杀、母亲被辱的时候，也不应该感到愤怒吗？他应该站在那里什么也不做吗？绝不是这个意思。他应该惩罚做坏事的人，保护他的父母，但是当他这样做的时候应该尽可能地保持冷静。的确，如果他能够避免陷入愤怒，他就能够更加有效地惩罚坏人、保护亲人。塞涅卡称，从更广泛的意义上讲，当某人对我们做了坏事的时候，他应该受到"劝诫和武力，也即温和与粗暴"的双重惩罚。然而，这样的惩罚不应该在愤怒的情况下来实施。我们惩罚人不是为了对他们的所作所为进行报复，而是为了他们好，是为了让他们不管做过什么都不要重蹈覆辙。换句话说，惩罚应该是"警告的而非愤怒的表达"[3]。

塞涅卡应对侮辱的法则是幽默或不做任何回应，但是在讨论侮辱的时候，我们看到他指出了一种例外的情况：如果我们面对的是一个身为成人但行为却像孩子的人，我们可能会因为他侮辱我们而惩罚他。毕竟，这是他唯一能够理解的事情。同样，这样的人也是有的：当他们对我们做了坏事时，即使我们用慎重、理性的方式劝诫他们，他们仍然不能改变自己的行为。对于这种浅薄的人，我们真的动气没有任何意义——还可能会破坏我们一整天的心情——但塞涅卡认为我们可以假装生气。[4]这样做，在我们的安宁受到尽可能小的搅扰的情况下就可以使这样的人改善自己的行为。换句话说，尽管塞涅卡反对我们以动怒的方式来激发自己的行为，但却赞成我们以假装愤怒的方式来促进他人行为的改良。

关于如何防止发怒，塞涅卡提出了许多具体建议。他说，我们应该克制自己的某些倾向，不要把别人朝着最坏的方面想，不要对别人的动机妄下结论。我们需要谨记，事情的发展常常只是未如我们所愿，我们不要由此认为这是某人对我们做出了不公正的事情。塞涅卡称，我们特别需要牢记的是，在某些情况下，我们生气的对象其实是帮助我们的人，而在这种情况下，我们生气只是因为我们认为他给我们提供的帮助还不够多。[5]

如果我们过分敏感，就会很容易动怒。塞涅卡称，更常见的情况是：如果我们溺爱自己，任由快乐来腐蚀自己，那么我们几乎将无法忍受任何事情。而且，许多本来合理的事情现在也变得似乎无法忍受，这并不是因为它们很难被接受，而是我们太脆弱了。所以，塞涅卡建议我们应该想办法永远不要让自己太过安逸。（当然，这只是斯多葛主义者为避免安逸提供的一个理由，在第七章中我们已经考察了其他一些理由。）他说，如果按照这种方式增强自身的承受能力，我们就不那么容易被服务员的叫嚷或摔门声搅扰，因而就不那么容易为了类似的事情而动怒。我们将不会因为别人的言谈或举止而过度敏感，我们将会发现自己不再易被诸如提供的饮水不够热或者看到一张乱糟糟的沙发这样一些"庸常的琐事"而激怒。[6]

塞涅卡称，为了避免动怒我们还应该记住，那些激怒我们的事情通常并不会真正伤害我们，只是使我们烦恼。如果允许自己因为很小的事情而恼怒，那说明我们已经注意到了那些原本不易察觉的扰乱我们生活的因素，并把这种因素转变成了破坏安宁的激动状态。而且，正如塞涅卡所观察到的那样，"与我们遭受的伤害相比，我们的愤怒总是持续得更久。"[7]所以，任由那些微不足道的事情干扰我们的安宁，这有多么愚蠢啊。

我们已经知道，斯多葛学派的哲学家建议我们使用幽默来化解侮辱：加图用玩笑回应向他脸上吐口水的人，苏格拉底也用同样的方式回应扇他耳光的人。塞涅卡表示，幽默不仅是化解侮辱的有效策略，而且也可以用来防止我们发怒。他说，"对于那些让我们为之流泪的事情，大笑、不停地大笑是正确的回应方式！"[8]意思就是，当我们遇到不好的事情时，与其忍无可忍，倒不如把它想成是一件滑稽的事情；这样一来，一件原本会激怒我们的事情就会成为快乐的源泉。的确，可以想一下，当加图与苏格拉底用幽默回应侮辱时，他们不仅化解了侮辱，而且避免了对侮辱者产生愤怒的情绪。

关于避免发怒，马可也提出了建议。正如我们已知的，他劝告人们思考周围世界的转瞬即逝。他说，如果这样做，就会意识到许多我们原本认为重要的事物实际上并不重要，至少在宏大的事物体系中是这样。马可反思了一个世纪之前维斯帕西安皇帝统治的时代。那时各地的人们都在做着常规的事情：结婚、养育子女、务农、恋爱、嫉妒、争斗和筵宴。但是马可指出，"生命中所有的印记没有一个可以延续至今。"[9]言外之意，这也将是我们这一代人的命运：那些对我们很重要的东西在我们的子孙看来似乎并不重要。所以，当我们感觉自己因为某事快要发怒时，应该停下来想想从浩瀚宇宙的角度来看这件事是否有什么意义。如此一番，我们就可能将愤怒扼杀在萌芽之中。

假设有这样的情形：无论怎样努力防止愤怒，别人的行为还是成功地激怒了我们。对此，塞涅卡说，如果我们提醒自己，我们的行为也会激怒别人，这会有助于我们克服愤怒："我们和周围所有的人一样都不是善茬，只有一件事情能够使我们平静下来——大家共同致力于和平相处。"他也提出了与佛教相似的控制愤怒的方法。塞涅卡说,当我们生气时应该采取措施,"将所有(愤怒的)表象都转向反面。"我们应该强迫自己松弛面容、缓和声音、放慢步伐。如果这样做,我们内部的状态很快就会变得与外部的状态相似,于是我们的愤怒也会随之消散。[10] 佛教徒也实施一种类似的思维替代技巧。当佛教徒正沉浸于一种有害身心健康的思想中时,他们会强迫自己反向思考,即进行一种有利身心健康的思考。例如,如果他们正在经历愤怒,他们就会强迫自己思考与博爱相关的事情。因为两种相反的思想不能在同一时间共同存在于一个头脑之中,所以有利于身心健康的思想就会把有害的思想赶走。[11]

如果我们的怒火已无法控制怎么办?如果我们正在斥责那个激怒自己的人该怎么办?我们应该道歉。这样做能够立刻弥补发怒可能引起的社会危害。这对我们个人也是有益处的:道歉的行为除了有使我们变得镇静的作用之外,还能防止那些激怒我们的事情日后不断困扰我们。最后,为发怒而道歉有助于我们成为更好的人:承认自己的错误,就可以减少将来再次犯错的机会。

每个人都会有生气的时候:与悲伤一样,愤怒也是一种情感反应。然而,也有一些人,他们似乎一直都处于相当愤怒的状态之中。这些人不仅很容易被激怒,而且即使没有人激怒他们,他们也总是保持着气愤的状态。事实上,在闲暇之余,这些人在某种程度上更乐意把时间用来回忆使他们生气的事情，或者思考一般性的使他们生气的事情。在消耗生命的同时，愤怒也似乎为他们提供了生活的养料。

斯多葛学派的哲学家告诉我们，这种状况很是悲惨。首先，生命太短暂，不应将它浪费在愤怒之中。而且，如果一个人总是生气，对周围的人也是一种折磨。塞涅卡问到，为什么"你不使自己成为一个活着的时候被人爱戴、去世了以后也会被人想念的人呢？"[12]更概括地说，当你有能力体验快乐的时候，为什么非要体验反快乐呢？到底是为什么？

第 14 章

个人价值观：论追求名誉

如果将自己的目标设定为取悦别人，那我们就无法自由地取悦自己。……我们将使自己变成奴隶。

——爱比克泰德

斯多葛学派的哲学家论述称，人们不快乐，很大程度上是因为他们对什么事物有价值感到迷惑。正因为这种迷惑，人们浪费时间去追求一些事物，这些事物与其说令人快乐，倒不如说令人焦虑和痛苦。

名声，是人们错误追求的事物之一。人们总是会不同程度地渴望名声。一些人想名扬世界，另一些人虽然不追求世界性的声誉，却也想在某个地区声名显赫。即便那些甚至连地区性声誉也不追求的人们，仍想成为他们社交圈内倍受欢迎的人物或是在他们的职业中获得认可。几乎每一个人都渴望得到朋友与邻居的称赞。他们坚信获得名声（在这个词某种非常广泛的意义上）会使他们快乐。他们没有认识到，名声，无论是世界性的声望还是仅仅邻居的赞扬，获得它都需要付出代价。的确，斯多葛学派的哲学家声称，获得名声的代价非常高昂，远远超出了名声能够带给我们的任何益处。

为了更好地了解获得名声的代价，我们看看下面爱比克泰德举出的例子。假设你的目标是成为一个在社交活动中引人注目的人物，在你的社交圈子中变得"著名"，同时假设你圈子中的某个人正在准备一场宴会。如果这个人没有邀请你，你将为此付出代价：你可能会因为他对你的冷落而苦恼。但是，即使他邀请了你，爱比克泰德指出，这也可能是因为你过去已经付出了代价：你竭尽所能地关注宴会的举办者并对其大加赞赏。爱比克泰德补充道，如果你没有付出这样的代价而期待宴会中有你的一席之位，那你不仅贪婪而且愚蠢。[1]

爱比克泰德认为，如果你一直不在乎社会地位，你的生活就会好得多。首先，你不用浪费时间竭力奉承这个人。再则，你还会使这个人丧失只是不邀请你参加宴会就使你感到苦恼的能力。

斯多葛学派的哲学家珍视他们的自由，因此不愿做任何使得别人的权力凌驾于自身之上的事情。但是，如果我们追求社会地位，就赋予了别人控制我们的权力：我们不得不盘算着做一些事情，以便让他们称赞我们，而且还必须抑制自己不要做出一些使他们不悦的事情。所以,爱比克泰德忠告我们不要去追求社会地位,因为如果我们将自己的目标设定为取悦别人,那我们就无法自由地取悦自己。他说,我们将使自己变成奴隶。[2]

爱比克泰德说,如果希望保持自由,那么与别人相处的时候,我们就要注意对别人如何看待我们采取漠不关心的态度。而且,我们应该坚持这种无所谓的态度;换句话说,我们既不要在意他们的批评,也不要看重他们的称赞。爱比克泰德称,的确,当别人赞扬我们的时候,最恰当的回应方式就是付之一笑。[3](但是不要笑得太大声!尽管爱比克泰德和其他斯多葛学派的哲学家认为我们应该不在乎别人对我们的看法,但是他们还是建议我们要隐藏这种不在乎。毕竟,告诉另外某个人你不关心他的想法很可能造成对这个人最严重的侮辱。)

马可赞成爱比克泰德的观点,认为我们担心别人如何看待我们是愚蠢的,寻求那些价值观与我们相反的人的称赞则是特别愚蠢。因此,我们的目标应该是不在乎他人对我们的看法。马可补充道,如果我们能够成功做到这一点,我们的生活品质将会得到改善。[4]

请注意,不要在意别人对我们的看法,和斯多葛学派哲学家提醒我们不要专注那些我们无法控制的事物的忠告是相吻合的。如果我没有能力阻止别人嘲笑我,却非要浪费时间去阻止他们这样做,那我就是非常愚蠢的了。马可说,我应该反过来把这些时间用在我能够完全控制的事物上,也就是说,不做任何真正应该遭到嘲笑的事情。[5]

马可也为那些看重永世名声的人提出了一些忠告，许多人将这种名声视为名声的终极形式。马可说，这种名声是"一种空洞、虚假的东西"。我们想要在死后仍然被人们记得，这有多么愚蠢啊。首先，因为我们死了，无法享受这名声。其次，我们认为在没有见过我们的情况下后辈会称赞我们，这也很愚蠢，因为我们要发现称赞我们的同辈人都是非常困难的，尽管我们常常见到他们。马可说，与其考虑未来的名声，倒不如脚踏实地地关注我们当前的境况；他建议我们应该"尽力过好今天"[6]。

假设我们认可斯多葛学派哲学家的正确性：人们应该忽略别人对自己的看法。可是，对于大多数人而言，这实在是很难遵行的建议。毕竟，大多数人都为别人对自己的看法所困扰：我们努力工作，首先是为了赢得别人的赞赏，然后是避免失去这种赞赏。

斯多葛学派的哲学家认为，有一种方法可以克服这种困扰，那就是使人们认识到，为了赢得别人的赞赏，我们将不得不采纳他们的价值观。更准确地说，我们将不得不过一种别人认为成功的生活。（如果我们过的生活在他们看来是一种不成功的生活，那他们就没有理由赞赏我们。）那么，在试图赢得别人的赞赏之前，我们就应该停下来问问，他们的成功理念是否与我们一致。更重要的是，我们应该停下来问问，这些人在追求他们所珍视的无论什么事物的时候，是否获得了我们所追求的安宁。如果他们没有，我们就更应该放弃来自他们的赞赏。

人们困惑于如何能够赢得别人的赞赏；克服这种困惑的另一个方法，就是特意不怕麻烦地做一些有可能引起别人蔑视的事情。在这方面，加图特意不去理会时尚的流行规则：当每个人都穿着浅紫色的衣服时，他却穿着深色的衣服；尽管古罗马人通常出门到公共场合的时候都要穿鞋子和束腰外衣，但是加图却两样都不穿。根据普鲁塔克的说法，加图这么做并不是因为要"追求特立独行"；相反，他穿得不一样是为了改造自己，以便"只对真正值得感到可耻的事情感到可耻，而忽略人们对另一些事物的低评价"[7]。换句话说，加图有意识地做一些事情以引起别人的蔑视，这样他就能够练习忽略他们的蔑视了。

许多人被一种恐惧所缠绕，这种恐惧有时非常严重地束缚了人们的自由，这就是对失败的恐惧。这些人可能曾经盘算做一些考验自己勇气、决心和能力的事情，但是随后又决定不做这样的努力，对失败的恐惧正是促使他们做出这种决定的关键因素。在他们看来，与其努力去做一件事情但却以失败告终，倒不如根本就不去做这样的尝试。

当然，有些失败是任何有理智的人都会极力避免的——比如，那些导致死亡或毁容的失败。但是，许多人想要避免的失败还不至于让人付出生命或健康的代价。失败的代价只是不得不忍受公开的嘲笑或者那些获悉他们失败的人无声的怜悯。试图避免失败的人会争辩说，压根不尝试一项事业，比甘冒遭受公众羞辱的风险要更好接受。

你要认识到，许多别的人，甚至很有可能包括你的朋友和亲戚，都希望你做事失败。他们可能没有当面告诉你这种想法，但这不意味着他们不在心底深处默默反对你。人们这样做，某种程度上是因为你的成功会使他们显得不如你，因而令他们心里不舒服：如果你能成功，为什么他们不能？结果，如果你试着做一些勇敢的事情，他们就有可能讥笑你，预言你一定会失败，并设法劝阻你不要追求你的目标。如果你不顾他们的警告，凭借自己的努力成功了，最后他们也许会祝贺你——也许不会。

再来看看前面章节中我们曾提到过的那个女人，她的目标是写一本小说。设想一下，她将自己的文学理想告诉了她的朋友、亲戚和同事。她所信任的人当中有些人会真心鼓励她，而其他人却会以一种看笑话似的悲观态度来回应这个女人的宣告，他们可能会预言她绝不可能完成那部小说。（而且为了烦扰她，他们会时不时地询问小说进展得怎么样了。）如果她完成了，他们又可能预测她永远都找不到出版商。如果她找到了出版商，他们又可能预测这部小说不会卖得很好。如果小说卖得很好，他们又会坚持认为她的成功不过是证明了书籍买方市场大众化的低级标准。

当然，这个女人也有可能赢得这些唱反调者的赞许：她只要放弃成为小说家的梦想就可以了。如果她这样做，唱反调的人们就会认为她与他们志趣相投，并张开臂膀欢迎她。他们会邀请她一起坐在某个舒适的沙发上，一同嘲笑那些不顾失败而追求梦想的人。但这些人真的是她想要结交的人吗？她真的只是为了赢得那些人的接纳就愿意放弃对自己梦想的追求吗？

斯多葛学派的哲学家称，这个女人如果能够不在乎那些人怎样想她，她就会做得很好。很显然，上面提到的那些唱反调的人，应该首当其冲地出现在我们必须忽略的人的名单之中。对于他们的看法，她应该学着不去理会。

具有讽刺意味的是，采用拒绝追逐别人赞赏的方式，斯多葛学派的哲学家反而可能成功赢得别人的赞赏（尽管也许并不情愿）。例如，许多人会把斯多葛学派的哲学家对公共意见的不在意理解为自信的表现：某人只有真正知道自己是谁才会表现出这种不在意——正如他们所说的那样，这样的人是自我感觉很好的人。这些人希望自己也能像斯多葛学派的哲学家一样，不在乎别人怎样看待他们。

在有些情况下，斯多葛学派哲学家所赢得的赞赏足以使这些人向他们发问：她是怎样做到这一点的。当斯多葛学派的哲学家透露秘密的时候——也就是当她承认自己正是一个斯多葛主义的践行者的时候——她会因此而引起那些发问的人皈依斯多葛主义吗？也许不会。他们可能认为她是在嘲弄他们。如今，谁还会践行斯多葛主义呢？或者，他们会认定，尽管斯多葛主义对她有效，但是由于个性的不同，对他们也许就无效了。或者，在太多的情况下，他们会下结论：尽管获得斯多葛学派的哲学家所享有的自信是非常好的事情，但是仍然有其他的事情更值得追求，比如名声……或者奢华的生活。

第 15 章

个人价值观：论奢侈生活

"认为要紧的是钱的数量而不是头脑的状态"，这种观念是非常愚蠢的！

——塞涅卡

除了看重名声之外，人们通常也看重财富。虽然这两种价值表面上看起来似乎互不相干，但是有例子可以证明：我们追求财富的主要原因是想要获得名声。[1]更准确地说，我们之所以追求财富，是因为我们意识到财富能买到的物质商品会使我们赢得别人的羡慕，因而给我们带来一定程度的名声。但是，如果名声不值得追求，而且如果我们追求财富的主要原因是由此能够获得名声，那么财富也就不应该值得我们去追求了。所以，在斯多葛学派的哲学家看来，财富是不值得追求的。

例如，塞涅卡对希尔维亚的安慰使我们想起我们的躯体是何等渺小，同时这也迫使我们思考这样的问题："当你能够抓住的东西是如此之少时，却渴望得到那么多，这是多么疯狂愚蠢的想法啊！"而且塞涅卡还说，"认为要紧的是钱的数量而不是头脑的状态"，这种观念是非常愚蠢的！[2]墨索尼亚斯同意这种评价。他观察到，拥有财富并不能使我们的生活免于哀伤，也不会在我们年老的时候给我们带来慰藉。尽管财富能给我们带来物质上的奢华和种种感官上的快乐，它却从来不能给我们带来满足或者消除我们的痛苦。为了证明这种观点，墨索尼亚斯指出，尽管所有富人都拥有财富，但是他们仍然会感到哀愁和不幸。[3]与此类似的是，爱比克泰德声称："与其拥有大量财富而苦恼地活着，倒不如在失去痛苦和恐惧的状态下饿死。"[4]更概括地说，他论辩道，不需要财富比财富本身更加宝贵。[5]

如果财富的获得不能给人带来快乐，这已是非常糟糕的事情了，但是墨索尼亚斯认为还有比这种情况更糟糕的：财富有使人痛苦的魔力。的确，如果你想要使某人真正感到痛苦，你可以考虑给他大笔大笔的钱。墨索尼亚斯曾经给了一个冒牌哲学家一大笔钱。当人们告诉墨索尼亚斯那人是个江湖骗子，不仅品行不端而且道德败坏的时候，墨索尼亚斯并没有收回那笔钱。墨索尼亚斯微笑着说，如果他的确是个坏人，那他就应该得到这笔钱。[6]

大多数人用他们的财富来实现一种奢华的生活方式，一个人将由此而赢得别人的羡慕。但是斯多葛学派的哲学家认为，如果我们的目标不是生活得富足，而是要获得美好生活的话，那么这种生活方式反而无益于美好生活的获得。

设想一下，比如，铺张的膳食往往与奢侈生活相伴相随。那些饮食铺张的人会比饮食简单的人体验到更多的快乐吗？墨索尼亚斯认为不会。他说，吃喝无度的人就像铁器一样，由于质地钝劣，所以必须不断地打磨；更准确地说，除非奢华盛宴用成分纯正的酒、醋或辛辣的酱汁来"打磨"，否则，就餐者也难以感到满意。[7]

如果习惯于奢侈的生活方式，这当中确实存在着一种危险，那就是我们将失去从简单事物中获得快乐的能力。以前，我们还能够满足于品味一碗奶酪通心粉搭配一杯牛奶，但过了几个月的奢侈生活之后，我们会发现，通心粉不再能满足我们挑剔的味觉，我们开始拒绝它而喜欢阿尔弗雷多意大利宽面和某个特别牌子的瓶装水。而且，没过多久，如果负担得起这样的消费，我们又会拒绝这样的饮食而喜欢一种意大利烩饭，搭配味道鲜美的缅因小甜虾和刚刚摘下的西葫芦花，除此之外还要有一杯鉴赏家一直赞誉的白葡萄酒，当然，开胃菜还要有美味的小法苣沙拉，上面有炖朝鲜蓟和蚕豆、瓦伦西乳酪、小芦笋和樱桃番茄。[8]

奇怪的是，习惯这种奢侈生活的结果，就是人们变得难以感到心满意足。但是他们并没有因为失去享受简单事物的能力而感到悲伤，相反，他们会为新近获得的只能享受"最好"事物的能力而感到骄傲。斯多葛学派的哲学家却会觉得这些人好可怜。他们指出，由于这些人享受简单、易得的事物（例如，一碗奶酪通心粉）的能力已经被破坏，所以他们严重损害了自己享受生活的能力。斯多葛学派的哲学家竭力避免的正是沦为这种鉴赏家式的受害者。的确，斯多葛学派的哲学家非常珍视他们享受普通生活的能力——而且，就算生活在原始的条件下，他们也能发现快乐的源泉。

部分由于这个原因，墨索尼亚斯提倡一种简单的饮食。更准确地说，他认为人们最好去吃那些不用费什么心思准备的食物，包括水果、绿色蔬菜、牛奶和奶酪。而且，他认为肉类更适合野兽，所以他尽量避免食用肉类。他建议说，当某人吃东西时，他选择食物"不应该为了好吃而应该为了营养，不应该为了满足味觉而应该为了强健身体"。最后，墨索尼亚斯建议我们效仿苏格拉底的例子：与其说我们活着是为了吃——浪费时间去追求来自饮食的快乐——倒不如说我们吃是为了活着。[9]

墨索尼亚斯为何不让自己享受那些看起来似乎并无害处、源自美食的快乐呢？因为在他看来，这样的享受没有任何益处。他回想起芝诺的评论：我们应该警惕不要去追求美味佳肴，因为一旦我们开始朝这个方向发展，对于这种享受的追求就很难停止。另外一件需要谨记的事情是，我们碰到其他各种各样快乐的时间间隔可能是数月，甚至是数年，但是我们必须每天饮食，所以我们越经常受到一种快乐的诱惑，我们屈服于它的危险就越大。正是由于这个原因，墨索尼亚斯说，"与食物相关的快乐无疑是所有快乐中最难抗拒的。"[10]

除了享受铺张的饮食，那些生活奢华的人还穿着昂贵的衣服，住着价格不菲且装饰豪华的房子。但在斯多葛学派的哲学家看来，我们应该像喜欢简单的饮食一样，喜欢简单的衣着、房屋和家具。例如，墨索尼亚斯建议我们，穿衣要为了蔽体而不要为了取悦别人。同样，我们的房子应该以实用为主：如果它能够抵御酷热和严寒，保护我们不受日晒风吹，基本上就可以了。如果一个山洞具有这些功能，也足可成为我们的房子。墨索尼亚斯提醒我们，具有奇特的设计、带花园和镀金天花板的房子很难维持长久。而且，简单的房屋中，家具也应该简单。它的厨房应该有陶器和铁制的容器，而不是那些金银器皿；据墨索尼亚斯观察：除了便宜，这种器皿还更便于烹调，而且也不大会被别人偷走。[11]

那些生活奢靡的人很少会知足：体验了奢华之后只会刺激他们对更加奢华的事物产生欲望。为了证明这种说法，塞涅卡让他的朋友鲁基里乌斯设想他已经变得相当富有，他的房子有大理石的地板并且镶嵌了金子，他的衣服也呈皇家的紫红色。塞涅卡注意到，即使拥有了这一切也不能使鲁基里乌斯感到幸福："你从这些事物中唯一能够学到的就是渴望更多。"这是因为，对于奢华的欲望不是一种自然的欲望。自然的欲望，比如我们口渴时想要喝水的欲望，能够得到满足；而非自然的欲望却无法得到满足。[12]因此，当发觉自己想要某种事物时，我们应该停下来问自己这个欲望是自然的还是非自然的，如果是非自然的，那么要不要满足就应该三思而后行。

塞涅卡警告人们说，奢华利用它的机智来催生恶习：首先，它使我们对那些并非必需的事物产生渴望，接着使我们对那些有害的事物产生渴望。不久，头脑就变成了身体享乐的奴隶。[13] 同样，墨索尼亚斯告诉我们，他宁愿生病也不愿生活在奢华之中。他说，疾病可能会伤害身体，但奢侈的生活却会伤害灵魂，使它变得"没有节制和怯懦"。因此，他认为，"奢侈的生活必须完全避免。"[14]

如果认真对待斯多葛学派哲学家的劝告，弃绝奢侈的生活，我们就会发现我们的需要很容易得到满足，因为正如塞涅卡提醒我们的那样，生活的必需品并不昂贵，也很容易获得。[15] 那些专注于奢华的人不得不花费相当多的时间和精力来获得它；而那些回避奢华的人却可以将同样的时间和精力投入到其他更加值得的事业中去。

我们应该获得多少财富？根据塞涅卡的说法，我们的财政目标应该达到"一定的数额就可以了，它不至于使我们陷入贫困，但是也不要超越贫困太多"。他说，我们应该学会抑制奢华，培养节俭，并且"以没有偏见的眼光来看待贫困"[16]。他补充说，一个斯多葛主义者的生活方式应该位于圣人和普通人之间的某个地方。[17]

爱比克泰德在他提出的建议中表现出了更多一些的苦修色彩：他说，我们应该"将身体的需要降到最低限度"。那么根据这个最低限度，我们需要什么呢？食物足以滋养我们的身体就可以了，衣服足以蔽体就可以了，房子刚好够住就可以了。[18]值得注意的是，由于斯多葛主义者践行消极想象，所以，尽管他们生活得很简朴，但是比起那些生活在奢华之中却不断渴望更多奢华事物的人们，斯多葛主义者更加能够满足于已经拥有的事物。

爱比克泰德劝告我们谨记，自我尊重、值得信赖和思想高尚比财富更加宝贵，他的意思是，如果获得财富的唯一方法是要放弃这些人格品质，那么追求财富就是非常愚蠢的行为。而且，我们也应该记住，一个人比另一个人富有并不意味着第一个人就比第二个人更好。[19]同样，我们还应该谨记塞涅卡给鲁基里乌斯的一条意见，"一个安于自己的微薄收入并且靠少量的钱就能使自己过得富足的人，是真正富有的人。"[20]（顺便提一下，并不是只有斯多葛学派的哲学家才有这样的洞见。在地球的另一边，老子也观察到："知足之足，常足矣。"）[21]

一个斯多葛主义者尽管不追求财富，但是仍然会获得财富。毕竟，一个斯多葛主义者会尽其所能成为一个对她周围的人有用的人。因为得益于对斯多葛主义的践行，她会是一个自律且做事专一的人，而这些特质有助于她完成她为自己设定的任务。这样一来，她就有可能高效地帮助别人，而别人也会为此而报答她。换句话说，正因为对于斯多葛主义的践行，一个斯多葛主义者能够得到很好的经济回报。

再设想一下，这个斯多葛主义者——又因为得益于她对斯多葛主义的践行——失去了对于奢侈生活的兴趣，而且在更普遍的意义上克服了自己对于生活消费品的渴求。结果，她可能因为积攒了收入的一大部分而变得富有。这的确很具有讽刺意味：一个轻视财富的斯多葛主义者反而可能比那些主要目标就是追求财富的人变得更加富有。我们一直在讨论的那些罗马的斯多葛主义者似乎已经经历过这种作为悖论的富有了。塞涅卡和马可都非常富有，而墨索尼亚斯和爱比克泰德作为成功的斯多葛主义学校的校长，大概也一定过得很舒适（的确，正如我们已经看到的那样，墨索尼亚斯的收入很充裕，这样他才能给那个冒牌哲学家一大笔钱）。

如果一个斯多葛主义者不追求财富，但却发现自己很是富裕，这时她应该怎么做呢？斯多葛主义并不要求一个斯多葛主义者放弃财富；它允许她享受财富，将财富用于对她自己和周围人有益的地方。然而斯多葛主义却要求一个斯多葛主义者对她应该享受什么进行认真细致的思考。她必须谨记，财富随时可能离她而去；的确，她应该花时间为自己失去财富做好准备——比如，定期地练习习惯于贫困的生活。她还必须记住：除非自己很谨慎，否则享受财富会削弱她的品格和享受生活的能力。正因为这个原因，她应该避免奢侈的生活方式。所以，斯多葛主义者对财富的享受和那些诸如刚刚中了彩票这类一夜暴富的人相比，是截然不同的。

我们需要记住，斯多葛主义者和犬儒主义者是不同的。犬儒主义要求它的支持者生活在凄惨的贫困之中，而斯多葛主义却并不这样。正如塞涅卡提醒我们的那样，斯多葛主义哲学"提倡简朴的生活，而不是苦修"[22]。更概括地说，在塞涅卡看来，斯多葛主义者获取财富是完全可以接受的，只要财富不是通过伤害他人的方式弄来的就可以。斯多葛主义者当然也可以享受财富，只要小心不要沉迷其中就行。这就是说，一面享受一个事物，同时毫不在意它，这是可能的。所以，塞涅卡声称，"不管我有没有财富我都会鄙视它，一贫如洗时我不会垂头丧气，腰缠万贯时我也不会得意洋洋。"的确，一个明智的人"在任何时候都不会像他十分富足时那样大量思考贫穷的问题"，他会谨慎地将财富视作他的奴隶而不是主人。[23]

（说了这些，我还应该补充的是，不同的斯多葛学派哲学家对于一个斯多葛主义者应该如何尽情地享受财富有着不同的看法。墨索尼亚斯和爱比克泰德似乎认为，即便是最低限度地触及奢侈生活，也会使我们堕落；而塞涅卡和马可则认为，纵然是生活在宫殿里，也可以不至于堕落。）

顺便提一下，佛教对于财富的看法与我认为属于斯多葛学派哲学家的观点非常相似：只要不沉迷于财富，成为一个富有的佛教徒是被允许的。至少，佛陀对于一个"富可敌国"的人给出了这样的忠告："执着于财富的人，与其让财富腐蚀了心灵，倒不如把财富抛撒掉；不执着于财富的人，如果拥有财富又能够正确地使用财富，就会成为他周围人的福分。"[24]

顺便说一下，上面对于财富的评论也适用于名声。正如我们已经看到的那样,斯多葛学派的哲学家并不追求名声,相反,他们尽力不去在意别人对他们的看法。然而,他们却仍然有可能成为著名的人物。的确,我们已经提及的四位罗马斯多葛学派哲学家都享誉盛名。(虽然墨索尼亚斯和爱比克泰德明显不如塞涅卡和马可有名,但是他们在自己的职业领域中也广受认可,而且那些没有进入他们学校学习的罗马人对他们也是有所耳闻的。)

在没有追逐名声的情况下,如果一个斯多葛主义者发现自己已声名远扬,那她应该做什么呢?她应该享受这个名声吗,正如她虽然没有追逐财富,但是却也可以享受她所获得的财富一样?我认为,比起享受财富,斯多葛主义者对于享受名声应该更加谨慎。正如我们已经知道的,财富令我们堕落的危险是存在的,尤其当我们用财富来追求奢侈生活的时候。然而,名声令我们堕落的危险更大。尤其是来自于名声的光辉,会在我们心中激起得到更多名声的欲望,而实现这个目标的显而易见的方法,就是言行举止都要精于算计,以便赢得别人对我们的仰慕。但是要这样做的话,我们就有可能不得不背离斯多葛主义的原则。

所以,一个斯多葛主义者不会陶醉在她自己的任何名声之中。同时,她会毫不犹豫地把名声用来作为履行自己社会责任的工具。因此,墨索尼亚斯和爱比克泰德大概都并不在意许多人知道他们,因为这会使他们有更多的机会吸引更多学生来他们的学校学习,这样就使他们能够以更加有效的方式来传播斯多葛主义的观念了。

第16章

放逐：论在环境的变故中求生存

> 心智让我们变得富有：在最荒蛮的旷野中，心智与我们一起流放；在找到维系身体所需要的一切后，它饱尝着对自己精神产品的享受。
>
> ——塞涅卡

在古罗马，人们会因为各种各样真实的和捏造的罪名而被判处流放的徒刑，而身为一个哲学家似乎提高了他遭受这种惩罚的几率。事实上，至少有三次，哲学家们被从罗马放逐：第一次是公元前161年，第二次是在维斯帕西安皇帝统治时期，第三次是在多米田政权时期。

如果说身为哲学家易于遭到放逐，那么身为斯多葛学派的哲学家就更容易遭到放逐。这是因为：斯多葛学派的哲学家坚持做他们视为自己社会责任的事情，尽管这意味着蔑视当时的权势；于是，他们就树立了许多政敌。在前面提到过的四位伟大的罗马斯多葛学派哲学家当中，只有马可逃脱了被放逐的命运；但是话说回来，他自己就是一位君主。塞涅卡和爱比克泰德都被放逐过一次，而墨索尼亚斯则被放逐过两次。其他一些值得注意的被放逐过的斯多葛学派哲学家有鲁提里乌斯（Rutilius Rufus）、波西多尼乌斯（Posidonius）、黑尔维蒂厄斯·普里斯库斯（Helvidius Priscus）和帕格尼乌斯（Paconius Agrippinus）等。这些人还可以说是斯多葛派哲学家当中比较幸运的。另外一些斯多葛派哲学家由于极大地冒犯了权力阶层，与其说是被流放，倒不如说是被判处了死刑；帕伊图斯（Thrasea Paetus）和巴里亚（Barea Soranus）就遭受了这样的命运。（按照塔西佗的说法，人们最好将尼禄皇帝杀死这两个斯多葛学派哲学家的欲望理解为"毁灭德行本身"的努力。）[1]

顺便说一下，流放在大多数人看来都是个人的灾难性事件，而帕格尼乌斯对于这种灾难性事件的反应称得上是斯多葛主义者对于流放反应的一个绝佳范例。当有人告诉帕格尼乌斯元老院正在审判他的时候，他一点也不在意，只是照样进行日常的锻炼和沐浴。当被告知自己已经被宣判的时候，他问判决的结果是流放还是死刑，得到的回答是"流放"。然后，他询问他在阿里西亚的财产是否也被充公；当被告知财产没有被充公时，帕格尼乌斯回答说，"那么我们就到阿里西亚去用餐吧。"爱比克泰德举出这个例子，把它当做斯多葛主义行为的楷模："这就是以往一直演习斯多葛主义训诫的意义，就是不让渴望的和厌烦的事物形成任何阻碍，防止这些事物有机可乘。我是终有一死的。如果是现在，那我马上就死；如果是过一会，那我现在就先吃午饭，因为午饭的时间到了；如果是以后死，那我就在那个指定的时间到来的时候再死。"[2]

当然，现今的哲学家不再害怕流放了。部分原因在于政府比以往更加开明；部分原因在于，哲学家成功地让政治家和一般公众对他们视而不见。有时候，在闲暇之余，我发觉自己希望我们国家的政府能够考虑流放哲学家——或者，如果不流放的话，至少也能监禁几天，以便给我们一个教训。我倒不是希望自己被流放或者同事被流放，我这样想的意义在于，如果政府想要流放一个群体，就证明这个群体是关系要紧的，就证明它以某种方式成为一个文化中的另类，而这个特殊化可能是令当局烦恼的。我想，我真正希望的是，哲学可以像它对于古罗马人那样在我们的文化中成为要紧的事物。

在第十二章中，我提到了塞涅卡对他母亲希尔维亚的安慰，她因为塞涅卡的流放而苦恼。塞涅卡安慰她说，流放其实并不那么糟糕——至少，并不像人们所想的那样不好。他解释说，流放只是换个地方而已。而且，即使流放到最恶劣的地方，被流放者还是会发现人是拥有自己的自由意志的。[3]

塞涅卡说，的确，流放迫使他离开他的国家、朋友、家庭和财产，但他在流放时却带着自身最重要的东西：他的本性和德行。他补充说，"心智让我们变得富有：在最荒蛮的旷野中，

第三部分 斯多葛主义的忠告 __187

心智与我们一起流放；在找到维系身体所需要的一切后，它饱尝着对自己精神产品的享受。"[4]显然，塞涅卡在流放中将他的时间用于阅读、写作和研究自然。

正如我们已经看到的那样，墨索尼亚斯的流放可能是最为悲惨的流放之一了，他被流放到"毫无价值的"吉阿拉岛。然而，墨索尼亚斯说，那些在他流放期间探访他的人从未听到他抱怨或者看到他沮丧。他说，流放可能剥夺了他回归祖国的权利，但却没有剥夺他忍受流放的能力。的确，墨索尼亚斯认为，流放不会剥夺一个人身上任何真正有价值的东西。例如，流放不能阻止我们勇敢或者正直。如果我们品德高尚——如果我们拥有正确的价值观——流放就不能伤害我们或者使我们降格。然而，如果我们不具备高尚的品德，流放就会剥夺许多我们（错误地）认为有价值的东西，我们会因此而变得非常悲惨。[5]

墨索尼亚斯说，要想在流放中生命坚韧甚至强盛，一个人必须谨记：他的幸福更多地依赖于他的价值观而不是他居住在哪里。事实上，墨索尼亚斯并不将自己视为罗马的一个市民，而是将自己视为"人神共居的宙斯之城的一员"[6]。他指出，在流放时，我们仍然可以与他人保持联系，我们真正的朋友并不会因为我们被流放而拒绝同我们交往。如果那些流放中的人发觉自己缺乏各种各样的东西，他断言，这一定是因为他们寻求的是奢华的生活。而且，那些被流放者拥有那些身处罗马的人所缺乏的某种东西——那就是表达他们思想的自由。

墨索尼亚斯还提醒我们，流放可以使人变得更好。例如，它迫使人们削减他们的奢华生活，因而改善了他们的健康。流放也将像锡诺普的第欧根尼这样的普通人变成了哲学家。[7]（在成为一个犬儒主义者之前，第欧根尼被迫逃离锡诺普，因为他或者他的银行家父亲在那里伪造钱币；后来，当有人提出这件事情想要羞辱他的时候，第欧根尼以典型的犬儒主义的机巧回应说，尽管锡诺普的人们确实判处了他流亡，但是他却反过来判处了他们留在锡诺普。）[8]

斯多葛学派的哲学家对流放感兴趣的原因是显而易见的：正如我们已经看到的那样，他们被判处流放的风险很大，这非常有趣。现如今人们再也不会生活在被政府流放的恐惧之中，所以好像斯多葛主义关于流放的忠告只具有理论的或历史的趣味。但是情况并非如此。

尽管本书的读者不可能被他们的政府流放，但是如果当今社会的趋势继续发展下去的话，那么他们会有相当大的风险遭到子女的流放——也就是流放到一家养老院去。这是生活的重大转变，一旦发生，就会严重地扰乱他们的安宁。的确，这种非常真实的危险是存在的：这样的流放会使他们耗费人生中最后的也是最宝贵的时光来抱怨生活，而不是享受生活。在下一章中，我们将把注意力转向这种特殊的流放以及与老龄化相关的其他问题。

第 17 章

老年：论被赶到养老院

> 如果上帝高兴增加一天，那我们就应该用高兴的心来欢迎它。
>
> ——塞涅卡

作为一名大学教授，我整天与 20 岁左右的孩子们打交道。我发现，他们当中许多人都确信，世界将属于他们。他们认为自己会成为摇滚歌星，无论从字面的意义上讲还是从比喻的意义上讲都是这样。（他们这样想是可以理解的。但令我困惑的是，他们相信成为摇滚歌星就会找到深厚和持久的幸福。或许，他们需要更加深入地追踪娱乐新闻报道。）这些 20 岁左右的重要人物不愿意"仅仅"满足于"安宁"，因为还有那么多别的事物可以去拥有：一个完美的男朋友、女朋友或者配偶，一份理想的工作，以及他们周围所有的人对他们的爱和仰慕。对他们而言，斯多葛主义听起来就像是一种为失败者准备的哲学，而他们并不是失败者。

在极端的例子中，这些年轻人有一种深厚的被赋予权利的感觉。他们认为，生命的任务，就是在他们前面展开一条红地毯，通向他们选择要走的无论什么道路。当生命没有这样做的时候——也就是当他们选择的道路变得崎岖坎坷或者甚至变得毫无生气的时候——他们会惊恐万分。事情并不是预先设想的那样啊！当然，人常常是在某些地方犯下了可怕的错误！

不过，随着岁月的流逝，这些20岁左右的重要人物渐渐认识到，生活会制造许多障碍，于是他们开始开发自身的技能来克服这些障碍。尤其是当命运并没有在他们面前将名声和财富披金挂银地和盘托出时，他们就会认识到他们必须奋斗以求之了，然后便付诸行动。通常，世界对他们的努力是有所回报的。结果，在30多岁的时候他们发现，尽管自己的外在境遇不如20多岁时所期望的那么好，但是仍旧是可以容忍的。这时，他们通常会加倍努力改善他们的外在境遇，相信这样就会以某种方式获得梦寐以求的完美生活。

然而，按照这个策略又努力了10年之后，他们渐渐明白他们还是没有建立什么基础。他们的收入比以往多了20多倍，他们住的是有四个卧室的大房子而不再是以往的小公寓，他们成为报纸上那些阿谀奉承的文章吹捧的主角。但是，他们却和过去一样，丝毫没有更加接近幸福。的确，正是由于为获得幸福而制定的规划的复杂性，他们发现自己经历着焦虑、愤怒和沮丧。他们也发现自己的成功有它消极的一面：自己成为了别人嫉妒的目标。正是在这个阶段，许多以往对哲学从不在意的人开始变得具有了哲学意识。他们发问，"这就是生活所能提供的全部吗？""这是我想要过的生活吗？"

有时候，这个阶段的哲学思考引发了我们文化中所说的中年危机。当人们经历到这种危机的时候，会明智地得出这样的结论：正因为他想要获得的东西是错误的，所以他感到不幸福。但是在太多的情况下，他又不会得出这样的结论。相反，他认为自己不幸福是因为他为了实现各种长远的目标而牺牲了某些短期的快乐。于是，他决定要及时行乐：他买了一辆新车，或者抛弃了妻子而接纳了一位情人。然而，一段时间之后，他开始发现，这种获得幸福的策略并没有令危机有所好转，反而在许多方面比以前的策略更加糟糕。

到了这个节骨眼上，他可能会将注意力重新转回到生命的意义这种问题上来。如果活到这时还不足以令他考虑这种问题，那么年龄的增长——随之而来的是死亡的更加临近——也许会让他对此有所感悟。而在思考了这些问题之后，他可能会发现，在他年轻的时候对他没有任何吸引力的斯多葛主义，现在看来却是一种很有道理的人生哲学。

我们年轻的时候可能很想知道自己老了是什么样子。而如果我们是斯多葛主义者的话，在进行消极想象时，就可能已经设想了自己年老时的样子。不过，那一天终究会到来的，除非死亡提前降临：那时我们不再需要好奇或想象老境如何，因为它就在眼前。到那时，我们曾经认为是理所当然的能力都会离我们远去。以往可以跑好几英里，而现在走下门庭就累得气喘吁吁了。过去可以管理一个公司的财务，而现在连自己的支票簿也不能保持平衡。以前可以记得每一个人的生日，而现在就连自己的生日也记不住了。

这些能力的丧失意味着我们已经不能照料自己了，结果，我们就被放逐到了养老院。当然，我们所讨论的养老院这个家显然不同于墨索尼亚斯被放逐的那个荒凉的小岛。事实上养老院在物质方面是相当令人舒适的：这里提供有规律的餐饮，有人为我们清洁衣物、打扫房间，甚至还有人帮助我们沐浴。然而尽管新环境在物质方面令人舒适，但是它在社交方面却很可能给我们提出相当大的挑战。我们会发现环绕我们的人并不是自己所选择的。结果，我们每天无论是吃早餐还是喝咖啡时，都可能不得不同一些难以相处的人互动。我们会发现，无论盛年时我们享受过多么高的社会地位，到了养老院我们都是养老院图腾柱上地位低下的人：比如，疗养院的餐厅里有一个"酷桌"，而我们从来不曾被邀请坐在那里。

在许多方面，住在养老院和高中时代的生活十分相似。各种小团体的成员花费相当多的时间来驳倒来自其他小团体的对手。在另外一些方面，养老院的生活也类似大学宿舍的生活。你住在一个房门朝向公共走廊的单人间；你要么待在自己的房间面对着四壁发呆，要么冒险走出你的房间进入一个在社交方面充满挑战的环境。

养老院的生活还类似于瘟疫时期的生活：你每个月就会有好几次看到救护车开来——或者，在一个大型的养老院里，每星期就会有好几次——把那些在夜里经抢救无效的人的尸体拉走。如果你不是生活在养老院里，你就不会被这些救护车搅扰，但是你大概也无法避免经历至交、兄弟姐妹甚至自己孩子的死亡。

一个 20 岁的人也许会拒绝斯多葛主义，坚信世界将属于她；一个 80 岁的人则深知世界并不属于她，而且她的状况也只会随着岁月的流逝而变得越来越糟。尽管她 20 岁时曾经相信自己是不死的，但是如今她的必死性带给她的痛苦却越来越明显。面对死亡，她最后有可能愿意"仅仅"满足于"安宁"，结果，她就有可能变得成熟，以至于可以接受斯多葛主义。

说完这些我还应该补充一下，一个人到老也仍然没有成熟到足以理解斯多葛主义或者任何其他人生哲学，这是完全有可能的。的确，许多人度过了一生，但是却重复地犯着同样的错误，他们 80 多岁的时候也没有比 20 多岁的时候更加接近幸福。这些人与其说是享受了他们的生活，倒不如说一直都在怨恨生活，而现在临近生命尽头，他们生活的目的还是抱怨——抱怨他们的境遇、他们的亲属、食物、天气，总而言之，抱怨一切。

这种情况无疑是个悲剧，因为这些人本来有能力获得快乐——而事实上，他们现在仍然有这种能力，但是他们选择了错误的生活目标，或者，虽然选择了正确的目标，但是却采取了一种有缺陷的策略而无法达到这些目标。所以，不能发展一种有效的人生哲学的后果就是：你将最终浪费你仅有的一次生命。

塞涅卡论述说，老境有它的益处："让我们珍惜、热爱晚年吧；因为如果一个人知道如何利用晚年，那么他的晚年将充满快乐。"事实上，他声称生命中最令人愉快的时光就是"当它开始走下坡路，但还没有到达陡然衰退阶段的时候"。他补充说，即使是"陡然衰退阶段"也自有它的乐趣。最有意义的是，当一个人失去了体验某些快乐的能力的时候，他也就失去了体验这些快乐的欲望。塞涅卡说："人们厌倦了自己的欲望，与它们完全断绝了关系，这是多么令人欣慰呀！"[1]

考虑一下性欲吧，也就是对性满足的欲望。性欲，对许多人而言——我认为尤其是对男性而言——是日常生活中一件主要的让人分心的事情。我们可能能够控制自己在性的冲动之下要不要采取行动，但是性的冲动本身似乎是深深地内置于我们的身体之中。（如果我们缺乏性的冲动，或者能够轻易地消除性的冲动，那么作为一个物种，我们就不可能存在下去。）性的冲动使我们分心，所以它对于我们怎样度过我们的日子有着重要的影响。

然而，随着年龄的增长，我们的性欲以及与之相伴的使人分心的魔力都会减弱。一些人认为，这是一件不好的事情，因为我们失去了年轻人的快乐。但是希腊剧作家索福克勒斯提出了另外一种观点。当他步入老年时，有人问他，他是否能够不顾及自己的年龄而与一个女人做爱，索福克勒斯回答说，"我很高兴已经逃离了这种欲望，就像一个奴隶逃离了一个既疯狂而又残忍的奴隶主一样。"[2]

塞涅卡指出，老年使我们的身体变坏，同时也使身体的恶习以及与恶习有关的部件跟着衰败。然而，这同一的老化过程却不会使我们的头脑衰败；的确，塞涅卡说，尽管他的年龄越来越大，但是他的头脑"是强健的，而且也为它和身体没有多大关系而感到高兴"。塞涅卡为他的头脑因此而"卸下了大部分的重担"而感到欣慰。[3]

年老的一个负面影响是，我们认识到我们的死亡在某种意义上正在临近。年轻的时候，我们哄骗自己，认为死亡只是为他人准备的。到了中年，我们认识到自己是会死的，但是还是期待再活几十年。进入老年的时候，我们十分清楚自己将要死去——也许不是明天，但是也会很快了。对许多人而言，这样的认识使老年成为生命中一个令人沮丧的阶段。

然而，斯多葛学派的哲学家认为，死亡的前景与其说令我们沮丧，倒不如说使我们的日子过得比不考虑死亡前景的日子有乐趣得多。在第四章中我们考察了这种看似悖论的状况。我们看到，用想象我们的日子如何越来越不好过——尤其是用思考我们自己死亡——的方法，就能够增加体验快乐的机会。青年时期，考虑自己的死亡是需要做出努力的；而晚年时期，避免考虑自己的死亡则是需要做出努力的。所以，根据斯多葛学派哲学家的见解，晚年能够使我们去做一些原本应该做但却一直没有做的事情。

这样一来，死亡的临近不仅不会令我们沮丧，反而有利于我们。年轻时，由于认为自己可以永远活着，所以我们理所当然、习以为常地看待我们的日子，结果浪费了许多时间。然而，年老时，每天早上能够醒来就是一个值得庆幸的理由。正如塞涅卡指出的那样，"如果上帝高兴增加一天，那我们就应该用高兴的心来欢迎它。"[4] 在庆祝又可以多活一天之后，我们就能够带着感恩的生活态度来度过这一天。一个80多岁的老妪比她20岁的孙女更加快乐，这是完全可能的，尤其是在这样的情况下：即这位老人部分因为健康恶化的原因而不把任何事情都看得理所当然；而她的孙子则部分因为身体健康的原因认为一切都是理所当然的，因而认定生命是无聊的。

在各种各样的人生哲学中，斯多葛主义特别适合我们的后半生。对大多数人而言，老年是生命中最具挑战性的时光。然而，斯多葛主义的主要目标不仅是教导我们如何应对生命的挑战，更是教导我们在应对生命挑战的时候如何保持安宁；而且老年人更有可能比年轻人珍视斯多葛学派哲学家提议的这种安宁。一个年轻人可能对于有人"仅仅"愿意满足于"安宁"而感到困惑；而一个八九十岁的人不仅懂得安宁是多么宝贵，而且还会认识到在经历了一生的时光之后，只有很少的人才能追求到安宁。

在某种程度上正是由于这个原因，墨索尼亚斯建议我们在年轻的时候就接纳斯多葛主义：他认为这是为老年做准备的最佳方法。按照这个建议行事的人会发现，在渐渐变老的过程中，他不会抱怨青春和快乐的逝去、身体的日渐虚弱、健康的衰败以及亲属对他的冷落，因为"他从自身的智慧以及所接受的教育中，已经学会了有效对抗所有这些事情的办法"[5]。

如果某人在年轻的时候忽视了对于斯多葛主义的学习，那么他在随后的生活中总还是可以接纳它。年纪的增长也许会使我们不能够打拳和进行微积分的计算，但是却基本上不会妨碍我们践行斯多葛主义。即使是那些年老、虚弱的人也仍然能够阅读、思考斯多葛学派哲学家的文章。他们也能够进行消极想象，能够不再为那些他们无法掌控的事情而焦虑。而最重要的是，他们能够采取一种宿命论的态度来面对生命，不再浪费他们最后的岁月去毫无意义地期望一些不切实际的事情。

第18章

死亡：论良好生活的善终

> 好死胜于赖活着。
>
> ——墨索尼亚斯

是什么使老年成为一件悲惨的事情呢？墨索尼亚斯说，通常不是与老年相伴而来的虚弱和疾病，而是死亡的前景使它变得悲惨。[1]那么为什么不论年轻人还是老年人都会为死亡的前景而烦恼呢？有些人烦恼是因为他们害怕死后会发生的事情。而更多的人烦恼是因为他们害怕枉活了一生——也即是他们活了一辈子也没有得到生命中真正有价值的事物。当然，死亡使他们再也没有机会得到这些事物。

这可能有些荒谬。但是拥有一种清晰连贯的人生哲学——无论它是斯多葛主义或是其他的哲学——能够使我们更加从容地接受死亡。具有一种清晰连贯的人生哲学的人知道生命中什么东西值得获取，而且因为他花了时间去努力获取这个东西，那么他大致已经尽可能地获取了它。于是，当死亡来临时，他就不会感觉受到了欺骗。用墨索尼亚斯的话说，他将"从害怕死亡的恐惧中解脱出来"[2]。

为了说明这种情况，让我们来看看斯多葛学派哲学家朱利叶斯·肯拿士（Julius Canus）最后的日子。当卡里古拉，也就是那个被肯拿士激怒的人，命令处死肯拿士的时候，肯拿士仍旧保持着镇定。他说："最杰出的王子，我向你致谢。"10天之后，当一个百夫长来带他去行刑时，肯拿士正在下棋。他既没有痛苦地抱怨自己的命运，也没有祈求百夫长饶他一命，而只是指着棋局向百夫长说，自己在棋局中领先一子——意思是说如果他的对手随后宣布赢得了比赛，那他就是在撒谎。在去行刑地的路上，有人问他心情如何，肯拿士回答说他已经准备好了去观察死亡的那一刻，以便了解在那个时刻灵魂是否会意识到它正在离开身体。塞涅卡不无赞赏地说，"这就是暴风雨当中的安宁。"他接着又补充说，"从来没有人玩得过哲学家的。"[3]

然而，那些不具有一种清晰连贯的人生哲学的人绝望地想要延迟死亡。他们之所以想要延迟死亡，可能以为如此他们才能（最终！）发现和得到那个有价值的东西。（不幸的是，这对他们来说已经太晚了。正如塞涅卡所说的那样，"只有在你行将断气的时候，你过去的所作所为才显示出它们具有什么意义。"）[4]或者，他们想要延迟死亡，是因为他们临时凑成的人生哲学使他们确信，生命中的一切都值得拥有更多；而如果他们死了的话，一切的更多就都得不到了。

在这一点上，读者可能会得出这样的结论，那就是斯多葛学派的哲学家沉迷于死亡这个问题。正如我们已知的，他们建议我们认真思考自己的终结。他们告诉我们，度过每一天都要像度过生命中的最后一天那样。他们劝告我们践行斯多葛主义，部分的目的是要使我们不再害怕死亡。

斯多葛学派的哲学家不仅似乎在活着的时候非常关注死亡，而且还有一种非自然死亡的不幸倾向。希腊的斯多葛学派哲学家芝诺和克里安西斯显然都是自杀而死的[5]，加图毫无疑问也不例外。我们不清楚墨索尼亚斯是怎样死的，但是在他活着的时候，他主张自杀。墨索尼亚斯尤其建议老年人"在能够选择很好地死去时这样做；等得太久就不可能这样做了"。他还补充说，"好死胜于赖活着。"[6]

而且，许多斯多葛学派的哲学家虽然不算完全采用了自杀的死亡方式，但是却做了一些事情来加速自己的死亡。当死亡看起来正在临近的时候，马可拒绝吃东西。在本来可以逃脱的情况下，塞涅卡却用他的行为引发了对他的死亡宣判。而斯多葛学派的哲学家帕伊图斯（Thrasea Paetus）和巴里斯（Barea Soranus）的情况也与之类似。在耳闻了这些斯多葛学派的哲学家如何迎接他们生命的尽头之后，读者们可能会得出这样的结论，那就是任何一个热爱生命、想要自然死亡的人都是会尽力避免斯多葛主义。

对于这种顾虑，我首先要指出，说古时候斯多葛学派的哲学家中非自然死亡的比率特别高，这并不是很确定。而且，虽然在许多情况下斯多葛学派的哲学家采取了一些措施来加速自己的死亡，但是他们这样做的原因是可以理解的。尤其是芝诺与克里安西斯，在已经年迈不堪的时候，可能并没有过多地靠"自杀"来进行自我解脱：他们可能已经病得不可治愈，因而采取了一些措施来加速自己的死亡。（马可也是这样做的。）尽管加图的确是在正值盛年的时候自杀的，但是他这样做并不是因为他不珍惜生命，而是因为他知道他活着在政治上将有利于朱利叶斯·凯撒，而凯撒正是加图想要努力推翻的独裁者。当对这些斯多葛学派哲学家的生活进行考察的时候，我们会发现，那些自杀的人并不是出于一时的冲动，也不是由于像虚无主义者那样厌倦了生命。

而且，斯多葛学派的哲学家思考自己的死亡，并不是因为他们渴望死亡，而是因为想要最大限度地发挥生命的价值。正如我们已经看到的那样，一个认为自己将永远活着的人比一个充分认识到自己的时光有限的人浪费生命的可能性要大得多，而认识到自己日子有限的一个途径就是要时常认真地思考自身的死亡问题。同样，当斯多葛学派的哲学家把每一天当做他们的最后一天来过时，他们并不是真的谋划着要采取什么措施来使这一天成为他们的最后一天，他们的目的实际上是要从这一天当中获取充分的价值——而且也希望以同样的方式对待接下来的日子。还有，当斯多葛学派的哲学家教导我们不要害怕死亡的时候，他们也只是建议我们如何避免一种消极的情绪。毕竟，我们都会死，但是最好不要让恐惧糟蹋了我们的死亡。

斯多葛学派的哲学家认为，只有在某些特定的情况下才允许自杀，谨记这一点也很重要。例如，墨索尼亚斯告诉我们，如果我们活着"对许多人有帮助"[7]，那选择自杀就是错误的。因为斯多葛学派哲学家在履行自身的社会责任时会对许多人有帮助，所以，他们很少会发现自己处于那种不得不自杀的特定情况之下。

按照这个思路，让我们重新考虑一下墨索尼亚斯关于意识到死亡正在临近的老人应该考虑自杀的评论。这种情况似乎可以这样描述：毕竟，没有人会把自身的福利依赖于一个年老多病的人；进一步说，在这种情况下，问题并不是这个人是否会很快死去，而是她的死亡是由自己主宰的良好的死亡呢？还是一个自然循环中毫无意义的痛苦的死亡？墨索尼亚斯不仅建议我们过一种良好的生活，而且还劝告我们在可能的情况下用一种良好的死亡方式来结束这种良好的生活。

关于斯多葛学派哲学家的死亡观念，让我做一个最后的评论。我们已经看到，斯多葛学派的哲学家倾向于对有权势者采取原则性的反对立场，结果使自己陷入麻烦。那么他们为什么要采取这样的立场呢？首先，斯多葛学派的哲学家认为，他们自身要履行一种社会责任。而且，由于斯多葛学派的哲学家既不害怕死亡也不害怕流放，所以，尽管因为反抗强权而遭到惩罚的前景会阻碍普通人,但却丝毫也阻止不了斯多葛学派的哲学家。

对于许多现代人而言,斯多葛学派哲学家的这种行为是令人费解的。他们之所有这种感受,部分的原因是因为对他们而言没有任何事情值得付出生命的代价。事实上,他们没有将自己的精力集中在义无反顾的责任的履行之上,更不会将自己的精力用于坚持原则性的立场而让自己陷入麻烦,相反,他们只专注于那些能给他们带来生活享乐的事物。我确信,对于他们这样的想法,斯多葛学派的哲学家会以这样的质疑加以回应:如果生活中没有任何事情值得为之牺牲生命,这样的生活还值得一过吗?

第19章

论成为一个斯多葛主义者：现在就开始，并准备遭受嘲弄

> 践行斯多葛主义就像是为参加奥林匹克运动会而进行训练，但是两者间却有一个重要的区别：我们为之训练的奥林匹克竞赛是在将来的某一天进行的，而我们生活的竞赛现在就已经开始了。
>
> ——爱比克泰德

践行斯多葛主义并不容易。例如，践行消极想象就需要付出努力，而践行自我否定则需要付出更大的努力。放弃我们旧有的目标，比如对名声与财富的获取，而代之以一个新的目标，也即对安宁的获取，这既需要努力又需要意志力。

有些人一听到自己需要付出努力来践行一种人生哲学，就会立刻打消这个念头。斯多葛学派的哲学家在回应这种拒绝的

时候会指出：尽管践行斯多葛主义的确需要付出努力，但是不践行斯多葛主义则需要付出更多的努力。按照这种说法，墨索尼亚斯的观察结果是，正如我们看到的那样，人们花费在非正当爱情上的时间和精力远远超过了斯多葛主义的践行者花费在培养自我控制力以避免这种非正当爱情上的时间和精力。墨索尼亚斯还继续提出建议说：如果我们不是为了财富而努力工作，而是训练自己满足于我们已有的东西；如果我们不去追求名声，而是克服自己对获得别人仰慕的渴望；如果我们不花费时间去谋划怎样伤害一个我们嫉妒的人，而是把时间用来克服自己的嫉妒心；如果我们不用费尽心机使自己变得受人欢迎，而是努力维持并完善关系，与我们所结交的人成为真正的朋友，那么，我们的生活状况就会更好。[1]

概括地说，拥有一种人生哲学，无论它是斯多葛主义或是其他哲学，都能大大地使日常生活简单化。如果你有一种人生哲学，做决定就会变得相对直截了当：当你需要在生活提出的众多选择之间做决定的时候，由于你的人生哲学已经为你设定了目标，所以你只需要选择那个最能帮助你达到目标的选项就行了。如果没有一种人生哲学，即便是相当简单的选择也会使你堕入生命意义的危机之中。毕竟，当你无法真正确定你想要什么东西的时候，要知道选择什么就很困难了。

采纳一种人生哲学最重要的原因在于：如果缺乏人生哲学，我们就会有错误生活的危险——浪费生命去实现那些不值得追求的目标，或者以愚蠢的方式去追求那些值得实现的目标但是却无法实现它们。

任何一个希望成为斯多葛主义者的人都应该小心谨慎地完成这个转变的过程。这是因为那些听说你"皈依"了斯多葛主义的人很可能会嘲弄你。[2]但是你可以保持一种低调的哲学姿态,以践行所谓隐秘的斯多葛主义的方式来避免这种困扰。你应该把苏格拉底作为你的榜样,他保持着一种非常低调的哲学姿态,以至于那些认识他的人都不知道他本身就是一位哲学家,因而询问他是否可以将他们介绍给一些哲学家。爱比克泰德提醒我们,苏格拉底"可以忍受被忽视"[3],那些践行斯多葛主义的人同样也应该可以忍受。

人们为什么要这样行事呢?他们为什么要因为某人采纳了一种人生哲学而嘲弄他呢?部分的原因是因为,一个人如果接受了一种人生哲学,无论是斯多葛主义还是某种对立的哲学,他都会表现出与其他人不同的价值观。这样,人们就会猜想,那个人一定是认为他们的价值观有某些错误,而这正是人们所不想听到的。而且,他采纳一种人生哲学实际上就是在向别人提出挑战,去做他们不愿意做的事情:反思自己的生命以及自己是如何生活的。如果这些人能够让皈依者放弃他的人生哲学,这种暗含的挑战就消失了;所以人们会来嘲笑他,目的是使他重新回到不进行反思的大众中间去。

我们践行斯多葛主义会得到什么回报呢?在斯多葛学派的

哲学家看来，我们能够期望使自己变得更有"德行"，这是在这个词语的古代意义上讲的。斯多葛学派的哲学家还说，我们会经历更少的诸如愤怒、悲伤、失望和焦虑等消极情感，正因为这样我们才可以享受到一定程度的、以往难得的安宁。而由于避免了消极情感，我们就会有更多的机会体验到一种特别重要的积极情感：对我们周围的世界感到喜悦。

对于大多数人而言，体验喜悦需要境况的转变；比如，他们不得不靠获得一种新的消费品来实现这种喜悦。相比之下，斯多葛主义者则不需要任何这样的改变就能够体验到喜悦；因为他们践行消极想象，所以他们会深深地珍视他们已经拥有的事物。此外，对于大多数人而言，他们体验到的喜悦会蒙上某种阴影，这就是他们害怕会失去他们喜悦的源泉。然而，斯多葛学派的哲学家拥有一种三步战略，可以最大限度地减少或者完全避免这种恐惧。

首先，斯多葛主义者会尽最大努力去享受那些不能被从他们身边夺走的东西，其中最显著的就是他们的品质。按照这种思路，我们就应该考虑马可的这种意见，即如果我们成为一场灾难的牺牲品，我们也依然可以基于这样的事实而感到喜悦，那就是因为我们所拥有的品质，灾难也没有使我们痛苦。[4]

此外，当斯多葛主义者享受那些能够从他们身边夺走的东西时——正如我们已经看到的那样，他们并不会反对做这样的事情——即他们也同时在准备着失去这些东西。斯多葛学派的哲学家说，尤其是作为践行消极想象的部分内容，我们需要谨记的是，我们现在无论在享受着什么，这都是一种幸运的偶然事件，我们对它的享受可能会突然终止，也有可能再也不能够享受它。换句话说，我们需要学会如何享受事物，但是不要觉得自己就有权利拥有这些事物，而且也不要抓住它们不放。

最后，斯多葛主义者是小心谨慎的，以避免变成最坏意义上的鉴赏家——也就是说变成除了"最好的事物"之外就不能从任何其他的事物中获得喜悦的人。结果，他们就能够从广泛的、容易得到的事物中获得享受。他们会谨记塞涅卡的意见，即虽然"任何人都没有能力希求一切"，但是每个人都有能力"不渴望他没有的东西，而是欢愉地享受正好来到他面前的东西"[5]。于是，如果生活将某个喜悦的源泉从斯多葛主义者那里夺走，他们也会很快找到另一个喜悦的源泉取而代之：与鉴赏家不同的是，斯多葛主义者的享受显然是可以转化的。由此我们可以想到，当塞涅卡与墨索尼亚斯被流放到小岛上的时候，他们并没有陷入沮丧，而是开始学习适应他们的新环境。

由于已经学会去享受那些简单易得的东西以及那些不能从他们身边被抢走的东西，斯多葛主义者会在生活中发现很多可以享受的东西。结果，斯多葛主义者可能会发现，他们对于自己是谁，对于他们正在过的生活，以及对于他们所栖身的宇宙都感到享受。我要补充的是，这绝不是渺小的成就。

斯多葛主义者可能还会发现，除了享受生命中的事物之外，他们还享受活着这一简单的事实；换句话说，他们体验到了喜悦本身。斯多葛主义的圣贤显然能够始终体验到这种快乐。[6]

而我们当中那些不能够完满地践行斯多葛主义的人们却无法始终体验到这种快乐；实际上，他们所体验到的快乐最多只能是断断续续的。尽管如此，这种快乐还是比我们以往所了解的快乐大得多——这同样也不是渺小的成就。

我们应该何时开始践行斯多葛主义呢？爱比克泰德举例说明了我们应立刻开始的道理。他说，我们不再是小孩子了，而且我们已经耽搁了。这样持续下去，有一天我们会发现，我们还没有学到一种人生哲学就已经老了——结果，我们就浪费了自己的生命。他补充说，践行斯多葛主义就像是为参加奥林匹克运动会而进行训练，但是两者间却有一个重要的区别：我们为之训练的奥林匹克竞赛是在将来的某一天进行的，而我们生活的竞赛现在就已经开始了。所以，已经没有拖延训练的奢侈条件了，我们必须从今天就开始。[7]

第四部分

斯多葛主义在现代生活中

实际上，根据马可的说法，通过践行斯多葛主义，有可能获得一种全新的生活。

第 20 章

斯多葛主义的衰落

马可既是一名斯多葛学派的哲学家,同时又是罗马的皇帝——西方世界最有权力的人。这种哲学与政治的结合本应该对斯多葛主义很有益处;但是正如我们看到的那样,他并没有致力于使他的罗马臣民皈依这种哲学。结果,用19世纪历史学家莱基的话说,马可成为了"罗马斯多葛主义最后也是最完美的代表"[1]。在他去世之后,斯多葛主义跌入了低潮,所以它还需要获得复兴。

和任何一种复杂的社会现象一样,这种衰落的背后存在着不同的因素。例如,莱基(我被告知,他的观点已经失去了支持）认为罗马社会的日趋腐败与堕落使斯多葛主义——如我们所见，斯多葛主义要求相当大的自我控制力——对许多罗马人失去了吸引力。[2]古典学家克拉克（M.L. Clarke）提出了不同的解释：斯多葛主义之所以衰败，有一部分原因是由于爱比克泰德去世之后，斯多葛主义缺乏有魅力的老师。[3]许多人都有能力以条理清晰的方式描述一套哲学原理，但是只有像墨索尼亚斯和爱比克泰德这样的老师，才能够使斯多葛主义成为人们生命中一种必不可少的力量，他们不仅对斯多葛主义进行阐释，而且在某种意义上本身就是斯多葛主义学说的体现。他们是斯多葛主义鲜活的证明：一旦践行斯多葛主义，就将产生斯多葛学派哲学家所允诺的许多好处。而当斯多葛主义由凡夫俗子来宣讲的时候，潜在的学生很可能会因此而流失。

基督教的兴起对斯多葛主义也造成了损害，这在某种程度上是因为基督教的主张与斯多葛主义的要求是相似的。例如，斯多葛学派的哲学家宣称众神创造了人，关心人的康乐，赋予人神圣的要素（理性的能力）；基督徒则宣称上帝创造了人，以一种非常个体化的方式关心人，赋予人神性的要素（灵魂）。斯多葛主义与基督教都要求人们克服有害身心健康的欲望而去追求德行。而且，马可关于我们"爱护人类"的建议无疑在基督教那里得到了回应。[4]

由于这些相似之处，斯多葛学派的哲学家与基督教徒发现他们在吸引同一批潜在的追随者时彼此形成了竞争。然而，在这场竞争中，与斯多葛主义相比，基督教具有一个很大的优势：

它不仅仅许诺死后的生命，而且还许诺在来世的永生中人们将得到永远的喜乐。另一方面，斯多葛学派的哲学家则认为，死后可能会有生命，但他们对此不确定，并且如果在死后确实有生命，斯多葛学派的哲学家也不确定这生命会是什么样子。

自从马可去世后，斯多葛主义一直处于一种地下的生存状态，偶尔才会出现在日光之下。例如，在 17 世纪，笛卡尔（René Descartes）在他的《关于方法的演讲》中就显露出自己对斯多葛主义的学识。在某处他列出了一些格言，并认为照此行事将会使自己生活得尽可能幸福。这组格言中的第三句也许——事实上很可能就是——直接取自于爱比克泰德："始终追求的，应该是征服自我而不是命运，应该是改变自己的欲望而不是已经建立的秩序，在总体上要相信，除了我们自己的思想之外，没有什么东西是完全处于我们的控制之中的，所以当我们在外部事务中尽了最大努力之后，剩下的事情只能听天由命。"[5]（顺便提及一下，要注意笛卡尔在讨论尽我们最大努力的问题时所暗指的目标内在化。）

在 19 世纪德国哲学家叔本华的著作中可以发现斯多葛主义的影响。他的文章《人生的智慧》和《劝诫与格言》虽然不是直白地用斯多葛主义来表述的，但却显然带有斯多葛主义的腔调。与此同时，在大西洋的另一边，斯多葛主义的影响也可以在新英格兰的先验论者的著作中发现。例如，梭罗（Henry David Thoreau）在他的杰作《瓦尔登湖》中虽然没有直接提及斯多葛主义或者任何一位著名的斯多葛学派哲学家，但是对于那些明白要在书中找寻什么的人而言，斯多葛主义的影响是存在的。在他的《日志》中，梭罗表现得更加直接。例如，他写道，"斯多葛主义者芝诺与所处的世界的关系和我目前与所处的世界的关系完全相同。"[6]

像斯多葛学派的哲学家一样，梭罗对发展一种人生哲学很感兴趣。研究梭罗的学者罗伯特·D. 理查森（Robert D. Richardson）评论道，"他所关注的一直是实践的问题，即'我如何能够过好我每天的生活？'"理查森称，我们最好将梭罗的生活本身理解为"一种长期不间断的努力，致力于发掘斯多葛主义观念的切实具体的含义：制约自然的那些规律也同样制约人类"[7]。梭罗去瓦尔登湖实施了他著名的两年简单生活的体验，很大程度上是为了修炼出自己的人生哲学，从而避免枉活一生。他告诉我们，他去瓦尔登的一个主要动机来自于这样的恐惧，"当我临近死亡时，却发现自己从未活过。"[8]

梭罗的一些朋友和邻居，即那些知道或不知道他对斯多葛主义感兴趣的人，都指责他的斯多葛主义态度——认为他对自己过于严厉和无情。但是理查森认为，这样的指责是没有根据的。梭罗自己显然已经体验到了斯多葛学派哲学家所追求的那种快乐，尽管他周围的那些人可能对此不甚明了。所以，我们发现梭罗这样宣称，"快乐肯定是生活的条件。"[9]理查森称，梭罗的《日志》"充满了评论，而这些评论反映了他的热情、他对于生命体验的渴望、他敏锐的感觉及他对于活着的充分喜悦"[10]。

在20世纪的大部分时期，斯多葛主义一直是一种受到忽视的学说。的确，根据哲学家玛莎·纳斯鲍姆（Martha Nussbaum）的说法，欧洲和北美20世纪的哲学家们很少接受斯多葛主义以及其他的希腊哲学——享乐主义和怀疑主义等——而是"更多地接受公元前四世纪以来西方许多其他的哲学文化"[11]。在千年之交，大多数人都不倡导斯多葛主义这种人生哲学。首先，他们认为不需要根据一种哲学去生活。而那些的确要寻找一种人生哲学的有见识的人们，又很少把斯多葛主义看成是切实可行的候选对象。他们确信他们知道斯多葛主义是什么东西：它不过是这样一种学说，其支持者都是缺乏幽默感、严厉和失去感觉的人。谁会自愿与这样一群人为伍呢？

如果本书完成了它的任务，那么读者就会认识到，斯多葛主义的性质被误解到了多么严重的地步。斯多葛主义者并不恬淡寡欲！他们所过的生活也并非不快乐！事实上，他们比大多数的非斯多葛主义者更有可能体验到快乐。

但是，这种认识显然还不足以克服人们对于斯多葛主义的厌恶。即使他们承认斯多葛学派的哲学家对外界很有用，他们可以快乐地生活，并值得我们赞美之后，他们也仍然对斯多葛主义的学说保持着一定程度的敌意。现在就让我们来探索一下，是哪些原因造成了现代人对于斯多葛主义的厌恶。首先的争论在于：如果现代心理学是正确的，那么斯多葛主义就是一种误导人们的人生哲学。

斯多葛学派的哲学家有许多心理学上的重要见解。例如，他们认识到，侮辱使人感到痛苦的原因不是侮辱本身，而是我们对侮辱的理解。他们还认识到，靠进行消极想象，我们就可以使自己满足于我们已经拥有的事物，因而就可以抵消我们的不满倾向。

反斯多葛主义者可能会承认这些重要的见解。但是他们继续指出，从罗马斯多葛学派哲学家对人类的灵魂进行思索算起，在这两千多年的时间里，发生了许多事情。尤其是20世纪，它见证了心理学转变为一种严格意义上的科学学科。反斯多葛主义者还可能补充说，在过去几百年的时间里，心理学上最有意义的发现之一，就是人们意识到，如果我们试图像斯多葛主义者那样来控制我们的情感，就会对我们自己造成威胁。事实上，心理治疗专家一致认为，我们应该与自身的情感保持接触：应该认真地思考情感，而不是试图否认它们的存在；应该发泄情感，而不是试图去遏制它们。如果我们发现自己被消极情感所干扰，不应该试图全靠自己去应对这些消极情感，而是应该与心理咨询师一起分担它们，因为心理咨询师的工作就是了解人的心智是如何运作的。

现在让我们以悲伤这种情感为例，来说明一下。现代心理学已经表明（反斯多葛主义者也会这样解释），悲伤是对个人悲剧的一种极其自然的反应。一个遭受悲伤打击的人应该将他的悲伤发泄出来而不是压抑它。如果他感觉想哭，那他就应该哭。他应该与朋友、亲属分享他的感受；可能的话，甚至应该寻求专业咨询师的帮助。因为专业咨询师可以定期与他会面，与他谈谈他的悲伤，并帮助他走出悲伤。相反，如果他按照斯多葛学派哲学家的建议，努力压制悲伤，那么也许在短时间内他可能免除痛苦，但是在以后的几个月甚至几年里，他都会使自己陷入到"延迟的悲伤"的衰弱期。

毫无疑问，在某些情况下，某些人的确能从对悲伤的咨询中获益良多。于是，心理学家们一致认为，几乎每一个人都能从这种方式中获益，而且这样一种信念也改变了当局应对自然灾害和人为灾难的方式。如今，在竭尽所能拯救人们的生命之后，当局会立刻召集应对悲伤的心理咨询师来帮助那些灾难中的幸存者，也就是那些在灾难中失去了亲人以及目睹了灾难发生的人。例如，1995年，当俄克拉荷马市的艾尔弗雷德·P.默拉联邦大楼遭到爆炸袭击时，有168人死亡，于是就有一大批悲伤咨询师来到这个城市帮助人们走出他们的悲恸。同样，1999年，科罗拉多州利特尔顿市哥伦比亚高中的两名胡作非为的学生枪杀了36人，一个悲伤咨询队也被调到这里来，帮助幸存的学生、他们的家长以及这个社区的成员应对他们的悲伤。[12]

将这些应对灾难的方式与20世纪中期政府当局对灾难的反应进行比较是很有启发的。例如，1966年，南威尔士艾伯凡的一座煤矿堆积的废渣发生滑坡，掩埋了一座乡村学校，致使116个孩子遇难，而他们的父母只得独自应对悲伤。[13]结果，他们当中的许多人只能用英国人所说的"咬紧牙关"的方式来忍受这场灾难。而如果是在20世纪末，人们是很难找到一个心理治疗师会将"咬紧牙关"作为适宜的应对灾难的方法推荐给大家的。

在回应针对斯多葛主义心理学的这种批评时,我要提醒读者注意:与广为流行的看法不同,斯多葛学派的哲学家并没有倡导我们"抑制"自己的情感。他们的确建议我们采取措施避免消极情感,并且在我们避免的努力失败时要克服这些消极的情感,但是这与抑制情感是不同的:因为如果我们避免或者克服了一种情感,就没有任何东西需要抑制了。

特别设想一下,一名斯多葛主义者发现自己沉浸在失去挚爱的悲伤之中。应该注意的是,这位斯多葛主义者的反应不会是努力压制自己内心的悲伤——例如,他不会假装自己不悲伤,或者扮鬼脸掩饰流出的泪水。相反,他会回想起塞涅卡对波利比乌斯的劝告,那就是当人们在经历个人的大灾难时,很自然会感到悲伤。然而,在作为自然反应的悲伤产生之后,一个斯多葛主义者会试图以理性驱退留在他内心的无论什么悲伤。他尤其会求助于塞涅卡安慰别人时所使用的各种言辞:"这是亡者期望我们做的吗?当然不是!她会希望我幸福!那么,纪念她最好的方式就是抛开悲伤,继续生活。"

因为悲伤是一种消极的情感,所以斯多葛学派的哲学家反对它。同时,他们意识到,由于我们不过是凡人,所以在生命历程中,有一些悲伤就如同有一些恐惧、焦虑、愤怒、仇恨、羞耻和嫉妒一样,是无法避免的。因此,斯多葛学派哲学家的目标不是消除悲伤而是将悲伤最小化。

在这一点上,一个反斯多葛主义者可能会指出,尽管与抑制悲伤相比,将悲伤最小化似乎更加合理,但这还是会误导人们。在心理咨询师看来,我们应该逐渐走出自己的悲伤。的确,试图通过理性让我们摆脱悲伤是一种逐渐度过悲伤的方法,但是更好的方法是特意从我们自身引出各种与悲伤有关的行为。例如,我们可以特意痛哭一场,尽管我们没有特别想要这样做。也可以特意与别人谈谈我们的悲伤,尽管这种情感的分享对我们而言来得并不十分自然。最重要的是,如果我们的悲伤很深重,我们应该寻求悲伤咨询师的帮助,也就是让他来帮助我们渡过这个难关。

为了回应反斯多葛主义者的这种建议,我将挑战当前心理学关于应对情感的最佳方式的思考。我尤其要质疑许多心理治疗师这样的论断,那就是他们认为人们没有能力独自应对悲伤。我认为从情感上来讲,人们并不像心理治疗师所认为的那样脆弱,而是更为坚韧。

为了弄明白我为何这样说,让我们将注意力转回到艾伯凡的灾难上。那些在艾伯凡滑坡中被活埋儿童的父母经历了一次非常深重的个人悲剧,但是随后却没有接受任何专业的帮助。按照当前心理学的一致说法,缺少悲伤咨询将会使这些父母陷入情感的毁灭状态。然而,事实的真相却是,他们全凭自己的力量非常好地应对了悲伤。[14] 换句话说,咬紧牙关这种方式似乎很好地帮助了他们。

如果还要找一个全凭自己的力量应对消极情感的例证，那可以考虑一下第二次世界大战期间英国人遭遇到的困境。战争爆发时，心理学家们担心精神病院会人满为患，被那些无法应对战争恐惧的市民挤破。然而事实证明，就情感而言，英国人有能力很好地照料自己：精神疾病的发生率没有任何变化。[15]在缺少专业悲伤咨询师的情况下，英国人除了以斯多葛主义式的坚忍应对苦难之外几乎没有什么其他选择，而且对于他们而言，斯多葛主义的自我治疗被证明是相当成功的。

如果悲伤咨询只是不起作用，那已经不是什么好事了。然而还有更坏的：在一些情况下，这种咨询似乎加剧而且延长了人们的悲伤；换句话说，它让事情变得更加糟糕。人们对那些有孩子死于婴儿猝死综合症的父母进行了考察，以研究悲伤咨询的效果。就是说，将那些遵照悲伤治疗的准则有意识地克服丧子之痛的父母，和那些没有遵照这套准则行事的父母进行比照。结果在他们的孩子死亡三周之后，第一组父母比第二组父母经历着更多的痛苦；甚至在18个月之后，第一组父母的情感状况也比第二组父母更加糟糕。从这项研究中可以得出的明显结论就是，遵照悲伤治疗的法则并没有治愈悲伤而是"强化了悲伤"，它延迟了悲伤自然治愈的过程；这就是心理学意义上的揭伤疤。顺便提及一下，类似研究也曾聚焦于大屠杀的幸存者、被侮辱的年轻妇女和那些丈夫死于艾滋病的妇女身上，而且都得出了类似的结论。[16]

但是延迟的悲伤又是怎样的呢？一旦我们缩减了悲伤的过

程，日后当悲伤发作时，我们难道不会更加脆弱吗？专家们一致认为，延迟悲伤的现象是真实存在的。[17]那么我的意思是说那些主张悲伤咨询的人是错误的吗？

是的，我的确就是这个意思。延迟的悲伤这个概念最早显然是出现在精神病学家海伦娜·朵依契（Helene Deutsch）于1937年撰写的《悲伤的缺失》这篇文章中。她声称，一个人经历了个人的损失之后未能感到悲伤，就会引起悲伤的延迟发作，"这时悲伤的发作会如损失刚刚发生时那样新鲜和强烈"[18]。遗憾的是，朵依契并没有尝试以案例证实她的理论。后来那些试图证实这一理论的研究者们则失望地发现：延迟的悲伤的案例似乎寥寥无几。[19]

有两位作者的表述更具有普遍意义。精神病专家萨利·萨特尔（Sally Satel）和哲学家克利斯蒂娜·霍夫·索莫斯（Christina Hoff Sommers）在一本书中对现代心理学治疗的某些方面提出了挑战，她们写道，"最近的研究成果表明，沉默与抑制感情远远不会危害一个人的心理健康，反而可以是有利于健康和我们能够适应的方法。对于许多种秉性的人而言，过度执着于自我反省和自我揭示都是令人感到压抑的。失去亲人以及其他悲剧的受害者们，彼此的反应大有不同：一些人从治疗的干预中获益；但是大多数人却并没有从中获益，而且他们也不应该被精神健康专家强迫着进入正确的情感回应之中。"精神创伤和悲伤的咨询师在这个方向上都犯了很大的错误。这两位作者补充说，她们并不接受目前人们普遍接受的教条，那就是：

"无约束的情感表达对于精神健康而言是必不可少的。"[20]

综上所述，尽管斯多葛学派哲学家关于如何最好地应对消极情感的忠告有些老旧，但它依然是很好的忠告。在塞涅卡看来，"一个人认为自己可怜，那他就如同他所认为的那样是可怜的。"所以，塞涅卡建议说，我们"不要抱怨过去的悲惨遭遇，不要总是这样说：'没有人比我更悲惨了，我承受了怎样的痛苦与罪恶呀！'"在"你此时不快乐，仅仅是因为你曾经不快乐吗？"这句话当中，会有着什么样的要义吗？[21]

现代政治为人们接受斯多葛主义制造了另一个障碍。满世界都是这样的政治家，他们告诉我们，如果我们不幸福，这并不是我们自己的过错。相反，我们的不幸是由政府对我们所做的事情或者政府不能为我们所做的事情造成的。在追寻幸福的过程中，市民被鼓励去求助于政治而不是哲学。我们被鼓励上街游行或给国会议员写信而不是阅读塞涅卡或爱比克泰德的书籍。更重要的是，我们被鼓励为那些候选人投票，他们声称，凭借有效地运用政府职权，他们有能力使我们幸福。

当然，斯多葛学派的哲学家反对这种思想。他们认为存在于大多数人与幸福之间的障碍并不是政府或者我们生活的社会，而是我们人生哲学中的缺陷——或者我们根本就没有一种哲学。诚然，政府和社会在相当程度上决定了我们的外部环境，但是斯多葛学派的哲学家认为在我们的外部环境与幸福程度之间最多只存着在一种松散的联系。尤其是，一个被流放到荒岛上的人比一个生活奢华的人更加幸福，这也完全是有可能的。

斯多葛学派的哲学家认为，政府有可能错待它的公民；事实上，正如我们所见，罗马的斯多葛学派哲学家有遭受权力机关不公正处罚的不幸倾向。斯多葛学派哲学家也赞同现代社会改革者的观点，那就是认为我们有责任与社会不公做斗争。但是他们与现代改革者的不同之处在于二者对人类心理学的理解。尤其是，斯多葛学派的哲学家并不认为人们将自己视为社会或者其他事物的受害者，对于事情的解决会有所帮助。如果你把自己看成一个受害者，你就不会拥有良好的生活；然而，如果你拒绝把自己看成一个受害者——也就是如果你拒绝让你的内在自我被外部环境所征服——那么无论外部环境如何变化，你都可能拥有良好的生活。（斯多葛学派的哲学家尤其认为，尽管一个人会因为尝试改变他所处的社会而受到惩罚，但他还是有可能保持自己内心的安宁。）

其他人可能会有力量影响你如何生活，甚至会有力量影响你是否能够生活，但是斯多葛学派的哲学家却说这些人没有力量毁坏你的生活。只有当你未能按照正确的价值观生活的时候，你才会毁坏自己的生活。

斯多葛学派的哲学家相信社会变革，但也相信个人的改造。更准确地说，他们认为，要把一个社会改造为人们可以在那里幸福生活的社会，第一步就是要教导人们如何在尽可能不倚靠外部环境的情况下获得幸福。改造社会的第二步才是改变外部环境。斯多葛学派的哲学家还会补充说，如果不能改造自己，那么无论怎样努力改造我们身处的社会，都不可能拥有良好的生活。

许多人已经臣服于此，即认为幸福是另外一些人，比如一个治疗师或一个政治家，所必须赐予我们的某种东西。斯多葛主义反对这种观念。斯多葛主义教导我们，我们对自己的幸福负有相当大的责任，正如我们对自己的不幸负有责任一样。斯多葛主义还教导我们，只有当我们为自己的幸福担负责任时，才会有一个正当的机会去获得幸福。当然，可以肯定的是，许多被治疗专家和政治家洗脑的人并不想听这些。

如果说现代心理学和政治学对斯多葛主义并不友善，现代哲学也是如此。20世纪以前，那些接触哲学的人可能都阅读过斯多葛学派哲学家的文章。然而，在20世纪，哲学家们不仅失去了对斯多葛主义的兴趣，而且也更普遍地失去了对人生哲学的兴趣。正如我的亲身经历所表明的那样，人们可能花10年的时间去学习哲学课程，但是却没有读过斯多葛学派哲学家的书籍，也没有花时间去考虑过人生哲学，更少有人会采纳一种人生哲学。

哲学家对斯多葛主义失去兴趣的一个原因，是他们在20世纪的头几十年中领悟到，由于我们草率地使用语言，许多传统的哲学难题冒了出来。正因为如此，任何一个希望解决哲学难题的人都不应该靠观察人性的方式来解决（只有斯多葛学派哲学家可能会这样做），而是要靠仔细思考语言以及我们如何使用语言的方式来解决。随着对语言分析的越来越重视，产生了一种不断强大的信念，那就是对于专业哲学家而言，哲学的任务并不是告诉人们如何生活。

假使你问爱比克泰德，"我想过一种良好的生活。我应该做什么？"他会回答你说："遵从自然生活。"然后他还会非常详细地告诉你如何去做。比较而言，假使你问一个20世纪的分析哲学家相同的问题，他可能不会回答你的问题，而是会分析这个问题本身："回答你的问题取决于你所说的'一种良好的生活'指的是什么，而这紧接着就关系到你所说的'良好'和'生活'指的是什么。"然后他会让你梳理在询问如何过一种良好的生活这个问题时你能够令人信服地确定含义的所有事物，并且解释为何其中的每个含义在逻辑上都是混乱的。他的结论是：询问如何过一种良好的生活没有任何意义。当这个哲学家结束了他的言论时，他天才的哲学分析会给你留下深刻的印象，但是你也可能有很好的理由得出自己的结论，那就是他本身就欠缺一种体系明晰的人生哲学。

现代人要接受斯多葛主义必然会遇到的最后一个但也是非常重要的障碍，就是斯多葛主义所需的自我控制的程度。我们发现自己渴望名声了吗？在斯多葛学派的哲学家看来，应该消除这种欲望。我们发现自己渴望一座布满奢华家具的豪宅了吗？斯多葛学派的哲学家称，我们可以很好地用一种简单的生活方式来满足自己。而且，除了克服我们对于名誉和财富的渴望之外，斯多葛学派的哲学家还要求我们抛开其他一些个人的欲望，以便能够尽自己的责任来为我们的同伴服务。正如我们已经看到的那样，斯多葛主义者们是一个绝不推卸责任的群体，与许多现代人不同的是，他们确信生命中有某些比他们自身更为重大的事物。

许多人在听到斯多葛主义对于自我控制的要求时，就会拒绝接受这种哲学。这些人由此会推论说，如果没有拥有你所渴望的事物，你显然是不会幸福的。因而，获得幸福最好的方法是得到你想要的东西，而得到你想要的东西最好的方式是采取一种三步走的策略：首先，你将潜伏在脑海中的那些欲望列出一个清单；第二，你为满足这些欲望设计一个计划；第三，你要履行这个计划。然而，斯多葛学派的哲学家建议我们做的事情恰恰与之相反。在一些情况下，他们劝告我们消除欲望而非实现它们；而在另外一些情况下，他们则建议我们去做那些我们并不想做的事情，因为做那些事情是我们的责任。换句话说，斯多葛主义听起来像是一种必定会导致不幸的方法。

尽管在整个有记载的历史中，跨越各种文化，大多数人显然都认为努力得到自己渴望的事物是获得幸福的良策，并且也一直在使用这种良策，但是这种良策具有一个重大的缺陷，而且在有记载的各种文化的全部历史中，思想深刻的人们也都已经意识到了这个缺陷：那就是在按照这种良策实现了每一个欲望之后，一个新的欲望又会跳入我们的头脑之中以取代以往的那个欲望。这意味着：无论我们多么努力满足自己的欲望，我们都难以得到真正的满足，还不如根本就没有欲望。换句话说，我们会总是处于不满足的状态。

一种不那么显而易见但是却好得多的获得满足的方法，不是致力于满足欲望，而是致力于控制欲望。尤其，我们需要采取措施减缓欲望在我们内心形成的过程。与其努力实现我们头脑中的无论什么欲望，倒不如努力防止某些欲望的形成，并消除已经形成的许多欲望。而且，与其渴望新的事物，倒不如好好经营那些我们已经拥有的事物。

这就是斯多葛学派哲学家建议我们去做的事情。也许事实就是这样，成为一个斯多葛主义者需要自我控制，而且需要做出自我牺牲以履行我们的责任，但是斯多葛学派的哲学家指出，与大多数耗费自己的生命以努力实现跃入头脑之中任何欲望的人相比，斯多葛主义者依靠自我控制的方式更有可能获得幸福——即真正的快乐。

说了这些，我还要补充说明一下，我刚刚使用过的"牺牲"这个词语，是有一点误导性的。斯多葛主义者在履行社会责任时，并不会认为这是一种牺牲。理想的情况是，作为践行斯多葛主义的结果，他们想要做那些社会责任要求他们去做的事情。如果这听起来奇怪，那就想想为人父母的责任吧。父母为他们的孩子做了许多事情，但是斯多葛主义的父母——我猜想总体上都应该是好父母——并不会认为做父母是一种需要无尽牺牲、难以负担的重任；相反，他们会因为有孩子以及能够在这些孩子的生命中产生积极的作用而感到这是一件多么美妙的事情啊！

第四部分　斯多葛主义在现代生活中　229

正如我已经提示过的那样，斯多葛主义者宣称获得幸福的最好方式并不是过一种自我放纵的生活，而是过一种自我约束甚至在一定程度上自我牺牲的生活，而且它在这方面也并非孤立无应。其他的哲学，包括享乐主义、怀疑主义等，以及其他的宗教流派，比如佛教、印度教、基督教、伊斯兰教和道教等，都提出过类似的主张。我认为问题并不在于那些自我约束、绝不推卸责任的人能否获得幸福、有意义的人生；而是在于缺乏自我控制、确信没有什么事情比他们自身更重要的人能否获得幸福、有意义的人生。

第 21 章

重新考虑斯多葛主义

在上一章中,我描述了斯多葛主义的衰落,并且试图探求是什么原因造成了目前斯多葛主义这种几近消亡的状态。在这一章中,我将尝试振兴斯多葛主义的学说。我这样做的目的,是为了使斯多葛主义能够更多地吸引那些努力寻求一种人生哲学的人们。

在本书的引言中,我解释说,各种人生哲学都有两个组成部分:它们告诉我们生命中什么事情值得拥有,什么事情不值得拥有;而且它们也告诉我们应该如何获得那些值得拥有的事物。正如我们已经看到的那样,斯多葛学派的哲学家认为安宁值得追求；而且他们追求的安宁，我们应该记住，是一种心理状态。在这种状态中我们很少体验到消极情感，如焦虑、悲伤和恐惧等；但是却体验到丰富的积极情感，尤其是喜悦。斯多葛学派的哲学家并没有争论安宁的价值；但是他们认定，在大多数人的生命中，安宁的价值总会在某一时刻显现出来。

为了发展和改善获得安宁所需的策略，斯多葛学派哲学家成为了人性的热心观察者。他们努力探求什么样的事物会干扰人们的安宁；人们如何能够避免安宁被这些事物干扰；以及在付出努力但是安宁还是受扰的时候，如何能够快速地恢复安宁。基于这些调查，斯多葛学派的哲学家为所有寻求安宁的人提出了大量的建议。在这些建议中有以下的内容：

第一，我们应该变得具有自我意识：在处理日常事务的时候，我们应该观察自己，定期反思自己是如何回应每天发生的各种事件的。我们如何回应一个侮辱？如何回应财产的损失？如何回应一个充满压力的环境？在回应中，我们运用斯多葛主义心理学的策略了吗？

第二，我们应该运用理性思考的能力来克服消极情感。我们也应该在可能的程度上运用理性思考来控制自己的欲望。尤其应该运用理性让自己确信，诸如名声、财富这样的事物是不值得拥有的——如果我们追求的是安宁，那么这些东西无论如何也是不值得拥有的——所以像名声、财富这样的事物也就不值得去追求了。同样，我们应该运用我们的理性思考使自己确信,尽管某些活动是令人快乐的,但是从事那些活动会干扰我们的安宁,这样一来获得的快乐与失去的安宁相比就变得得不偿失。

第三,在我们没有追求财富但却富有的情况下,我们应该享受我们的富裕;主张禁欲苦修的是犬儒主义者,而不是斯多葛主义者。不过,虽然我们应该享受财富,却不应该执着于财富;事实上,即便在我们享有财富的时候,也要为财富的失去做好打算。

第四,我们是社会动物;如果试图切断与其他人的联系,我们就会变得非常糟糕。所以,如果我们寻求的是安宁,就应该构建与其他人的关系并保持这种关系。但是,在这样做的时候,我们对于与什么人做朋友需要小心谨慎。我们还应该尽可能地远离那些价值观已经腐坏的人,以避免他们的价值观污染我们。

第五,其他人总会不可避免地令我们烦恼,所以,如果我们与他们保持关系,他们就会时常干扰我们的安宁——如果我们容许他们这样做的话。斯多葛学派的哲学家用了大量时间设计出一些技巧,来消除我们在与其他人交往时遇到的麻烦。尤其,他们想出了一些技巧,用以应对别人对我们的侮辱和防止他们激怒我们。

第六,斯多葛学派的哲学家指出了人类不幸福的两个最主要原因——那就是我们的贪得无厌以及我们担心超出我们控制力的事物的倾向——而且他们也开发出一些技巧,来帮助我们将这些不幸福的根源从我们的生命中移除。

第七，为了征服我们的贪得无厌，斯多葛学派的哲学家建议我们进行消极想象。我们应该认真思考一切事物的非永恒性。我们应该想象失去了自己最珍视的事物，包括财富与挚爱。我们还应该想象失去了自己的生命。如果这样做，我们就会变得珍惜自己现在所拥有的事物，并且由于我们珍惜它们，就不那么可能再去对其他的事物形成渴望。我们不光要设想事物可能变得比它们本来的状态更糟糕，有时还应该极力去体验更糟糕的事情；比如，塞涅卡就建议我们"体验贫穷"，而墨索尼亚斯则建议我们主动放弃快乐和舒适的机会。

第八，为了抑制我们去操心那些超出我们控制力的事物的倾向，斯多葛学派的哲学家建议我们对生活中的各种事物采取分类加优先处理的方法，也就是将这些事物分成我们完全无法控制的事物、我们能够完全控制的事物以及我们能够控制一些但又不能完全控制的事物。这样分类之后，我们就不应该为那些我们完全无法控制的事物而烦心了。相反，我们应该花一些时间来处理那些我们能够完全控制的事物，例如确定我们的目标和价值观，并且把大多数时间用来处理那些我们能够控制一些但又不能完全控制的事物。如果这样做，我们就能够避免经历许多不必要的焦虑。

第九，当我们花时间来处理那些我们能够控制一些但又不能完全控制的事物时，我们应该注意将目标内在化。例如，在打网球时我们的目标不应该是赢得比赛，而是尽可能地打一场漂亮的比赛。

第十，对于外部世界，我们应该持一种宿命论的态度：我们应该认识到，过去已经发生在我们身上的事情以及此刻正发生在我们身上的事情是超越我们的控制的，所以，为这些事情烦恼是愚蠢的。

斯多葛学派的哲学家能够为我们提供一种人生哲学，而无须解释为何它是一种好的哲学。换句话说，他们能够将对这种人生哲学的采纳看作是一种信仰的飞跃，正如禅宗佛教信徒们所做的那样。但是，作为哲学家，他们感觉他们需要证明的是，他们的哲学是一种"正确的"人生哲学，而他们对手的哲学在某种程度上是错误的。

在证明斯多葛主义的过程中，斯多葛学派的哲学家首先观察到，是宙斯神创造了我们，而且宙斯在创造我们的时候用赋予我们理性的方法使我们与其他的动物区别开来。因为宙斯喜欢我们，所以他想把我们设计成可以永远快乐的动物，但是他缺乏力量来做到这一点。于是他转而为我们做了他力所能及的事情：他教给了我们方法，可以使生活不仅仅是可以忍受的而且是快乐的。更准确地说，他为我们设计了一种生活模式，如果这种模式得以遵循，就会使我们的生命兴盛。斯多葛学派的哲学家运用他们的理性思考发现了这种生活模式。然后他们设计了一种人生哲学，遵循着它，就会使我们的生活与宙斯为人类设计的生活模式相一致——正如斯多葛学者所说的那样，这其实是与天理的一致——从而使我们的生命兴旺发达。总而言之，如果按照斯多葛主义的原则生活，我们就会拥有人类可能拥有的最好的生活。论证完毕。

当然，大多数宗教的拥护者都会反对斯多葛主义的这种论证，因为他们不接受"宙斯创造了我们"这种主张。然而，他们可能愿意接受这个论证一个稍加改变的版本，那就是用上帝替换宙斯。这样，他们就会将斯多葛学派哲学家的这个论证改造成与他们的宗教相吻合的论证。

然而，还要考虑一下现代斯多葛主义者的困境，他们否定宙斯和上帝的存在，所以拒绝接受宙斯或上帝创造人类的主张。让我们转而假定这些人相信人类是通过一种进化过程衍变而来的。那么在这种情况下，人就不会是为着任何目的而被创造出来的了；这意味着，要靠发现一个人的目的，并且凭借很好地实现这个目的而使生命兴旺发达，是不可能的。我认为，这些人可以凭借放弃斯多葛学派哲学家对斯多葛主义的解释，而采纳一些科学发现的解释，来摆脱他们的困境。这些科学发现是斯多葛哲学家所不能获取的。下面就让我对这个问题进行分析。

如果某人问我，斯多葛主义为何有效，我并不会对他讲宙斯（或者上帝）的故事。相反，我会谈论进化理论，按照进化论的观点，我们人类的存在是一系列有趣的生物事件导致的结果。然后，我会开始讨论进化心理学，按照进化心理学的观点，经过各种进化过程，我们人类除了获得某种骨骼结构和生理机能之外，还形成了某些心理特征，例如在某些情况下会有感到恐惧或焦虑的倾向，而在其他情况下则会有感到快乐的倾向。我想要解释的是，我们形成这些倾向并不是为了我们能够拥有良好的生活，而是为了我们有可能生存和繁衍。我还要补充的是，与宙斯（或者上帝）不同，各种进化过程对我们是否兴旺发达并不关心；它们只涉及我们的生存和繁衍。的确，一个生活经历全然悲惨但是却设法存活下来并且繁衍了后代的人，比起那些快乐但是却选择不生育的人，他的行为在进化过程中发挥着更为重要的作用。

在这里，我要暂停一下，以确保我的听众能够理解，我们过去的进化怎样促成了我们现在的心理结构。例如，我们为什么会经历痛苦？这并不是因为众神或上帝想让我们经历痛苦，或者认为我们会以某种方式从痛苦中获益；而是因为和那些不能够感受痛苦的先祖相比，我们那些能够感受到伤害带来的痛苦的先祖（多亏这种进化的"实验"），有大得多的避免这种伤害的可能性——因此也才有大得多的生存下来并且繁衍后代的可能性。所以，与无法经历痛苦的人相比，那些能够体验痛苦的人才能够更加有效地延续他们的基因，结果，我们人类也就继承了这种体会痛苦的能力。

也正是因为进化的过程，我们才有了体验恐惧的能力：进化中，我们那些害怕狮子的祖先，与那些对狮子完全不在意的人相比，被狮子吃掉的可能性更小。同样，我们经历焦虑和不满足的倾向，也是我们以往进化的结果。与那些从来不为下一顿饭发愁的人相比，我们那些进化着的、担心他们是否有充足食物的先祖，被饿死的可能性就更小。类似的是，与那些很容易满足的人相比，我们那些在进化中从来不满足于他们已有的东西，总是想要更多的食物、更好的居所的祖先，生存下来并且繁衍后代的可能性就更大。

关于我们经历快乐的能力，也有一种进化论的解释。例如：为什么性行为会令人感到美好？因为，与那些并不在意性生活甚至认为性生活令人不快的人相比，我们那些处于进化中的、发现性生活令人愉快的祖先，更有可能繁衍后代。我们继承了那些性生活对他们来说是美好事物的祖先的基因，结果也发现性生活是令人愉快的。

正如我们所见，斯多葛学派的哲学家认为宙斯将我们设计为群居的动物。我赞同斯多葛主义者的说法，即我们"在本质上"是群居的，但是我不同意认为是宙斯（或者上帝）把我们创造成这样的说法。相反，我们之所以是群居动物，是因为我们那些处于进化中的、感到需要其他人因而加入了各种由个体组成的群体的祖先，比那些不这样做的人们更有可能生存下来并且繁衍后代。

按照进化中的"编程机制"，我们除了寻求与其他人之间的关系之外，我认为我们还寻求在这些群体中的社会地位。据推测，我们那些处于进化中的祖先所形成的群体，其中是存在着等级制度的，就像在一群群的猴子之中存在着等级制度一样。

一个社会地位低下的群体成员有被剥夺资源甚至被驱逐出群体的危险，这样的事情会威胁到他的生存。此外，群体当中地位低下的男性还不大可能繁衍后代。所以，那些受动力驱使着去追求社会地位的祖先——也就是那些获得社会地位会使他们感到愉悦、失去社会地位会使他们感到沮丧的先祖——比起那些对社会地位漠不关心的人，就更有可能生存下去和繁衍后代。正是由于过去的进化史，今天的人们才发现获得社会地位令人愉悦，而失去社会地位则令人沮丧。这就是为何当别人赞扬我们的时候我们会欣喜，而当别人侮辱我们的时候我们会痛苦的原因。

在斯多葛学派的哲学家看来，宙斯给了我们推理的能力，所以我们就能够变得像神一样。然而，我认为我们是通过进化的过程才获得推理的能力的，也是通过进化的过程才获得其他能力的。我们那些进化中的具有理性思考的先祖比那些没有理性思考的先祖更有可能生存下去和繁衍后代；而且认识到下面这一点也是同样重要的，即我们并不是获得了推理的能力就能够超越进化机制所安排的各种欲望，比如我们对性和对社会地位的欲望。相反，我们是获得了推理的能力之后就能够更加有效地满足那些欲望——比如，我们能够设计一些复杂的策略来满足我们对性和社会地位的欲望。

我们拥有我们所拥有的能力，因为具有这些能力使我们那些进化中的祖先能够生存和繁衍。然而这并不是说，我们必须使用这些能力才能够生存和繁衍。事实上，正是由于我们有了理性的能力，我们才有力量"误用"我们的进化遗产。请允许我对此做出解释。

想想我们的听觉能力。我们是通过进化的过程获得这种能力的：我们那些有能力听到正在靠近的食肉动物的声音的祖先，能够获得比那些没有这种听觉能力的祖先更好的生存和繁衍的机会。然而，现代人很少将他们的听觉能力用于这样的目的。取而代之的是，我们会利用这种听觉去听贝多芬的音乐，而这种活动并不会增加我们生存和繁衍的机会。除了误用听觉能力之外，我们也误用了与听觉能力一起进化的耳朵；例如，我们会用耳朵来戴眼镜或者耳环。同样，我们获得了行走的能力，这是因为我们那些具有行走能力的祖先比那些没有这种能力的祖先更有可能生存和繁衍，然而，一些人利用这种能力去攀登珠穆朗玛峰，而这种活动显然减少了他们生存的机会。

正如我们"误用"我们听的或者走的能力一样——也即是说，我们使用这些能力，与我们物种的生存和繁衍没有任何关系——我们也可能误用我们理性的能力。尤其，我们能够用我们理性的思考来避免进化过程已经规定给我们的那些行为倾向。例如，正因为过去的进化，我们得到了进行性行为以繁衍后代的奖赏。但是，也正是因为我们的理性思考，我们能够决定放弃进行性行为的机会，因为充分利用进行性行为的机会将会使我们远离我们为自己所设定的各种目标，也即那些与我们的生存和繁衍没有任何关系的目标。（最具有戏剧性的是，我们可以决定保持独身，而这个决定将会把我们繁衍后代的机会降为零。）更重要的是，我们能够利用我们的理性思考得出结论：如果我们的目标只是生存和繁衍，那么进化程序所鼓励我们追求的许多事物，比如获得社会地位或者获得更多我们已经拥有的东西，也许是有价值的；但是如果我们的目标是在我们活着的时候经历安宁的话，那么追求这些事物就没有任何意义。

正如我们已经看到的那样，斯多葛学派的哲学家认为，尽管宙斯使我们易于遭受苦难，但是他也给了我们一个工具——即我们的逻辑思考能力——如果正确地使用理性，我们就能够阻止许多苦难的发生。我认为，关于进化也一样可以形成一个双重论断：即进化的过程使我们易于遭受苦难，但是它们却意外地给了我们一种工具，利用这种工具我们就能够阻止许多苦难的发生。这个工具仍然是我们的理性能力。因为我们能够理性地思考，所以我们不仅能够了解我们进化的困境，更能够采取有意识的步骤在可能的程度上来避免这种困境。

尽管进化的程序帮助我们成为一个生命力繁盛的物种，但是它在许多方面已经没有什么用处了。例如，当某人公开侮辱我们的时候，我们会感到痛苦。我已经对这种痛苦做出了一种进化论的解释：我们经历了痛苦，是因为我们那些进化中的对于获得和维持社会地位非常关心的祖先，与那些并不在意社会地位、因而受到侮辱也不会感到痛苦的祖先相比较，更有可能生存下来和繁衍后代。但是，自我们的祖先在非洲大草原上游荡以来，世界已经发生了巨大的变化。今天，社会地位低下的人要生存下来也是完全可能的；即使别人瞧不起我们，法律也会阻止他们夺走我们的食物或者把我们赶出自己的家园。此外，低下的社会地位再也不是繁衍后代的障碍了；事实上，在世界上的许多地方，社会地位低下的男女比社会地位优越的男女有着更高的生育率。

如果我们的目标不是仅仅为了生存和繁衍，而是为享受一种安宁的存在，那么，和丧失社会地位相关联的痛苦对我们而言就不仅不会再起作用，而且还会产生相反的作用。我们处理日常事务时，其他的人，由于他们的进化程序安排，会经常不自觉地为了获得社会地位而工作。结果，他们会倾向于冷落我们、侮辱我们，或者更为普遍的是，从社会的意义上讲，他们会做一些事情来让我们安分守己。他们的行为有干扰我们的安宁的作用——如果我们任由他们这样做的话。在这样的情况下，我们必须要做的，就是用——更准确地说是"误用"——我们的智力，来推翻那个使我们因侮辱而感到痛苦的进化程序。换句话说，我们必须运用理性能力来消除侮辱带给我们的情感伤害，从而减少侮辱对我们安宁的干扰。

同样，再来考虑一下我们的贪得无厌。正如我们已经看到的那样，我们那些进化中的祖先因为对每一种东西都想要得到更多而受益，这也是我们今天为什么会有这种倾向的原因。但是，如果我们不采取措施来抑制这种倾向，我们的贪得无厌就会干扰我们的安宁；我们将不是享受我们已经拥有的东西，而是把生命花费在拼命工作上，以获得那些我们没有的东西。而且不幸的是，我们会错误地相信，一旦拥有了这些东西，我们就可以享受它们而不用追求更多的东西。所以，我们还必须再一次"误用"我们的智力。这不是设计一些聪明的策略来使我们样样都获得的更多，而是必须运用我们的智力来克服贪得无厌的倾向。而我们做这件事最好的方法就是运用我们的智力来进行消极想象。

最后，我们来考虑一下忧虑。正如我们已经看到的那样，我们在进化的机制中成为多虑的人：我们那些进化中的并不为下一顿饭操心、并不警惕树丛中的咆哮声来自何方、却坐在树旁快乐地欣赏日落的祖先，可能没有机会活到年老。但是，大多数现代人——至少在发达国家是这样——生活在一种相当安全并且能够预测危险的环境中；这里没有从树丛中传来的咆哮声，我们也可以确信下一顿饭一定会如期而至。而且我们似乎没有什么其他事情可以担忧。然而，我们还是保留了祖先忧虑的倾向。如果希望保持安宁，我们必须做的事情，就是"误用"我们的智力来克服这种倾向。尤其，按照斯多葛主义的建议，我们可以确定哪些事情是我们无法控制的。然后，就可以利用我们的理性能力来消除自身对于这些事情的担忧。这样做就会增加我们获得安宁的机会。

请允许我扼要地总结一下重点。斯多葛学派的哲学家认为，他们可以证明斯多葛主义是一种正确的人生哲学；而且在他们的论证中，他们假定宙斯是存在的，并且为了某种目的而创造了我们。所以，我认为，一个人反对斯多葛学派对斯多葛主义的论证而不反对斯多葛主义本身，是有可能的。特别是，一个人可能会认为，斯多葛主义者所宣称的我们是为了某种目的而被创造的这种观念是错误的，但是，他却可能相信，斯多葛主义者在他们的人生哲学中选择了正确的目标——即安宁，而且发现了一整套有益的技巧来实现这个目标。

所以，如果有人问我，"我为什么应该实践斯多葛主义呢？"那么我的回答中将不会提到宙斯（或者上帝）的名字，也不会谈论他们安排人类应该履行的职责。取而代之的是，我会谈论我们过去的进化；谈论我们怎样因为进化历程而被变得程序化因而会在特定的情况下渴望特定的事物、体验特定的情感；谈论我们怎样按照进化的程序来生活，尽管这种程序可能使我们那些进化中的祖先得以生存和繁衍，但是却使现代人过上悲惨的生活；谈论我们怎样"误用"我们的理性能力来克服我们的进化程序。我还将继续指出，尽管斯多葛主义者并不了解进化，但是他们却发现了心理学的技巧，如果运用这些技巧，它们就可以帮助我们克服进化的程序机制中干扰我们安宁的那些方面。

如果理解得正确的话，斯多葛主义是治愈疾病的良方。这里所说的疾病，是指焦虑、悲伤、恐惧以及其他各种消极情感。它们给人们带来麻烦，使人们无法体验到一种快乐的生存。而凭借运用斯多葛主义的技巧，我们可以治愈这些疾病，并且因此而获得安宁。不过我要指出的是，尽管古代的斯多葛学派哲学家找到了治愈消极情感的良方，但是关于这个良方为何会有效的问题，他们的见解却是不正确的。

为了更好地理解这一点，我举阿司匹林为例。阿司匹林有效果，这没有争议；人们都知道这一点，并且几千年来一直把它作为一种药物来使用。但是问题是，阿司匹林怎样、为什么会产生效果呢？

古代埃及人将柳树皮作为药物使用，其中含有一种与阿司匹林相同的有效成分。他们有一种理论。他们认为我们体内流动着四种成分：血液、空气、水及一种叫作"维克呼度"（wekhudu）的物质。他们形成了这样的理论，认为维克呼度过量就会引起疼痛和发炎，而咀嚼柳树皮或者饮用柳树茶会减少正在经受疼痛和发炎折磨的人体内的维克呼度的含量，从而使他恢复健康。[1] 当然，这种理论是错误的：因为维克呼度这种物质并不存在。然而有意义的是，尽管他们关于阿司匹林怎样起作用的理论是错误的，但是阿司匹林对他们也一样有效。

在第一个千年的前几个世纪，将柳树皮作为一种药物来使用是非常普遍的现象，但是后来欧洲人似乎忘记了它的药力。直到18世纪，一个名叫爱德华·史东（Edward Stone）的英国牧师才重新发现了它。他知道柳树皮是一种有效的止痛剂和退烧药，但是在它如何产生效用方面，他和古埃及人一样，也仍然是茫然无知。到了19世纪，化学家们确定，柳树皮中的有效成分是水杨酸，但是对于水杨酸怎样以及为什么发挥功效，他们也依然一无所知。事实上，直到20世纪70年代，研究者们才终于弄清楚阿司匹林是如何产生效用的：受到破坏的细胞产生了花生四烯酸，花生四烯酸又引起了前列腺素的产生，而前列腺素接下来就引起了发烧、发炎和疼痛。阿司匹林正是靠阻止前列腺素的形成，才得以阻断这个过程。[2]

应该意识到的是，人们对于阿司匹林怎样产生效力、为什么产生效力的无知，并不会阻止阿司匹林产生效力。关于斯多葛主义，我想提出一个与之类似的看法。古埃及人偶然发现了治疗一种常见病的方法，并且运用了这种方法，但是他们却不知道为什么这种治疗方法会奏效；斯多葛学派的哲学家和他们非常相像。古埃及人偶然发现了治疗头痛和发烧的方法，而斯多葛学派的哲学家也正好偶然发现了治疗消极情感的方法；更准确地说，他们开发了一套心理学的技巧，如果人们实施这套技巧，就会促进安宁。古埃及人和斯多葛学派的哲学家在他们的治疗方法为什么奏效的问题上犯了错误，但是在治疗方法的效用方面却判断正确。

人们应该记得，早期的斯多葛学派哲学家对科学有着积极的兴趣。不过问题是，他们的科学是原始的，无法解答他们自己提出的许多问题。结果，他们在斯多葛主义的效果和它所提供的技巧方面求助于先验的解释——这种解释并不是基于对世界的观察，而是基于哲学的一些首要的原则。人们不禁会问，假如斯多葛学派的哲学家了解进化，更重要的是了解进化心理学的话，他们是否会提出不同的解释？

在这一点上，有人可能会进一步引用阿司匹林的例子来反驳斯多葛主义。就像我们比斯多葛学派的哲学家更好地了解科学那样，我们有他们没有的药物（部分原因在于这种更好的了解）。尤其，我们有像赞安诺这样的镇静剂，它能减轻我们的焦虑感，而这种焦虑感正是我们安宁的阻碍。这表明，存在着一种"捷径"，可以通向斯多葛学派哲学家寻求的安宁：人们与其去书店买塞涅卡的书，倒不如去医生那里开些赞安诺。按照这种想法，斯多葛主义获得安宁的策略最好被看成是过时的东西。斯多葛主义对于那些生活在两千年以前的人们来说可能有意义；因为那时医药科学还处于摇篮期，还没有赞安诺。而对于今天的人们来说，求助于斯多葛主义来解决焦虑的问题，就好比求助于巫医来治疗溃疡一样。

为了回应这种说法，我要指出，尽管服用赞安诺的确可以减轻我们的焦虑，但是我们仍然有理由以斯多葛主义取代赞安诺。为了更好地理解这一点，让我们将注意力转向与之相关的讨论。考虑到现代医学的状况，一个过度肥胖的人可以选择两种治疗方法。他可以改变生活方式：尤其，要少吃并且吃得多样化，同时要多锻炼。或者他也可以求助科学来解决肥胖的问题：可以吃减肥药或者接受胃部分流手术。

尽管现代的高科技疗法已经出现，但是几乎所有医生都会建议第一种选择，即老式的改变生活方式的做法。只有在改变生活方式不能够减少肥胖者体重的情况下，医生们才会建议他们吃药或者接受手术。为了表明这种建议的合理性，医生们会指出，施行手术是有危险的，而减肥药也有严重的副作用。正确的锻炼不仅没有危险，而且会促进我们的健康。此外，锻炼的益处还有可能扩大到我们生活的其他方面。例如，我们有可能发现自己比过去更加精力充沛。我们的自尊心也可能得到提升。

正是因为同样的道理，我们可以运用斯多葛主义来应对和阻止焦虑感。这比采用医药的方法更加安全，任何一个赞安诺的依赖者都会证明这一点。而且，斯多葛主义还有扩展至我们生活其他领域的益处。践行斯多葛主义可能不像锻炼身体那样使我们获得能量，但是却会使我们获得自信；尤其是，无论命运将我们抛向何处，我们都会有信心应对自己的生活。相比较而言，服用赞安诺的人就不会获得这种自信；事实上，他非常清楚，一旦赞安诺的供应停止，他的状态会有多么糟糕。践行斯多葛主义的另一个益处是，它会帮助我们欣赏自己的生命和环境，从而使我们体验到快乐。人们都会认识到，服用赞安诺是不可能得到这种益处的。

我意识到，我对斯多葛主义这种"现代化"的改造，并不会使每一个人都满意。例如，我的那些哲学家同行们可能就会抱怨，在从对斯多葛主义的哲学辩护到对它的科学辩护的转变过程中，实际上是将斯多葛主义的头（即建议和心理技巧）拽下来移植在一种完全不同的动物（辩护）身上。他们还会说，这样而形成的斯多葛学说并不是一种优雅的组合动物，而是一个可怕的、反常的怪物——事实上就是经典小说《弗兰肯斯坦》中的人形怪兽弗兰肯斯坦。

我的哲学家同行们还会继续抱怨说，我对斯多葛主义的科学解释完全是反斯多葛主义的。正如我们已经看到的那样，斯多葛学派哲学家建议我们按照自然的本性来生活。然而，我却建议我们运用自身的理性能力来超越我们进化程序的机制——因此，这在某种程度上，就不是按照自然的本性来生活了！

斯多葛学派的纯粹主义者也会抱怨说，我在论述斯多葛主义的过程中，忽视了我所引用的斯多葛学派哲学家之间彼此不同的观点。例如，与其他斯多葛学派的哲学家比起来，马可似乎一直都具有更强的责任感。而墨索尼亚斯和塞涅卡两人虽然都赞同斯多葛主义者不需要禁欲——也就是他们的哲学不应该阻止他们享受生活，却在享受生活的程度方面持有不同的意见。一些人还会抱怨说，我把斯多葛学派哲学家的这些差异以及其他的差异都掩藏了起来。

为了回应这些批评，请让我做如下的说明。在前面章节中，我所做的事情主要是起一种哲学侦探的作用：我努力阐明，现代人如果想要采纳古罗马时代斯多葛学派哲学家所推崇的人生哲学的话，他们必须做些什么。我发现，这些斯多葛学派的哲学家并没有就怎样成为一名斯多葛主义者给我们提供一部手册；事实上，甚至爱比克泰德所写的《手册》也不是这样一部作品。（或者，即使他们写了关于如何践行斯多葛主义的著作，这些著作后来也失传了。）[3] 而且，他们不提供一部手册也是可以理解的：因为在他们的时代，那些希望学习如何践行斯多葛主义的人们并不需要从书中去学习；他们可以进入一所斯多葛学派的学校去学习。

结果，我不得不从散落在罗马斯多葛学派哲学家著作里的线索中拼凑出一种斯多葛主义。由此而得出的斯多葛主义的版本尽管源于古代的斯多葛学派哲学家，但是却不同于任何一个特定的斯多葛学派哲学家所倡导的斯多葛主义。而且，我所发展出的版本，很可能在许多方面都不同于古代斯多葛学派的学校教人们践行的那种斯多葛主义。

我试图要做的是发展一种对于我自己有用，而且也尽可能对我周围人有用的斯多葛主义。为了实现这个目标，我根据我们的实际情况量身打造了这种哲学，以使它适应我们的环境。如果有人告诉我她想寻求安宁，我就会建议她去尝试我在这本书中所描述的斯多葛主义的心理技巧。我也会鼓励她去研读古代斯多葛学派哲学家的著作。然而，我会提醒她，这样做的时候，她应该注意到在我的版本和比如爱比克泰德所推崇的斯多葛主义的版本之间所存在的差异。我还会补充说，如果她发现爱比克泰德的版本比我的更加适合她的需要，那么她就完全应该选择爱比克泰德的版本。

当然，我并不是第一个篡改斯多葛主义的人。正如我们已经看到的，罗马人改造了希腊的斯多葛主义以适应他们的需要。而且，每个斯多葛学派的哲学家都不害怕去为人们量身改造斯多葛主义，正如塞涅卡所说的那样，"我没有将自己捆绑在某个特定的斯多葛主义的大师身上；我也有权形成一种观点。"[4]斯多葛学派的哲学家并没有把斯多葛主义的原则看成石头上的雕刻，而是看成塑了形的陶土，在一定的程度之内可以被重新塑形以适应人们的需要。

我所提出的斯多葛主义，就是我认为斯多葛学派哲学家想要人们运用的斯多葛主义。斯多葛学派的哲学家发明斯多葛主义并不是为了未来哲学家的娱乐。相反，最好是把斯多葛主义的哲学家理解为工具的制造者，而斯多葛主义就是他们发明的工具。他们认为，如果运用得当，这个工具可以使人过上良好的生活。我偶然碰到了这个工具，它被人废弃、满是尘土地躺在图书馆的书架上。我拿起它，拭去了它的灰尘，更换了它的一些部件，然后使用它，看看它是否仍然能够做斯多葛学派哲学家设计它时想要它做的工作。令我惊诧和欣喜的是，它还能够。事实上，我发现，尽管人们在这个工具被废弃之后发明了许多类似的工具，但是这个老工具的功效却比那些新工具更好。

那些不是哲学家的人们——也就是我解释过的本书的主要读者——并不关心保持斯多葛主义的纯粹性的问题。他们所关心的问题是：斯多葛主义会有效吗？尽管斯多葛主义在某种意义上可以说是有效的，但是他们仍然会继续追问，是否还有另外一种效果更好的人生哲学——也就是说，是否有另外一种人生哲学，它可以用更少的代价获得与斯多葛主义相同（或者更大的）益处。如果斯多葛主义并不比其他的人生哲学更加有效的话，那么一个深思熟虑的人就不会采纳它作为自己的人生哲学，而是会转而支持享乐主义或者禅宗佛教了。

尽管我已经吸取斯多葛主义作为我的人生哲学，但是我并不宣称它是唯一"有效"的哲学，更不宣称它在所有环境中对所有人来说都比其他的人生哲学更加有效。我所宣称的一切就是，对于某些环境中的某些人来说——我似乎就是这些人当中的一员——斯多葛主义是一种极为有效的获得安宁的方法。

那么，谁应该尝试践行斯多葛主义呢？首先，那些寻求安宁的人应该尝试践行斯多葛主义。毕竟，安宁是斯多葛主义许诺会带给人们的东西。而那些认为还有其他事情比安宁更有价值的人要践行斯多葛主义的话，那就是愚蠢的了。

把获得安宁作为生活目标，会排除一些潜在的人生哲学。例如，这样做就会排除享乐主义，因为享乐主义的目标不是安宁而是快乐的最大化。但是，即使是在我们把安宁确定为人生哲学的一个主要目标之后，我们还是必须不得不在以安宁为目标的不同的人生哲学中进行选择；一开始，我们就不得不在斯多葛主义、享乐主义、怀疑主义和禅宗佛教中进行选择。哪一种人生哲学最适合我们呢？哪一个最能使我们获得我们想要寻求的安宁呢？我认为，这取决于我们的个性和环境：对一个人有效的人生哲学对另一个个性和环境都不同的人来说可能是无效的。换句话说，涉及人生哲学的时候，没有一种适用于所有人。

我认为，有一些人，他们的个性特别适合于斯多葛主义。

即使没有人正式将斯多葛主义介绍给他们，他们也能够靠自己领悟到这种人生哲学。这些"天生的斯多葛主义者"始终是乐观的，并且欣赏他们所处的世界。如果他们碰巧拾到了塞涅卡的书，并且开始阅读，他们立刻就会发现塞涅卡是和他们志同道合的人。

也有其他一些人，由于个性的原因，会发现践行斯多葛主义会对他们形成心理上的挑战。这些人干脆拒绝考虑这样的可能性，那就是，他们自己就是他们不满意的根源。他们把时日耗费在等待（而且经常是焦躁地）一件事情的发生上，也就是那件会使他们对自我和他们的生活感觉良好的事情。他们坚信，所缺失的是某种位于自己之外的东西：是必须由别人给他们的东西或者为他们做的事情。这里讨论的可能是某一份工作、某一笔钱，或者某一项美容手术。他们也坚信，当这种缺失的因素得以供应上的时候，他们对于生活的不满就会得到补偿，而且从此以后他们就会过上快乐的生活。如果你向一个这样的习惯性不满者提出建议，让她尝试践行斯多葛主义，她很可能会固执己见而拒绝你的建议："这么做不可能会有效果！"这样的情况是可悲的；这些人天生的悲观会阻碍他们采取措施来克服他们的悲观主义，因而大大地减少了他们体验快乐的机会。

大多数人的个性是位于这两种极端状态之间的某个位置。他们既不是天生的斯多葛主义者，也不是习惯性的不满者。然而，尽管他们可能从践行斯多葛主义中获益，但是这个群体之中的许多人并没有意识到他们需要尝试斯多葛主义——或者，就此事而言，去尝试任何其他的人生哲学。相反，他们把时间花费在屈从于进化的自动导航：他们四处寻找进化编程可能提供给他们的奖赏，比如，从性交或者吃一顿大餐中得到的快乐；同时回避着进化编程可能带给他们的惩罚，比如，被公开侮辱之后而感到的痛苦。

但是，也许有一天，某种事情发生了，他们脱离了进化的自动驾驭。这可能是一出个人的悲剧，或者是一种顿悟的闪现。起初，他们可能会有些迷失方向。随后，他们就可能会开始寻找一种人生哲学。我要断言的是，这种寻找的第一步是评估他们的个性和生活环境。此后，他们的目标不应该是寻找所谓真正的人生哲学，而是寻找最适合他们自己的人生哲学。

正如我在本书的引言中所解释的那样，我曾经被禅宗佛教吸引，并把它当做一种人生哲学，但是我对禅宗了解得越多，对它的兴趣就变得越少。尤其是，我逐渐意识到禅宗并不适合我的个性。我是一个不断进行分析的人。要使禅宗对我起作用，我就不得不放弃我分析的本性。而斯多葛主义却指望我运用自己分析的本性。结果，我践行斯多葛主义的代价就要比践行禅宗的代价少得多。对于我来说，试图解决心迷或者倾空头脑坐上几个小时是非常难受的，但是这对其他人来说，却会是不同的情形。

前面的评论听起来似乎会让人觉得，在人生哲学方面，我是一个相对主义者，好像我认为它们都具有相等的价值。毫无疑问，事实并非如此。虽然我不试图劝说所有的人都认定生活中最有价值的事物是安宁，但是我会试图劝说人们放弃某些其他生活目标。例如，如果你告诉我，在你的人生哲学中，主要目标是经历痛苦，那么，我并不会认为你的哲学与禅宗佛教或者斯多葛主义具有相同的效果；相反，我会认为你在很大程度上被误导了。我会问，你为什么要寻求痛苦？

另一方面，设想一下，你告诉我你生活的目标与禅宗佛教徒和斯多葛主义者是一样的——也即是说，是获得安宁——但是你却有一种和他们不同的达到这个目标的策略：你坚信，实现这个目标最好的方法就是让你的名字登上《人物》(People)杂志。在这种情况下，我会赞扬你在选择目标时所表现出来的洞见；但是对于你达到目标的策略，我会持严重的保留意见。你真的认为登上《人物》杂志会将你引入一种安宁的状态吗？如果是这样，那么这种状态可以持续多久呢？

总之，我给那些寻找人生哲学的人提出的建议，和我给那些寻找伴侣的人提出的忠告是一致的。他们应该意识到，哪一种伴侣最适合他们，取决于他们的个性和生活环境。这意味着，没有人对于所有的人来说都是理想的伴侣，而有些人对于所有的人来说都不是合适的伴侣。此外，他们还应该意识到，与一个不太完美的伴侣生活在一起，是好于没有伴侣的生活的。

同理，并没有一种对于所有人来说都很理想的人生哲学，而且还有一些人生哲学是任何人都不应该采纳的。此外，在几乎所有的情况下，一个采纳了一种不太理想的人生哲学的人，相对于那些根本不依靠任何哲学而生活的人,他的处境都会更好。的确,如果本书没有使哪怕一个灵魂皈依斯多葛主义,而只是鼓励人们积极地思考他们的人生哲学,那么,我觉得我也已经按照斯多葛主义的原则为我的人类同伴们提供了一种服务。

第 22 章

践行斯多葛主义

与大家分享我在践行斯多葛主义过程中获得的一些领悟，这是我结束这本书的方式。尤其，我将对那些希望把斯多葛主义作为自己人生哲学来尝试的人提出建议：他们如何能够以最小的努力和失败从这种尝试中获得最大的收益。我也将对那些想要成为斯多葛主义者的人描述一下他们即将遇到的一些惊奇和欣喜。

对于那些希望尝试斯多葛主义的人，我要给出的第一个建议就是践行我所说的隐秘的斯多葛主义：我认为，对于你是一个斯多葛主义的践行者这件事，你可以很好地保守秘密。（假如我没有毅然大胆地成为一名斯多葛主义的老师,那么这也会一直是我自己的策略。)秘密地践行斯多葛主义,你能够获得它的各种益处,同时也能够避免付出沉重的代价:即你的朋友、亲属、邻居和同事对你的讥笑和嘲弄。

我应该补充一下,偷偷地践行斯多葛主义是很容易的事情:比如,你可以进行消极想象,而不需要任何人来指导你。如果你对于斯多葛主义的践行很成功,你的朋友、亲属、邻居和同事就可能注意到你的不同——你变得比以往更好了——但是他们也许很难解释这种变化。如果他们来到你面前,充满疑惑地询问你的秘密是什么,那么你就可以选择将这个所谓并不体面的真相告诉他们:你是一个隐秘的斯多葛主义者。

我给那些想要成为斯多葛主义者的人的下一条建议是,不要试图一下子掌握所有的斯多葛主义技巧,而是从一种技巧开始,熟练之后,再继续另外一种技巧。我认为,作为开端的一个很好的技巧,就是消极想象。在一天的空闲时间里,一定要认真地预想你在生命中所珍视的无论什么事物可能的丧失。进行这样的预想能够使你的生活观发生巨大的转变。它能够使你意识到,哪怕一时意识到也好,你是多么幸运啊——无论你的现实境遇如何,你都得为多少事情感恩啊!

依据我的经验,消极想象对于日常生活的作用,就像是盐对于烹调的作用一样。虽然一个厨师给食物加盐只需要最少的时间、精力和才能,但是所有经过加盐的食物,味道都会得到提升。几乎同理的是，虽然践行消极想象只需要最少的时间、精力和才能，但是那些践行消极想象的人会发现，他们享受生活的能力得到了很大的提高。践行了消极想象之后，你会发现自己热烈拥抱着的生活正是不久以前你曾经抱怨的不值得一过的生活。

然而，我在践行斯多葛主义的过程中发现的一件事情是，人们很容易忘记进行消极想象，结果就几天甚至几个星期都不进行消极想象了。为什么会出现这样的情形呢？我想我是知道的。用进行消极想象的方法，我们提高了我们对生活境遇的满意程度，但是一旦获得了这种满足感，我们自然而然要去做的事情就仅仅是享受生活了。事实上，让那些满足于生活的人花费时间去思考可能发生的坏事情，无疑并不顺乎自然。然而，斯多葛学派的哲学家提醒我们，消极想象除了使我们享受我们已有的事物之外，还能够帮助我们避免执着于那些我们所享受的事物。这样一来，无论在逆境还是在顺境，进行消极想象对我们而言就都是非常重要的了。

我尝试着在每天晚上睡觉前进行消极想象，这在前面的第八章中被描述为"就寝前的沉思"，但是这种实验失败了。我的问题是，在我的头碰到枕头之后我很快就睡着了，当然就没有时间去想象了。替代的做法是，我在开车上班的时候会进行消极想象（而且我也更概括地把我的这种进步视为一个斯多葛主义者的所为）。这样一来，我就很好地利用了闲散的时间。

在掌握了消极想象之后，一个斯多葛主义的新手应该继续践行第五章所描述的控制三分法并将之变得熟练。按照斯多葛学派哲学家的想法，我们应该实行一种优先选择的法则，把我们完全不能够控制的事物、我们完全能够控制的事物，以及我们能够控制一些但又不能够完全控制的事物区分开来；在进行了这样的区分之后，我们应该把注意力集中在后面两个范畴上。尤其，如果关注那些我们完全不能够控制的事物，我们就是在浪费时间并且会给自己造成不必要的焦虑。

顺便提一下，我发现运用控制三分法，除了帮助我控制自己的焦虑之外，对于减轻我身边那些非斯多葛主义者的焦虑，也是一种有效的技巧；这些人的焦虑如果不解决的话也可能会干扰到我的安宁。当亲属和朋友把他们生活中焦虑的根源拿来与我分享的时候，经常的结果是，我发现他们所担心的事物超出了他们的控制。我对这种情况的回应是向他们指出："对于这种形势你能做些什么？什么都不能！那么你为什么还要担心它呢？它不在你的掌控之中，所以担心也没有意义。"（如果我有兴致，我会遵循马可一段语录中的最后一句评论："没有意义的事情是不值得做的。"）有趣的是，尽管我尝试着以这样的方式去劝说的一些人通常都可以被描述为有焦虑倾向的人，但是，控制三分法对于他们所有的人来说几乎总是有效的：他们的焦虑消失了，即便只是一时。

作为越来越熟练运用控制三分法的一部分，一个斯多葛主义的新手要练习将自己的目标内在化。例如，你不把赢得一场网球比赛作为你的目标，而是把目标设定为尽最大努力准备比赛，并且在比赛中发挥到最好。用习惯性地将目标内在化的方式，你就能够减少（但可能不会消除）生命中原本要成为重要的痛苦之源的东西：就是你不能实现某种目标的那种感觉。

在践行斯多葛主义的过程中，与运用控制三分法的努力相结合的是，你也要成为一个针对过去和现在的心理学上的宿命论者——但是这种宿命论并不涉及未来。虽然你会愿意思考过去和现在，以便学到一些东西，可以帮助你更好地清除你未来道路上那些对于安宁的障碍，但是你不会把时间用来进行涉及过去和现在的"要是……就好了"的思考。你会意识到，由于过去和现在都不能改变，所以指望它们有所不同是没有意义的。无论过去怎么样，你都要尽最大努力去接受它；而无论现在怎么样，你都要尽最大努力去拥抱它。

正如我们所见，在我们为获得安宁而进行的努力中，别人就是我们的敌人。正是因为这个原因，斯多葛学派的哲学家花费时间设计出一些策略来对付这个敌人，尤其是应对那些我们与之交往和有关联的人对我们造成的侮辱。在践行斯多葛主义的过程中，我最有意思的进步之一，就是从一个害怕被人侮辱的人转变成了一个侮辱的鉴赏家。一方面，我变成了一个侮辱的收藏家：当被别人侮辱的时候，我就对这种侮辱进行分析和分类。另一方面，我盼望着被侮辱，因为侮辱可以使我有机会完善我的"侮辱游戏"。我知道，这听起来很奇怪，但是践行斯多葛主义的一个结果就是：一个人寻找机会使斯多葛主义的技巧得以发挥作用。接下来，我将会对这个现象进行更多的讨论。

致使侮辱难以对付的原因之一是侮辱经常突然来袭。你正平静地与某人聊着天，突然——砰的一下——他说出了某件事情，尽管说出这件事情并不像蓄意的侮辱，但还是很容易被理解为一种侮辱。例如，最近，我与一名同事讨论他正在撰写的一本书。他说，他想要在这本书里对我已经出版的一些政治资料进行评论。他知道我的著作，而且还要提及它，这使我感到欣喜，但是接下来他却对我的书和我本人进行了贬损："我正在考虑，在我对你写的东西进行回应时，应该将你描述为邪恶的人还是仅仅是被误导的人。"

要知道，这种评论在各个学校都可能会有。我们是一群可怜的爱争论的人。我们想让别人不仅知道我们的著作而且还要欣赏它，甚至要去服从我们的结论。可问题是，我们的同事也想从我们这里寻求同样的欣赏和服从。结果，像前面那样的争论就不得不在各处的校园里发生，大学老师也就习以为常地进行文字攻击。贬损别人成了瘟疫，侮辱漫天飞舞。

在我成为斯多葛主义者之前，我会被这种侮辱刺痛，而且很可能会因此而恼怒。我会竭力地为我的作品辩护，尽我最大的努力来对这种侮辱进行回击。但是在那一天，由于已经受到过斯多葛学派哲学家的影响，我能够头脑冷静地、以一种斯多葛主义可以接受的方式，带着自贬的幽默来回应这个侮辱，我问道："你为何不能把我描绘成一个既邪恶又被误导的人呢？"

自贬的幽默已经成为我回应侮辱的标准方式。当某人批评我时，我就会回答说，事情比他说的还要糟。例如，如果某人说我懒惰，我就会回答说，如果有任何事情我能给做完了，那都叫奇迹。如果某人谴责我是一个以自我为中心的家伙，我就会回答说，在大多数的日子里我都要等到中午才会意识到这个星球上还居住着其他的人。这样的回应有可能会起反作用，似乎在告诉对方，在某种程度上，我认可了侮辱者对我的批评。但是，以这样回应的方式，我是在清楚地告诉对方，我对自己是怎么个人有足够的自信，因而不会受他们侮辱的影响；在我看来，他们才是笑料。而且，用拒绝玩这种侮辱游戏的方式——不以其人之道还治其人之身——我清楚地向别人表明，我自己是超越于这种行为之上的。而我拒绝玩这种侮辱游戏，很可能比直接用侮辱来还击对方，能够更加强烈地激怒侮辱者。

当别人惹恼我们时，我们所能做的最糟糕的事情之一就是生气。要知道，愤怒是妨碍我们获得安宁的一个最主要的障碍。斯多葛学派的哲学家意识到，愤怒是反快乐的，如果我们任由它发展，它就会毁了我们的生活。在观察我自己情感的过程中，我对愤怒做了足够的重视，并且有几点发现。

首先，我已经充分地意识到，愤怒在我的生命中也一定程度地具有它自己的生命。它能够像病毒那样蛰伏，只有在我最不希望它出现的时候它才会苏醒过来，并且使我蒙受痛苦。例如，我可能会在瑜伽课上试图倾空自己头脑中的各种思绪，但是这时我却莫名其妙地发现，我对于发生在好些年前的某件事情充满了愤怒。

　　此外，我得出了这样的结论，那就是塞涅卡所说的在表达出愤怒的过程中毫无快乐可言的观点是错误的。[1]这是关于愤怒的问题：即发泄愤怒使人感觉良好，而压抑愤怒则使人感觉糟糕。的确，当我们的愤怒是正义的怒火的时候——也就是在我们确信我们是正确的，而无论我们生气的对象是谁他都肯定是错了的时候——发泄愤怒并且让那个惹恼我们的人知道我们的愤怒，这种感觉非常舒畅。换句话说，愤怒就像是蚊子的叮咬：不挠挠叮咬处会难受，挠挠它才会舒服。当然，蚊子叮咬的问题在于，在你挠过叮咬处之后，你特别希望你并没有挠过它：因为你挠过它之后那种瘙痒的感觉又回来了，而且还变得更加强烈；同时一旦你挠过了蚊子叮咬的地方，伤口感染的几率也就随之增加。愤怒和蚊子叮咬的情形几乎是一样的：虽然发泄愤怒令人感到舒服，但是你很可能随后就会后悔这样做。

　　发泄愤怒（或者更好一点就是假装发怒）的目的之一是修正某人的行为：因为人们肯定会对发怒做出回应。然而，我发现，我所发泄的愤怒当中有很大的部分是不能用这个理由来解释的。例如，在开车的时候，我总是会时不时地对那些技术不佳的司机发火——我认为这种发火是正义的——有时我甚至会对他们大声叫嚷。由于我和他们的车窗都是关上的，所以那些司机听不到我的叫喊，因而他们以后也不会修正他们的行为来回应我的发怒，而是会继续他们那使我发疯的无论什么行为。

我的愤怒尽管是正义的，但是却完全没有任何意义。发泄这种愤怒，除了干扰自己的安宁之外，我什么目的也没有达到。

在其他情况下，尽管我对某人生气是正义的，但是由于我所处的环境，我不能直接向他表达我的愤怒，所以我发现我只能对他产生怨恨的想法。这种生气的感觉还是没有任何意义：它们干扰我，但是却对那个让我生气的人没有任何影响。的确，要说有什么影响的话，这种生气的感觉也只是加重了让我生气的人对我的伤害而已。真是徒劳无益啊！

附带说一下，我发现，践行斯多葛主义帮助我减少了在路上对别的司机生气的频率：我叫喊的次数大概只有以往的十分之一了。践行斯多葛主义也帮助我减少了对很久以前那些惹恼我的人的怨恨想法。而且，当怨恨的想法对我产生影响时，它们也不会像以往那样持久了。

正因为生气具有这些特征——也就是因为它可以蛰伏在我们的心中，因为发泄它可以使我们感觉良好——所以，我们的怒气是很难克服的，而学会克服怒气也是一个斯多葛主义的践行者面对的最大挑战之一。但是我发现，你对于愤怒的思考和理解越多，就越容易控制它。有这样一件事情：当我不得不在医生的办公室等待时，我阅读了塞涅卡的一篇关于愤怒的文章。医生糟糕地迟到了很久，我坐在候诊室里等待了将近一个小时。我完全有权力生气，而且如果是在以前我还未皈依斯多葛主义的日子里，我一定早就发火了。但是因为我在这个小时中一直在思考愤怒，所以我发现自己不可能生气了。

我还发现，利用幽默来抵御愤怒非常有效。尤其，我发现了一种绝妙的方法可以避免生气，那就是将自己想象成一出荒诞剧中的一个人物：在这里，事物都被认为是没有意义的，人也被认为是没有能力的，如果还有正义的话，那也是偶然才有的。与其让我自己对这里的事情生气，还不如劝说自己嘲笑这里的事情。事实上，我努力想办法，像荒诞派剧作家那样使事物变得更加荒诞。

我能确定，塞涅卡把大笑作为对于"让我们泪流满面的事物"的恰当回应，这是正确的。[2] 塞涅卡也看到，"尽情欢笑的人比泪水涟涟的人具有更宽广的心胸，因为欢笑表达出最温和的情感，反映出的认识是：在整个生命中没有什么大不了的事情，没有什么严重的事情，也没有什么悲惨的事情。"[3]

正如我们所见，斯多葛学派的哲学家除了建议我们去想象那些发生在我们身上的坏事情之外，还建议我们要促使这些坏事情作为我们实施自寻不适计划的结果而真实地发生。例如，塞涅卡建议我们定期体验贫穷的生活，而墨索尼亚斯建议我们去做一些令自己不舒服的事情。与践行斯多葛主义的其他技巧相比，人们需要更大程度的自律来践行这个建议。因此，自寻不适的计划最好还是留给"高级的斯多葛主义者"。

我已经对这种自寻不适的计划进行了尝试。虽然我并没有按照墨索尼亚斯的建议尝试赤脚走路，但是我尝试了一些不那么极端的行为，例如在寒冷的天气穿着单薄，在车里冬天不开暖气、夏天不开冷气等。

我也开始参加瑜伽课程。瑜伽提高了我的平衡能力和灵活性,也提醒了我玩耍的重要性,并且使我充分认识到我对于自己头脑内容的控制是很少的。但是,除了带给我这些以及其他的益处之外,瑜伽还是体验自寻不适的绝佳选择。在做瑜伽的时候,一些姿势的扭转会让人不舒服,甚至于接近感觉疼痛。例如,我将双腿弯曲,直至它们达到快要抽筋的角度,然后再往回收一点。然而,我的瑜伽老师从来不谈论疼痛,而是关注引起"强烈感觉"的那些姿势。她教我如何"将呼吸引入"疼痛的地方,当然,如果我经历的是比如腿部抽筋的话,那么这种呼吸在生理学上来讲是不可能的。但是,她的方法无疑是奏效的。

我另一个自寻不适的来源——不过确实也是我娱乐和喜悦的来源——就是赛艇。在开始践行斯多葛主义之后不久,我学会了划赛艇,并且从此以后开始划得颇具竞争力。我们这些划手夏天暴露在炎热和潮湿之中,春天和秋天暴露在寒冷甚至风雪之中。我们经常突然被溅得满身是水。我们的手上打起水泡然后生成老茧。(削老茧是认真的划手们离开水时爱做的事情。)

除了身体不舒适,赛艇还是情感不舒适的一种绝妙来源。尤其,赛艇提供给我一连串需要克服的恐惧。我划的赛艇很不容易保持平衡;事实上,在一半的情况下,赛艇手会幸灾乐祸地把划手弄翻到水里。我付出了相当大的努力克服对翻船的恐惧(通过三次成功地从倾覆中脱险的经验)。由此,我继续克服其他的恐惧，包括害怕在黎明前的黑暗中划船；害怕站在船上的时候将船从码头推离岸边；害怕划到湖中央，离最近的岸边也有数百码，自己孤立无援地待在一叶扁舟之中（我的船已经三次像这样背叛了我）。

无论何时，只要你从事的活动有可能招致人人皆知的失败，你就有可能体验到忐忑不安的感觉。我在前面提到过，自从成为一个斯多葛主义者以来，我就成了一个收集侮辱的人。我也成了一个收集忐忑不安感觉的人。我喜欢从事像赛艇比赛这样的活动，而我想从中得到忐忑不安的感觉就是为了能够练习如何应对这种感觉。毕竟，这些感觉是对于失败的恐惧的一个重要组成部分，因此，解决了它们，我也就能够克服自己对失败的恐惧。在比赛前的几个小时里，我体验到了真正强烈的忐忑不安的感觉。我尽自己的最大努力将这种感觉转化为有利因素：这种感觉使我专注于近在眼前的比赛。一旦比赛开始，我就体验到了忐忑不安离我而去的快乐。

我也转到其他方面去寻求忐忑不安的感觉。例如，在我开始践行斯多葛主义之后，我决定学习演奏一种乐器，这是我以前从来没有做过的事情。我选择了班卓琴。几个月的课程之后，我的老师问我是否愿意参加他的学生们举办的一个小型演奏会。最初我拒绝了这个提议：因为在一群陌生人面前冒着丢脸的危险去演奏班卓琴似乎没有任何乐趣。但是随后我又想到，这对我来说是一个绝佳的机会，它可以造成我心理上的不适，并且让我去面对——最好是克服——我对失败的恐惧。于是，我同意参加。

在很长一段时间里，小型演奏会都是我所体验到的最能给人带来压力的事件。这并不是因为我害怕听众；我可以轻松自如地走进一间教室，面对60个素未谋面的学生，然后开始授课。但是小型演奏会就不同了。在上场演出之前，我感到忐忑不安，就像有小蝙蝠那么大的蝴蝶在我心中乱飞。不仅如此，我还陷入了一种意识状态的错位，时间被扭曲了，物理法则似乎也不奏效了。然而长话短说，我从小型演奏会中挺了过来。

当然，我从赛艇比赛和班卓琴小型演奏会中体验到的忐忑不安是一种焦虑的症状，而我特地不怕麻烦地给自己造成焦虑，这似乎与斯多葛主义的原则是背道而驰的。的确，如果斯多葛主义的目标是获得安宁，那么难道我不应该刻意地尽力避免引起焦虑的活动吗？难道我不应该逃离忐忑不安，而不是非要收集它们吗？

一点都不应该。例如，虽然参加班卓琴演奏会给我造成焦虑，但是在这个过程中，我已经排除了我生命中进一步的更深层面的焦虑。现在，当我面对一项新的挑战时，我有一种非常美妙的推理可以运用："与班卓琴演奏会相比，这个新的挑战算不了什么。我既然赢得了那个挑战，我肯定也会赢得这一个。"换句话说，用参加演奏会的方法，我对未来相当数量的焦虑都产生了免疫力。然而，这种免疫力是会随着时间的流逝而减弱的，所以我就需要又一个剂量的忐忑不安来获得新的免疫力。

当我做一些事情造成自己身体上和精神上的不适时，我就将自己——或者说至少是自己的一部分——看成某种游戏中的对手。这个对手——似乎是我的"另一个自我"——正处于进化的自动驾驶仪之上：除了想得到舒适和利用所有现成的享乐机会之外，他什么都不想要。我的这另一个自我缺乏自律；如果让他自行发展，他在生命的历程中会始终走在阻力最小的道路上，结果他只是一个头脑简单的追求快乐的人。他也是一个胆小鬼。我的这另一个自我不是我的朋友；相反，用爱比克泰德的话说，他最好被视为"一个潜伏的敌人"[4]。

为了在比赛中战胜另一个自我，我必须确立我对他的支配。为了做到这一点，我必须使他体验到他本来可以轻易避免的不舒适，而且我也必须阻止他去体验他本来可以享受的快乐。当他害怕做某事的时候，我必须强迫他面对恐惧并且克服它们。

为何要玩这种对抗另一个自我的游戏呢？部分原因在于要获得自律。而为何自律是值得拥有的呢？因为那些拥有自律的人有能力决定用他们的生命来做什么。那些缺乏自律的人在人生之中将走一条已经被其他人或者其他事情决定了的道路，结果，就存在一种非常实在的危险，那就是他们将会虚度人生。

玩这种对抗另一个自我的游戏，还能够帮助我塑造性格。我认识到，在这些日子里，人们都嘲笑对于塑造性格的谈论，但这是一项斯多葛学派哲学家热心支持的活动，而且他们将这项活动推荐给任何一个希望过一种良好生活的人。

另外还有一个原因，是它在某种程度上有一些令人惊讶的乐趣。例如，在这个游戏中由于成功地克服了一种恐惧而"赢得一分"，非常令人享受。斯多葛学派的哲学家深深地认识到了这一点。正如我们在第七章中所见，爱比克泰德讨论了快乐来自于否定我们自己的各种快乐这种现象。[5] 与之相似的是，塞涅卡提醒我们，尽管忍耐某些事情会令人不快，但是成功地扛过去，我们就会对自己感到称心如意。[6]

当我划赛艇划得很具竞争力的时候，看起来我好像在力图击败其他划手，但我实际上是在进行一场更加重要的竞赛：一场对抗另一个自我的竞赛。他不想学划船。他不想起床锻炼，而是更愿意在黎明前的几个小时里在一张温暖的床上睡觉。他也不想划向比赛的起点线。（事实上，在划向那里的过程中，他不断地哀诉他感觉有多么累。）在比赛中，他想放弃划船并且轻易地让其他划手赢得比赛。（他将以他最诱惑人的声音说，"只要你放弃划船，所有这些痛苦都会结束。为什么还不放弃呢？想想那感觉该有多好啊！"）

很奇怪，在一场比赛中，我的竞争对手同时又是那场更加重要的"对抗另一个自我"比赛中的队友。我们一方面互相竞争，同时又都与我们自身进行较量，尽管并不是所有的人都能够意识到我们在这样做。在与对手竞争的过程中，我们每个人都必须要战胜自我——即克服我们的恐惧、我们的懒惰和在自律方面的欠缺。尽管对某人而言，他完全有可能在与其他划手的竞争中失败——的确，获得最后一名也是有可能的——但就是在失败的过程中，他也已经在对抗另一个自我的竞赛中获得了胜利。

正如我们所见,斯多葛学派的哲学家们建议人们简化他们的生活方式。就像自愿寻找不舒适的计划一样,生活方式的简单化也是一件最好留给高级斯多葛主义者的事情。正如我已经解释的那样,一个斯多葛主义的新手可能会想要保持一种低调的哲学形象。如果你开始不注意衣着了,人们就会注意到。同样,如果你一直开同一辆旧车或者——更可怕的是——放弃开车而改乘公交车或改骑自行车,人们也会注意到。人们会想得很严重:你可能濒临破产,或者处于精神疾病的早期阶段。而如果你向他们解释,你已经克服了你的欲望,不想引起那些以貌取人者的关注,那么只会使事情变得更糟。

当我开始试验简化生活时,是花了一些功夫来适应的。例如,当有人问我穿的T恤衫是从哪里弄来的,而我回答说是在一家旧货店里买来的时候,我就发现自己觉得有点难为情。通过这件事,我开始欣赏加图处理这种感觉的方法。正如我们已经看到的那样,加图穿着与众不同,是他锻炼自己的一种练习:他想让自己学会"只对真正可耻的事情感到耻辱"。所以,他特地做一些事情,以便在自己身上引起不正确的羞耻感,而他的目的就是为了练习克服这种感觉。在这方面,最近我已经在努力赶超加图了。

自从成为一个斯多葛主义者以来,我的欲望有了巨大的改变:我对许多过去我曾经视为正常生活中必需的事物不再有什么需要了。我以往一向穿得很时髦，但是最近我的衣柜最好被描述为实用；我有一条领带和一件运动外套，如果需要的话就可以派上用场；幸运的是，我很少需要它们。我过去总是渴望一辆新车，但是最近我那辆用了 16 年的车子报废了，我却换了一辆用过 9 年的车，这是我 10 年之前无法想象自己会做的一件事情。（顺便提一下，这辆"新"车比我那辆旧车多了两样东西：一个茶杯托和一个好用的收音机。这是多么棒的事情啊！）我一度非常了解为何有人渴望拥有一只劳力士手表，但是现在这样的行为却令我困惑。过去我的钱总是无法满足需要，但是现在再也不是这样了，很大一部分原因在于能够用钱买到的东西我已经很少需要。

从阅读中我了解到，我的许多美国同胞都陷入了深深的财政困难之中。他们有一种不幸的倾向，那就是用光他们可以使用的一切信用贷款，而当这样做也无法满足对于消费品的渴望时，他们还是无论如何也要想方设法继续消费。这不禁让人怀疑，许多这样的人其实只要能够开发出享受生活中简单快乐的能力，就会变得富足而不是破产了——而且还会幸福得多。

作为一个消费者，我已经变得功能失调了。例如，当我去商场的时候，我并不买东西；相反，我只是环顾四周，对所有那些正在出售的东西感到惊讶，因为我不仅不需要它们，也无法想象我需要它们会是个什么样子。在商场，我唯一的乐趣就是观察其他逛商场的人。我怀疑，大多数人来商场，并不是因为他们需要购买某样具体的东西。他们来是希望这样做可以引发他们对某种东西的欲望，而这种东西又是他们去商场前不曾想要的。这或许是对一件开士米毛衣的欲望，或许是对一套管钳的欲望，或许是对一款最新式手机的欲望。

他们为何要不辞辛劳地引发自己对于某种东西的欲望呢？这是因为，如果他们引发了自己对于某种东西的欲望，当他们以购买这个东西的方式来满足自身欲望的时候，就能够享受到一种快感。当然，这种快感和他们的长期幸福并没有多大关系，正如吸食海洛因和一个吸食海洛因的瘾君子的长久幸福没有多大关系一样。

说了这些，我还应该补充一下，我对于消费品的欲望如此之少的原因，并不是因为我有意识地与这种欲望的形成做斗争。相反，这种欲望干脆就停止进入我的脑海之中了——或者至少可以说，它们没有像往常一样那么频繁地进入我的脑海之中。换句话说，在对消费品形成欲望方面，我的能力似乎已经萎缩了。

是什么导致了这种情形的产生呢？由于践行斯多葛主义，我深刻地认识到，从长远来看，获得那些我社交圈子里的人们通常渴望并且努力工作以便能够买得起的东西，对于我现在的幸福程度并不会产生任何影响，对于我将来获得一种良好的生活，也不会有丝毫的帮助。尤其是，就算我得到了一辆新的轿车、一个漂亮的衣橱、一块劳力士手表和一幢更大的房子，我也还是确信，我所体味到的快乐并不会比现在更多——甚至还可能比现在更少。

作为一个消费者，我似乎已经跨越了某种巨大的分水岭。

既然已经跨过了它,我想要再回到以前那种我曾经觉得非常令人愉快的无意识的消费主义之中,似乎是不可能的了。

现在让我来描述践行斯多葛主义的一个令人惊讶的副作用。作为一个斯多葛主义者,你会不断地为艰难困苦做准备,例如用进行消极想象的方式或者主动造成自己不舒适的方式来做这样的准备。如果艰难困苦没有随之而来,那么你就有可能会产生一种莫名其妙的失望感。你可能发现你希望自己的斯多葛主义得到检验,这样你就能够看看自己是否真正地拥有了那些一直努力想要获得的应对艰难困苦的技能。换句话说,你像是一名消防员,已经将你的消防技能演练了若干年了,但是却从未被要求去扑灭一场真实的火灾,或者你像是一名足球运动员,尽管勤勉地训练了整个赛季,但是却从未被派上场参加过一场比赛。

鉴于此,历史学家保罗·维尼(Paul Veyne)评论道,如果我们试图践行斯多葛主义,"一种平静的生活实际上是令人不安的,因为我们不知道自己在遇到风波的时候是否还能够继续保持强壮。"[7]同样,在塞涅卡看来,当某人试图伤害一个聪明人的时候,这个聪明人实际上会欢迎这种企图,因为对他的那些伤害实际上并不能伤及他,却反而能够帮助他:"他非但不躲避环境或者他人的打击,而且还将由此带来的伤害看成是有益的,因为通过这样的伤害,他找到了一种证明自己和使自己的德行接受检验的方式。"[8]塞涅卡还指出,一个斯多葛主义者可以欢迎死亡，因为这代表的是对他的斯多葛主义的终极检验。[9]

尽管我践行斯多葛主义的时间并不是很长，但是我发现我渴望让自己的斯多葛主义得到检验。我已经提到了自己对于被侮辱的渴望：我想看看我是否会以一种斯多葛主义的恰当方式回应侮辱。同样，我也想尽办法让自己置身于一些情景之中，以检验我的勇气和意志力，部分的目的是为了看看我是否能够通过这些考验。在我写这本书的时候，发生了一件事情，它使我更加深刻地理解了斯多葛学主义者想要自己的斯多葛主义得到检验的欲望。

这件事情是这样开始的：每当我在一间黑屋子里眨眼睛的时候，我就发现我的视野边缘有亮光闪现。我去看眼科医生，医生告诉我，我的视网膜破了，为了阻止我的视网膜脱落，我应该接受激光手术。为我准备手术的护士解释说，医生将用高功率的激光束反复地刺激我的视网膜。她问我是否曾经看过灯光秀，并且说我将会见识一个比灯光秀还要壮观的场面。随后，医生进屋，并且开始用激光刺激我。最初的那些光的绽放确实非常强烈和美丽，但是后来却发生了意想不到的事情：我不能看见光的绽放了。我仍然可以听到激光的噼啪声但是却看不到任何东西。事实上，当激光机最后关掉之后，我动过手术的那只眼睛能看到的一切只是一片紫色，它覆盖了我整个的视野。这时我想到的是，手术过程中可能出现了某种错误——或许是激光设备失灵——我也许会因此而成为一个独眼龙。

当然，这种想法是令人不安的。但是在这个想法之后，我察觉到在我内心深处有另外一种完全不曾预料到的想法：我发现自己正在思考如何应对一只眼睛失明的问题。尤其，我能够用一种正确的斯多葛主义的方式来应对这件事情吗？换句话说，我正在估量这样一个损失对于一个斯多葛主义者的潜在考验，也就是用这种估量的方式来应对一只眼睛可能失明的危险！这种反应对你来说似乎是陌生的；它对我来说也是陌生的，无论是过去还是现在。然而，这就是我的应对，而在以这种方式应对的时候，我明显地体验到了一种可以预见的、践行斯多葛主义的副作用（一些人会称其为反作用）。

我告诉护士说，我动手术的那只眼睛看不见任何东西。她告诉我说（她最后才告诉我！她为什么不早说？），这是正常现象，并且我的视力会在一小时之后恢复。一小时之后我的视力果然恢复了。但是我被剥夺了——颇感欣慰地——这次检验我的斯多葛主义的机会。

除非死亡不合时宜地到来，否则，在大约10年之后，我将面临我斯多葛主义的一次重大考验。我将步入65岁左右的年龄；换句话说，我将迈进老年的门槛。

整个生命中，我一直都在寻求榜样，我觉得那些处于下一个人生阶段并能够成功地掌控那个阶段的人是我的榜样。我到了五十几岁的时候，开始留心观察那些我所认识的七八十岁的人，尝试在他们当中寻找一个榜样。我发现，在那个年龄群当中要找到一个消极的榜样是很容易的；而我的目标，我寻思着，应该是避免像他们那样走完生命的历程。然而，事实证明积极的榜样并不好找。

当我去拜访那些熟识的七八十岁的长者，就如何应对老年来袭向他们征询建议的时候，他们总是有一种恼人的倾向，总是给出相同的金玉良言："不要变老！"但是由于不可能发明一种"年轻之源"的药物，所以我能够实施这个建议的唯一方法就是自杀。（后来我意识到这正是他们给我的建议，尽管是用一种拐弯抹角的方式表达出来的。而且我还意识到，他们关于"不要变老"的建议正好回应了墨索尼亚斯这样的言论："有福的人不是死得晚而是死得好。"）

当我七八十岁的时候，我可能会与那些我所认识的老年人一样，得出相同的结论：那就是溘然长逝的消失比苟延残喘的老年更好。但是许多发现老年是如此难以承受的人们，也可能将他们的困境归咎于自身：年轻的时候，他们忽视了为老年做准备。假使他们花时间妥善地为自己做准备——尤其是，假使他们开始践行斯多葛主义——那么可以想象，他们一定不会觉得老年是难以承受的负担；相反，正如塞涅卡所说的那样，他们会发现，老年是人生中最令人愉快的阶段之一，这个阶段"如果一个人知道如何去利用它，将是充满快乐的"[10]。

我正在写作这本书的时候，我 88 岁的老母亲突然中风，我把她送进了一家养老院（事情发生了也只能这样）。中风严重削弱了她身体左半边的功能，她已不能依靠自己的力量下床了。

不仅如此,她的吞咽功能也受到了损害,以至于吃寻常饭菜、喝寻常液体都会有危险,这可能会压迫她的气管,引起一种潜在的致命肺炎的发作。她所吃的食物必须是经过提纯的,所喝的液体必须是粘稠状的。(我在货架上发现,有一整排为那些吞咽有问题的人生产出来的粘稠饮品。)

毫无疑问,我母亲对于她生命中发生的这种变化感到非常沮丧,而我只能竭尽全力来鼓励她。假使我是虔诚的教徒,我或许会尝试陪着她祈祷或为她祈祷,或者告诉她,我已经安排了几十个甚至几百个人为她祈祷,以此来帮助她振作。但事实上,我发现我能够给她的最好的鼓励话语有一种独特的斯多葛主义韵味。例如,她告诉我她的状况是多么的艰难,然后我就引用马可的话说:"是的,他们说,与其说生命像跳舞,倒不如说它更像摔跤。"

"确实是那样,"她含糊不清地回答道。

她问我,她做什么才可能再次行走。我知道她不可能再像以往那样行走了,但是却不能那样说。取而代之的是,我鼓励她(没有宣讲斯多葛主义)将走路的目标内藏在心里:"当他们对您进行物理治疗的时候,您需要集中精力的地方就是尽最大努力配合。"

她抱怨她的左胳膊已经失去了大部分的功能,而我则鼓励她进行消极想象:"至少您还可以说话,"我提醒她,"刚刚中风后那些天,您只能咕哝,那时,您甚至不能移动您的右胳膊,不能自己吃饭,但是现在您可以了。真的,您有很多事情可以感恩。"

她听了我的看法，想了一会之后，通常会肯定地回答说："我想是的。"这种消极想象的运用似乎将她从痛苦的边缘拉了回来，尽管只是暂时的。

这段时间，我一遍又一遍地受到触动，觉得借助于斯多葛主义的原则来帮助某人应对老年和疾病的挑战，是多么自然和恰当啊。

刚才我提到了，中风使得饮用常规、非稠化的水成了对我母亲有危险的事。不能喝水很自然地使她开始对喝水产生强烈的渴望。她用充满祈求的声音让我给她倒一杯水，"不粘稠的、从水池上接来的水"。我拒绝了她的要求并向她解释为什么不能喝一般的水，但是我刚刚解释完，她就再次向我提出要求，"只是一杯水，求你了！"我发现自己身陷一种困境，即一个深爱母亲的儿子却要不断地回绝年迈的母亲只是想喝一杯水的简单要求。

对于母亲的乞求我忍耐了一段时间，后来，我问护士我应该做什么。"给她冰块吮吸，"她说，"冰块里的水被融解吸收得很慢，这样，她从冰块里吸入气体的危险就会很小。"

接受了这个建议之后，我成了母亲的私人送冰人，每次探望母亲的时候我都带一杯冰。（"送冰人来了！"当我到达她的房间时我就会大叫。）我会噼啪地掰下一块冰放到她的嘴里，然后她一边吮吸着一边告诉我这冰有多么的好。我的母亲盛年之时曾经是一位美食佳酿的鉴赏家，现在却变成了一位冰块鉴赏家。她一生中都视为理所当然的东西——冰块对她而言只是用来给那些值得饮用的饮品降温的——现在却给她带来了强烈的快乐。显然，她对于冰块的享受远远超过了一个美食家对于上等香槟的享受。

看着母亲非常享受地吮吸冰块，我感到了一丝嫉妒。我想，能从一块平凡的冰块中获得如此多的快乐，这难道不是一件奇妙的事情吗？我认为，仅仅靠消极想象是不可能让我像我母亲那样强烈地享受冰块的；令人遗憾的是，或许只有像我母亲那样得了中风才可能享受到这种神奇。然而，看着母亲吮吸冰块对我是有教益的。这使我意识到另外一件完全被我视为理所当然的事情，那就是在炎热的夏日里我有能力大口地喝下一大杯冰水。

有一次探访母亲的时候，我碰到了未来的自己。我正从养老院的大厅走向我母亲的房间。我的前面有一位年老的绅士，坐在轮椅上，由看护人员推着。当我走近他时，看护人员注意到我并且将我指给这位老者，"这个人也是一位教授。"（我母亲把我的情况告诉了每一个人，结果大家都知道了我。）

我停下来向这位同行问好。这位老者已经退休一段时间了。我们聊了一会，但是在我们交谈的过程中，有一种想法萦绕着我：几十年之后，我或许会再次进行这样的交谈，只是那时候坐在轮椅上的人就是我了，而有某位比较年轻的教授站在我面前，正从他繁忙的一天当中抽出一些时间来和一位学术前辈交谈。

我的这个时刻正在到来，我告诉自己，我必须尽我的所能为此做好准备。

正如我们所见，斯多葛主义的目标是获得安宁。这样，读者自然就会想要知道我本人对于斯多葛主义的践行是否帮助我达到了这个目标。"嗨！"它并没有让我获得完满的安宁。然而，它确实使我感到比以往更加安宁了。

尤其，我在驾驭自己的消极情感方面取得了显著进步。我现在不像以往那样容易生气了，而且在我发现自己对别人发泄愤怒的时候，我也比过去更愿意道歉了。我不仅比从前更加容忍别人对我的贬损，而且我对一般的侮辱都产生了几乎是完全的免疫力。对于那些可能发生在我身上的灾难，尤其是那些关系到我生死的灾难，我现在也不会像过去那样焦虑了——正如塞涅卡所说的那样，即便这种真正的考验是我快要断气时刻的来临。

说到这里，我应该补充一下，尽管我已经驯服了自己的消极情感，但是我并没有根除它们；而且将来我也不可能做到这一点。但是，欣喜的是我已经使这些情感丧失了部分曾经对我造成影响的力量。

自从开始践行斯多葛主义以来我所发生的一个重要的心理变化，就是我现在感觉到的不满足比过去少多了。显然，作为践行消极想象的结果，我变得相当享受自己所拥有的事物。当然，这里还有一个问题，那就是如果我的境遇发生了巨大的变化，我是否还能继续保持这种享受的心态；或许，我已经开始不知不觉地执着于我所享受的东西，而在这种情况下，我可能会因为失去这些东西而精神崩溃。当然，只有到了我的斯多葛主义接受检验的时候，我才会知道怎样回答这个问题。

在践行斯多葛主义的过程中，我的另外一个发现是关于快乐的。斯多葛主义者感兴趣的快乐最好是被描述为一种无目的的享受——不是享受某一特定的事物，而是享受一切。这是仅仅因为能够参与生活而感到的喜悦。尽管我们不是非享受一切不可，但它的可能性是存在的——一种奇妙而华美的可能性；这是一种深刻的认识。

必须郑重声明，我对斯多葛主义的践行还没有使我体验到全然不可摧毁的欢乐；而且我离那种境界还很远。我也没有体验到一个斯多葛主义圣贤可能会体验到的那种更高级的喜悦，即全然不会被外界事物所干扰而怡然自得的快乐。但是，我对斯多葛主义的践行的确好像使我易于从所有的一切中感受到时常迸发的欢乐。

有意思的是，当我开始体验到这种迸发的快乐时，我不太确定应该怎样看待它们。我是应该拥抱我的快乐感觉呢，还是应该与其保持一点距离？要么我真的应该像一个头脑清醒的成年人那样试图压灭我的快乐感觉吗？（我从此发现对这种快乐的感觉充满疑虑的并不是我一个人。）随后，我渐渐明白，只有拥抱这感觉才是明智的做法。于是我就这样做了。

我知道,我的这些评论使我听起来像是那种令人讨厌的自我满足又自吹自擂的人。请放心,践行斯多葛主义并不要求人们四处奔走告诉别人,他们因为活着或者因为最近体验到快乐的迸发而有多么高兴;事实上,斯多葛主义者毫无疑问应该劝阻这样的做法。那么,为什么我要告诉你我的心情呢?这是因为,它可以回答你自然会有的问题:斯多葛主义会兑现它所允诺的那些心理上的益处吗?就我而言,它的确做到了,而且达到了超出满意的程度。现在既然讲清楚了这一点,我今后在对我的心情做出任何公开评价的时候,都会尽最大努力来保持一种令人尊重的谦逊态度。

尽管我是一个斯多葛主义的践行者,但是在这些收尾的部分,我还是要承认我对于这种哲学存有一些疑虑。

按照斯多葛主义者的看法,如果我寻求安宁,我就需要放弃我的生活环境中其他人可能追寻的目标,例如拥有一辆昂贵的最新款的轿车,或者居住在一座价值上百万美元的豪宅里。但是如果别人都是对的,而斯多葛主义者是错的,那又怎么办呢?这样的可能性是存在的,即某一天我可能会回望我称之为"我的斯多葛主义时期"的那段时光,并且为此感到困惑和气馁。"我那时在想什么?"我会问自己,"要是那些岁月可以重新来过该有多好啊!"

我不是唯一一个怀有这种疑惑的斯多葛主义者。例如,塞涅卡在讨论安宁的一篇文章中，虚构了一个与塞莱纳斯的对话，塞莱纳斯就是一个对斯多葛主义充满了疑虑的斯多葛主义者。当塞莱纳斯一直身处具有普通价值观的人当中时——例如，当他在一幢"人们行走于宝石之上、财富遍布每一个角落"的房子里进餐之后——他发现他内心深处有"一种隐秘的刺痛而且也有一种怀疑，就是怀疑别人的生活是否真的不比自己的生活更好"[11]。而上面的评论已经清楚地表明，我也感觉到了这种"隐秘的刺痛"。

于事无补的是，认为名声和财富比安宁更宝贵的人，其数量远远超过了像我这样认为安宁更宝贵的人。有可能是这些人都弄错了吗？毫无疑问我才是那个被认为犯错的人！

与此同时，得益于我对于欲望的研究，我了解到，那些对生命和人们通常的生活方式进行过思考的哲学家和宗教思想家，几乎都毫无例外地得出结论，认为是绝大多数人在他们的生活方式上犯了错误。这些思想家还倾向于认为，安宁是非常值得追求的东西，尽管他们当中的许多人在追求安宁的最佳方式上，与斯多葛学派哲学家的看法并不一致。

当我开始对斯多葛主义进行再次的思考时，我所要做的就是让自己想起，在我们生活的世界中，只有在数学里才存在确定性。换句话说，我们生活在一个无论你做什么都有可能犯错的世界之中。这意味着，尽管我确实可能在践行斯多葛主义的时候犯错误；但是如果我拒绝斯多葛主义而赞成另外某种人生哲学的话，我也可能会犯错误。而且我认为，很多人都会犯的最大错误就是他根本没有任何人生哲学。这些人遵循着他们生物进化程序的驱使，靠着感觉走过了他们的生活之路，勤勤恳恳地追寻着让人感觉良好的东西，回避着让人感觉糟糕的东西。通过这样的方式，他们可能会获得一种舒适的生活，甚至是充满快乐的生活。然而，问题在于，如果背离进化的程序，而将时间和精力投入到获得一种人生哲学的努力之中，他们是否能够获得一种更好的生活呢？根据斯多葛主义者的看法，这个问题的答案就是：获得一种更好的生活——这就是或许包含着更少的舒适和享乐但是却包含着多得多的愉悦的一种。

我猜想，在未来的几十年中（如果我还能活那么长的话），无论我对斯多葛主义曾经有过什么样的怀疑，随着年龄的增长，它们都不会再继续下去了。在好时光里，斯多葛主义的技巧能够提高生活质量；而时运不济的时候，这些技巧则能发挥最大效力。如果我在60多岁的时候发现斯多葛主义对我很有益处，那么我就有可能在80多岁或者90多岁的时候发现自己已经离不开斯多葛主义了。除非我是一个不同寻常的人，否则，我生命中那些最大的考验就摆在面前。我想，能够在这些考验展开之前逐渐理解和享受斯多葛主义，我是会为之而高兴的。

如果有一个证据可以证明斯多葛主义（或者某种其他的人生哲学）就是我们"正确的"哲学，那该有多好啊！但是不幸的是，斯多葛学派哲学家提供的证据缺乏说服力，而其他的证据又不可能召之即来。在缺乏这样一种证据的情况下，我们必须立足于各种可能性而采取行动。对于某种人而言——即对于某种特定环境中具有某种特定个性类型的人而言——是有很多理由可以认为斯多葛主义值得一试。践行斯多葛主义并不需要付出许多努力；事实上，它所需要付出的努力远远少于一个人在缺乏一种人生哲学时可能需要付出的努力。一个人并不需要比别人多任何一点聪明就可以践行斯多葛主义，而且还可以践行斯多葛主义一段时间之后再放弃它，也不会因为有过这样的尝试而令他的状况变得更糟。换句话说，试着将斯多葛主义作为一个人的人生哲学来尝试不会有什么可损失的，反而会有许多潜在的收益。

实际上，根据马可的说法[12]，通过践行斯多葛主义，有可能获得一种全新的生活。

附录

一份学习斯多葛主义的阅读计划

许多哲学著作对于非哲学家而言都是难以接近的。然而，这种说法并不适用于斯多葛学派哲学家的大多数著作。所以，本书鼓励它的读者去看一看斯多葛主义思想的基本源头。在这样做的时候，他们可能会发现，他们自己对斯多葛学派哲学家的解释和我的解释是有所不同的，而且他们肯定也会发现，在写作本书的过程中，我不得不省去许多斯多葛主义的智慧和见解中有价值的东西。

那些想要阅读斯多葛学派哲学家著作的人最好从阅读塞涅卡的文章开始，尤其是他的《论幸福生活》《论精神的安宁》和《论生活的缺乏》。这些文章可以在《塞涅卡：对话与论文》(Seneca: Dialogues and Essays)（牛津大学出版社，2008年版）中找到。或者，它们也可以在洛布古典图书馆的《塞涅卡：道德论文集》(Moral Essays)的第二卷中找到。（这本书开本小巧，适合便携式阅读。这样，如果读者正在参加一个由非哲学家们举办的宴会，而且在场的人们谈论的内容也不适合自己的口味，那么他就可以悄悄溜到一个安静的角落，拿出塞涅卡的这本书来阅读。）

塞涅卡写给鲁基里乌斯的信件也值得注意。这样的信件有100多封，其中的一些比另一些更有趣。而且，这些信件所聚焦的话题也各不相同。例如，塞涅卡在第83封信中谈论的是喝酒；在第12封和第26封信中谈论的是老年，在第7封信中谈论的是角斗士的比赛。（他描述了比赛间歇时，观众如何大喊大叫着要切断某些人的喉管，以便给自己找些乐子。）所以，读者们最好能够弄到一本包含这些信件摘录的书。

墨索尼亚斯·鲁弗斯针对日常生活的实际建议值得一读。不过，我所知道已出版的墨索尼亚斯的著作只有一个译本，就是科拉·鲁兹（Cora Lutz）的《墨索尼亚斯·鲁弗斯："罗马的苏格拉底"》（*Musonius Rufus : The Roman Socrates*），位于《耶鲁古典研究》（*Yale Classical Studies*）的第10卷（1947年版）当中，而这本书很难买到或者借到。所以，我鼓励读者们去访问我的作者网站（williambirvine.com），以了解如何获得辛西娅·金（Cynthia King）翻译的墨索尼亚斯著作的信息。（我在本书中的引用即出自于这个译本。）

我鼓励那些想要以爱比克泰德为榜样的读者从他的《手册》（也称为《指南》）开始阅读。这本书的优点是精炼，容易找到，而且在哲学上容易理解。在哲理文学的领域，它是一块璀璨的宝石。

马可·奥勒留的《沉思录》对于读者而言也是一本既容易获得又容易理解的著作。然而，由于《沉思录》是一部论述各不连贯，而且有时还有所重复（除了斯多葛主义的主题之外）的论文集，所以阅读它会令人有一点挫折感。

读者们也可能会有兴趣了解斯多葛学派以外的延伸著作。例如，他们可以看一看第欧根尼·拉尔修斯所写的希腊斯多葛学派哲学家的传略。在《第欧根尼·拉尔修斯》（*Diogenes Laertius*）第二卷中可以找到对于季蒂昂的芝诺以及克里安西斯和克里希帕斯的概述，这些也可以在洛布古典图书馆中找到。而如果一位读者已经有了这本书，那么顺便看看犬儒派哲学家——锡诺普的第欧根尼的传略，也是很有趣的。第欧根尼·拉尔修斯以一种最令人钦佩的方式将智慧和幽默结合了起来。

读者们也可以看看叔本华的《人生的智慧》《劝诫与格言》（*The Wisdom of Life* and *Counsels and Maxims*）中的文章。尽管这些文章没有明显的斯多葛学派的特征，但是它们却有一种独特的斯多葛主义的腔调。读者们也可能会对小说家汤姆·沃尔夫（Tom Wolfe）的小说《完整的人》（*A Man in Full*）感兴趣，书中有一个人物偶然间发现了斯多葛主义，后来就开始践行它了。最后，读者们通过阅读詹姆斯·B. 斯托克代尔（James B. Stockdale）的《苦难之下的勇气：在人类行为的实验室检测爱比克泰德的学说》（*Courage under Fire: Testing Epictetus's Doctrines in a Laboratory of Human Behavior*），就能够获得一些关于在艰难境遇中践行斯多葛主义的真知灼见。

尽情享受吧！

注 释

引言

[1]伊壁鸠鲁,54。

[2]塞涅卡,《给鲁基里乌斯的道德书简》,CVIII.4。

[3]《美国英语遗产词典》,第三版。

[4]塞涅卡,《论安宁》,II.4。

[5]塞涅卡,《论幸福生活》,IV.4。

[6]墨索尼亚斯,《讲课》,17.2。

[7]塞涅卡,《论坚定》,II.1-2。

[8]马可,VII.31。

第一章

[1]第欧根尼·拉尔修斯,《序言》,I.13-14。

[2]西塞罗,V.10。

[3]康福德,5。

[4]纳维亚,I。

[5]马罗,96。

[6]第欧根尼·拉尔修斯,《序言》,I.17-19。

[7]第欧根尼·拉尔修斯,《芝诺》,VII.25。

［8］普赖斯，141。

［9］维恩，viii。

第二章

［1］第欧根尼·拉尔修斯，《芝诺》，VII.2-4。

［2］爱比克泰德，《论述》，3.22。

［3］第欧根尼·拉尔修斯，《安提西尼》，VI.3，VI.4，VI.12，VI.15。

［4］第欧根尼·拉尔修斯，《第欧根尼》，VI.44，VI.71，VI.66。

［5］第欧根尼·拉尔修斯，《第欧根尼》，VI.35。

［6］戴奥·克里萨斯托姆，《第六次论述》，12。

［7］第欧根尼·拉尔修斯，《第欧根尼》，VI.63。

［8］第欧根尼·拉尔修斯，《克雷特斯》，VI.86。

［9］阿诺德，67。

［10］叔本华，II:155。

［11］第欧根尼·拉尔修斯，《芝诺》，VII.24, VII.25。

［12］阿诺德，71。

［13］第欧根尼·拉尔修斯，《芝诺》，VII.5。

［14］第欧根尼·拉尔修斯，《芝诺》，VII.40。

［15］凯科斯，1。

［16］贝克，20。

［17］维恩，31。

［18］第欧根尼·拉尔修斯，《芝诺》，VII.87。

［19］第欧根尼·拉尔修斯，《芝诺》，VII.108。

［20］第欧根尼·拉尔修斯，《芝诺》，VII.40。

［21］第欧根尼·拉尔修斯，《芝诺》，VII.117–119。

［22］马可，I.17。

［23］爱比克泰德，《论述》，I.iv.3–6，连同脚注。

［24］阿诺德，94。

［25］第欧根尼·拉尔修斯，《序言》，I.21。

第三章

［1］从技术上讲，爱比克泰德并不是罗马人，因为他不是罗马的公民；然而，他斯多葛主义的践行却是这种学说的罗马化的形式，正因为这个原因，我把他包括在了罗马斯多葛主义者当中。

［2］塞涅卡，《致希尔维亚》，VII.9。

［3］维恩，9。

［4］塔西佗，14.53。

［5］塔西佗，15.62–64。

［6］塞涅卡，《论幸福生活》，III.4, IV.4。

［7］塞涅卡，《给鲁基里乌斯的道德书简》，XXIII.3。

［8］说完这话之后，我要补充的是，有些古典学者是拒绝从表面价值来看待塞涅卡关于喜悦的评论的。例如，哲学家玛莎·纳斯鲍姆指出，塞涅卡在向卢修斯提出了上面的忠告之后，马上又继续解释了他所说的喜悦的含义：塞涅卡说，那并不是一种"甜甜的令人愉悦的"快乐；塞涅卡脑子里想到的喜悦是"一件严肃的事情"。参见《纳斯鲍姆》第400页。然而我要争辩的是，塞涅卡在这样说的时候，他只是试图将斯多葛主义的喜悦同有关的精神状态区别开来。例如，当他告诉卢修斯不要认定"大笑的人就有喜悦"（Ad Lucilium,

XXIII.3）的时候，他是在把喜悦同兴高采烈区分开来：一个人可能兴高采烈，因此就会大笑，但是即使如此他也不是在经历喜悦——比如，想想一个靠使用去氧麻黄硷粉而获得兴高采烈状态的人吧。

[9]塔西佗，15.71。

[10]斯特雷波，10.5.3。

[11]塞涅卡，《致希尔维亚》，VI.4。

[12]《纽约时报索引》(1973年)，929。

[13]卢茨，15，16。

[14]墨索尼亚斯，《讲课》，8.9。

[15]墨索尼亚斯，《谚语》，49.3。

[16]爱比克泰德，《论述》，III.xxiii.29。

[17]墨索尼亚斯，《讲课》，3.1。

[18]朗，10。

[19]阿诺德，120。

[20]朗，108。

[21]爱比克泰德，《论述》，II.xvii.29–31。

[22]爱比克泰德，《论述》，III.xxiii.30。

[23]朗，91。

[24]爱比克泰德，《论述》，I.xv.2–3.

[25]朗，146。

[26]爱比克泰德，《论述》，I.i.11–12。

[27]爱比克泰德，《论述》，I.xxiv.1–2。

[28]塞涅卡，《论天道》，I.6，II.2，II.2，III.2。

[29]马可，II.1。

[30] 朱利叶斯·卡皮托利纳斯，第 2 部分。

[31] 伯利，37-38。

[32] 朱利叶斯·卡皮托利纳斯，第 2 部分。

[33] 马可，I.8，I.7。

[34] 马可，VII.67。

[35] 伯利，104。

[36] 朱利叶斯·卡皮托利纳斯，第 7 部分。

[37] 朱利叶斯·卡皮托利纳斯，第 10、11 部分。

[38] 卡修斯·戴奥，72.33。

[39] 伯利，160。

[40] 在伯利，11 中引用。

[41] 莱基，292。

[42] 马可，III.6。

[43] 伯利，179，182，191，196，183。

[44] 朱利叶斯·卡皮托利纳斯，第 12 部分。

[45] 伯利，149，158；朱利叶斯·卡皮托利纳斯，第 11 部分；伯利，205。

[46] 马可，VII.61。

[47] 卡修斯·戴奥，72.36,72.34。

[48] 朱利叶斯·卡皮托利纳斯，第 28 部分。

[49] 伯利，209。

[50] 卡修斯·戴奥，72.35。

第四章

[1] 塞涅卡,《致马西娅》, IX.5。

[2] 塞涅卡,《论安宁》, XI.6。

[3] 爱比克泰德,《论述》, IV.v.27。

[4] 弗雷德里克和洛温斯坦, 302, 313。

[5] 维恩, 178 n 38。这个技巧也叫作"对坏事的预想(76)"。

[6] 塞涅卡,《致马西娅》, I.7, IX.2, X.3。

[7] 爱比克泰德,《论述》, II. xxiv.86, 88。

[8] 马可, XI.34。

[9] 爱比克泰德,《论述》, II. xxiv.86–88。

[10] 爱比克泰德,《手册》, 21。

[11] 塞涅卡,《给鲁基里乌斯的道德书简》, XII.8, XCIII.6, LXI.1–2。

[12] 马可, XI.34。

[13] 斯托克代尔, 18–19。

[14] 塞涅卡,《论安宁》, XI.10。

[15] 爱比克泰德,《手册》, 26。

[16] 马可, VII.27。

[17] 塞涅卡,《论幸福生活》, III.3。

[18] 塞涅卡,《论幸福生活》, III.4。

[19] 塞涅卡,《致马西娅》, XXI.1。

[20] 马可, X.34, VI.15。

第五章

[1] 爱比克泰德,《手册》, 29, 48。

［2］爱比克泰德，《论述》，III. xv.12。

［3］爱比克泰德，《论述》，III. xxiv.17。

［4］关于这一点，若想知道更多，请参看我的《论欲望：为何人类欲其所欲》。

［5］爱比克泰德，《手册》，14，19。

［6］爱比克泰德，《手册》，1。

［7］爱比克泰德，《手册》，2，1。

［8］爱比克泰德，《手册》，14。

［9］马可，XI.16，VII.2，XII.22。

［10］马可，X.32，VIII.29，VIII.8，V.5。

［11］马可，VIII.17。

第六章

［1］塞涅卡，《论天道》，V.8。

［2］爱比克泰德，《手册》，17，8。

［3］马可，II.16，X.25，VI.39，III.4，III.16，X.6，III.4，III.16。

［4］作为至高的神，宙斯有力量推翻命运三女神的决定，但是由于实际的原因，他通常不这么做。例如，在《伊利亚特》中，荷马叙述了这样一段故事：宙斯向赫拉女神抱怨萨耳珀冬被普特洛克勒斯所杀的命运。宙斯在考虑干预措施以拯救萨耳珀冬的生命。赫拉恳求他不要这样做，因为这会造成其他神祇干预人间事务的后果，进而会造成这些神祇之间巨大的不和。

［5］马可，II.14，III.10。

［6］塞涅卡，《论幸福生活》，III.3。

第七章

[1]塞涅卡,《给鲁基里乌斯的道德书简》,XVIII.5-6。

[2]塞涅卡,《给鲁基里乌斯的道德书简》,XVIII.9。

[3]墨索尼亚斯,《讲课》,19.2-3,6.4。

[4]墨索尼亚斯,《讲课》,6.5。

[5]塞涅卡,《论幸福生活》,XIV.2。

[6]戴奥·科瑞萨斯托姆,《第八论述》,389,391。

[7]马可,II.2,V.26,VII.55。

[8]爱比克泰德,《手册》,34。

[9]塞涅卡,《论幸福生活》,X.3。

[10]墨索尼亚斯,《讲课》,7.1。

[11]塞涅卡,《论气愤》,II.13。

[12]爱比克泰德,《手册》,34。

[13]爱比克泰德,《手册》,34。

[14]塞涅卡,《给鲁基里乌斯的道德书简》,XVIII.10。

第八章

[1]塞涅卡,《论气愤》,III.36。

[2]塞涅卡,《论气愤》,III.36-37。

[3]爱比克泰德,《论述》,IV.xii.19。

[4]马可,III.11,V.11,X.37。

[5]爱比克泰德,《手册》,46,13。

[6]爱比克泰德,《手册》,48。

[7]引自普鲁塔克的《德行的进步》,12。

[8]爱比克泰德,《手册》,50,47,46。

[9]塞涅卡,《给鲁基里乌斯的道德书简》,XXVI.5。

[10]塞涅卡,《论幸福生活》,XVII.3。

[11]爱比克泰德,《手册》,33。

[12]马可,V.9。

[13]马可,XII.6。

第九章

[1]塞涅卡,《论幸福生活》,II.4。

[2]马可,VIII.19-20,X.8。

[3]墨索尼亚斯,《讲课》,14.3。

[4]马可,V.16,VI.44。

[5]马可,III.4,IV.3,II.1,VII.5,V.20。

[6]马可,V.6,IV.32,VI.22,V.1。

[7]马可,XI.9,VI.39。

[8]马可,II.1,V.10,XI.15。

[9]马可,IX.3,X.36,X.19。

[10]莱基,250。

[11]马可,V.6,IX.12。

[12]马可,VIII.7,V.34,VII.28,XII.3,VI.40,VIII.26。

第十章

[1]爱比克泰德,《手册》,33。

[2]塞涅卡,《论安宁》,VII.4。

［3］爱比克泰德,《手册》, 33。

［4］塞涅卡,《论安宁》, VII.6。

［5］约翰逊, s.v.《寻不开心的人》。

［6］爱比克泰德,《手册》, 33。

［7］马可, XI.18, X.30, XI.18。

［8］马可, III.4。

［9］马可, IX.42, VII.63, XII.12, IV.6, X.42。

［10］马可, XII.16。

［11］马可, XI.18。

［12］马可, XI.9, XI.13, VII.65, VI.6。

［13］墨索尼亚斯,《讲课》, 12.2。

［14］爱比克泰德,《手册》, 33。

［15］马可, XI.16, VI.13。

［16］菩提, 83-85。

［17］伊壁鸠鲁, 8。

［18］墨索尼亚斯,《讲课》, 14.1-2,13A.2。

［19］墨索尼亚斯,《讲课》, 15A.4。

第十一章

［1］墨索尼亚斯,《讲课》, 10.1。

［2］塞涅卡,《论坚定》, X.2。

［3］塞涅卡,《论坚定》, XVI.4。

［4］爱比克泰德,《手册》, 42。

［5］塞涅卡,《论坚定》, XII. 1-2。

［6］马可，VII.26.

［7］爱比克泰德，《手册》，20，30。

［8］爱比克泰德，《手册》，5。

［9］塞涅卡，《论气愤》，III.38。

［10］塞涅卡，《论气愤》，III.11。其他资料表明，有关头盔的笑话应归于犬儒派的第欧根尼而非苏格拉底。

［11］塞涅卡，《论坚定》，XVII.3。

［12］爱比克泰德，《手册》，33。

［13］墨索尼亚斯，《讲课》，10.2。

［14］塞涅卡，《论气愤》，III.32。

［15］塞涅卡，《论坚定》，XIV.3。

［16］塞涅卡，《论坚定》，XVII.4。

［17］塞涅卡，《论坚定》，XII.3。

第十二章

［1］塞涅卡，《致波利比乌斯》，XVIII.4–5。

［2］塞涅卡，《致波利比乌斯》，XVIII.6。

［3］塞涅卡，《致波利比乌斯》，IV.3。

［4］塞涅卡，《致马西娅》，XII.1。

［5］塞涅卡，《致波利比乌斯》，IV.2，XVIII.6。

［6］塞涅卡，《致波利比乌斯》，V.3，IX.2。

［7］塞涅卡，《致希尔维亚》，IV.1，I.2。

［8］爱比克泰德，《手册》，16。

第十三章

[1]塞涅卡,《论气愤》,I.1,I.2,III.28。

[2]塞涅卡,《论气愤》,I.12,I.10。

[3]塞涅卡,《论气愤》,I.12–15,II.31。

[4]塞涅卡,《论气愤》,II.14。

[5]塞涅卡,《论气愤》,II.22.III.31。

[6]塞涅卡,《论气愤》,II.25,III.35,II.25。

[7]塞涅卡,《论气愤》,III.28,III.27。

[8]塞涅卡,《论气愤》,III.33。

[9]马可,IV.32。

[10]塞涅卡,《论气愤》,III.26,III.13。

[11]菩提,32,69。

[12]塞涅卡,《论气愤》,III.42–43。

第十四章

[1]爱比克泰德,《手册》,25。

[2]爱比克泰德,《手册》,23,14。

[3]爱比克泰德,《手册》,50,48。

[4]马可,XII.4,III.4,VIII.1,IV.18。

[5]马可,XI.13。

[6]马可,IV.33,IV.19,VI.18,VIII.44。

[7]普鲁塔克,《小加图》,VI.3。

第十五章

[1]欧文,31-43。

[2]塞涅卡,《致希尔维亚》,X.6,X.10。

[3]墨索尼亚斯,《讲课》,17.5。

[4]爱比克泰德,《手册》,12。

[5]爱比克泰德,《论述》,IV.ix.2-3。

[6]墨索尼亚斯,《谚语》,50。

[7]墨索尼亚斯,《讲课》,18A.5。

[8]不,我并没有准备过这样一顿饭;在我这样写的时候,这顿饭可能已经在贝佛利山庄的某个著名餐厅被某些客人点了。

[9]墨索尼亚斯,《讲课》,18A.2-3,18B.5。

[10]墨索尼亚斯,《讲课》,18A.6,18B.3。

[11]墨索尼亚斯,《讲课》,19.5,20.3。

[12]塞涅卡,《给鲁基里乌斯的道德书简》,XVI.8-9。

[13]塞涅卡,《给鲁基里乌斯的道德书简》,XC.19。

[14]墨索尼亚斯,《讲课》,20.5,20.7。

[15]塞涅卡,《给鲁基里乌斯的道德书简》,XC.16。

[16]塞涅卡,《论安宁》,VIII.9,IX.2-3。

[17]塞涅卡,《给鲁基里乌斯的道德书简》,V.5。

[18]爱比克泰德,《手册》,33,39。

[19]爱比克泰德,《手册》,24,44。

[20]塞涅卡,《给鲁基里乌斯的道德书简》,CVIII.11。

[21]老子,XXXIII。

[22]塞涅卡,《给鲁基里乌斯的道德书简》,V.5。

［23］塞涅卡，《论幸福生活》，XXIII.1，XX.3，XXVI.1。

［24］保罗·卡卢斯（Carus），72-74。

第十六章

［1］塔西佗，16.21。

［2］爱比克泰德，《论述》，I.i.31-32。

［3］塞涅卡，《致希尔维亚》，V.6，VI.1，VI.4。

［4］塞涅卡，《致希尔维亚》，VIII.3，XI.5。

［5］墨索尼亚斯，《讲课》，9.10。

［6］墨索尼亚斯，《讲课》，9.2。

［7］墨索尼亚斯，《讲课》，9.4。

［8］第欧根尼·拉尔修斯，《第欧根尼》，VI.49。

第十七章

［1］塞涅卡，《给鲁基里乌斯的道德书简》，XII.4-6。

［2］引自柏拉图，《理想国》，bk.1。

［3］塞涅卡，《给鲁基里乌斯的道德书简》，XXVI.2。

［4］塞涅卡，《给鲁基里乌斯的道德书简》，XII.9。

［5］墨索尼亚斯，《讲课》，17.3。

第十八章

［1］墨索尼亚斯，《讲课》，17.4。

［2］墨索尼亚斯，《讲课》，17.4。

［3］塞涅卡，《论安宁》，XIV.4-10。

［4］塞涅卡,《给鲁基里乌斯的道德书简》,XXVI.6。

［5］第欧根尼·拉尔修斯,《芝诺》,VII.28,31；第欧根尼·拉尔修斯,《克里安西斯》,VII.176。

［6］墨索尼亚斯,《谚语》,28,35。

［7］墨索尼亚斯,《谚语》,29。

第十九章

［1］墨索尼亚斯,《讲课》,7.1–2。

［2］爱比克泰德,《手册》,22。

［3］爱比克泰德,《手册》,46。

［4］马可,IV.49。

［5］塞涅卡,《给鲁基里乌斯的道德书简》,CXXIII.3。

［6］塞涅卡,《论安宁》,II.4。

［7］爱比克泰德,《手册》,51。

第二十章

［1］莱基,249。

［2］莱基,255。

［3］克拉克,133。

［4］马可,VII.31。

［5］笛卡尔,16–17。

［6］引自理查森,4。

［7］理查森,4。

［8］梭罗,172。

[9]引自理查森，4。

[10]理查森，1。

[11]纳斯鲍姆，4。

[12]索莫斯和萨特尔，180。

[13]佛里迪，19。

[14]佛里迪，19。

[15]佛里迪，16。

[16]索莫斯和萨特尔，136。

[17]索莫斯和萨特尔，133–34。

[18]引自索莫斯和萨特尔，133。

[19]索莫斯和萨特尔，134。

[20]索莫斯和萨特尔，7。

[21]塞涅卡，《给鲁基里乌斯的道德书简》，LXXVIII.14。

第二十一章

[1]杰弗里，9-10，12。

[2]杰弗里，15，17-18，39，230。

[3]哈道特，83n.18。

[4]塞涅卡，《论幸福生活》，III.2。

第二十二章

[1]塞涅卡，《论气愤》，II.32。

[2]塞涅卡，《论气愤》，II.33。

[3]塞涅卡，《论安宁》，XV.3。

[4]爱比克泰德,《手册》,48。

[5]爱比克泰德,《手册》,34。

[6]塞涅卡,《给鲁基里乌斯的道德书简》,LXXVIII.14。

[7]维恩,112。

[8]塞涅卡,《论坚定》,IX.4。

[9]塞涅卡,《给鲁基里乌斯的道德书简》,XXVI.5。

[10]塞涅卡,《给鲁基里乌斯的道德书简》,XII.4–5。

[11]塞涅卡,《论安宁》,I.8–9。

[12]马可,VII.2。

引用书目

Arnold, Edward Vernon. *Roman Stoicism*. Freeport, NY: Books for Libraries Press, 1911.

Becker, Lawrence C. *A New Stoicism*. Princeton:Princeton University Press, 1998.

Birley, Anthony. *Marcus Aurelius: A Biography*. Rev. ed. New Haven: Yale University Press, 1987.

Bodhi, Bhikkhu. *The Noble Eightfold Path: Way to the End of Suffering*. Seattle: BPS Pariyatti Editions, 2000.

Carus, Paul. *The Gospel of Buddha*. La Salle, IL: Open Court, 1915.

Cassius Dio Cocceanus. *Dio's Roman History*. Vol. 9. Translated by Earnest Cary. Cambridge, MA: Harvard University Press, 1927.

Cicero. *Tusculan Disputations*. Translated by J. E. King. Cambridge, MA: Harvard University Press, 1927.

Clarke, M. L. *The Roman Mind: Studies in the History of Thought from Cicero to Marcus Aurelius*. New York: Norton, 1968.

Cornford, Francis Macdonald. *Before and after Socrates*. Cambridge, UK: Cambridge University Press, 1962.

Descartes, René. *Discourse on Method*. Translated by Laurence J. Lafleur. Indianapolis: Bobbs-Merrill, 1950.

Dio Chrysostom. "The Eighth Discourse: Diogenes or On Virtue." In *Dio Chrysostom*. Vol. 1. Translated by J. W. Cohoon. Cambridge, MA: Harvard University Press, 1961.

———. "The Sixth Discourse: Diogenes, or on Tyranny." In *Dio Chrysostom*.

Vol. 1. Translated by J. W. Cohoon. Cambridge, MA: Harvard University Press, 1961.

Diogenes Laertius. "Antisthenes." In *Lives of Eminent Philosophers*. Vol. 2. Translated by R. D. Hicks. Cambridge, MA: Harvard University Press, 1925.

——. "Cleanthes." In *Lives of Eminent Philosophers*. Vol. 2. Translated by R. D. Hicks. Cambridge, MA: Harvard University Press, 1925.

——. "Crates." In *Lives of Eminent Philosophers*. Vol. 2. Translated by R. D. Hicks. Cambridge, MA: Harvard University Press, 1925.

——. "Diogenes." In *Lives of Eminent Philosophers*. Vol. 2. Translated by R. D. Hicks. Cambridge, MA: Harvard University Press, 1925.

——. "Prologue." In *Lives of Eminent Philosophers*. Vol. 1. Translated by R. D. Hicks. Cambridge, MA: Harvard University Press, 1925.

——. "Zeno." In *Lives of Eminent Philosophers*. Vol. 2. Translated by R. D. Hicks. Cambridge, MA: Harvard University Press, 1925.

Epictetus. "Discourses." In *Epictetus: The Discourses as Reported by Arrian, the Manual, and Fragments*. 2 vols. Translated by W. A. Oldfather. Cambridge, MA: Harvard University Press, 1925.

——. *Handbook of Epictetus*. Translated by Nicholas White. Indianapolis: Hackett, 1983.

Epicurus. "Fragments: Remains Assigned to Certain Books." In *The Stoic and Epicurean Philosophers*. Edited by Whitney J. Oates. New York: Modern Library, 1940.

Frederick, Shane, and George Loewenstein. "Hedonic Adaptation." In Well-Being: *The Foundations of Hedonic Psychology*. Edited by Daniel Kahneman, Ed Diener, and Norbert Schwarz. New York: Russell Sage Foundation, 1999.

Furedi, Frank. *Therapy Culture: Cultivating Vulnerability in an Uncertain Age*. London: Routledge, 2004.

Hadot, Pierre. *Philosophy as a Way of Life*. Edited by Arnold I. Davidson. Cambridge, MA: Blackwell, 1995.

Irvine, William B. On Desire: *Why We Want What We Want*. New York: Oxford University Press, 2006.

Jeffreys, Diarmuid. Aspirin: *The Remarkable Story of a Wonder Drug*. New York: Bloomsbury, 2004.

Johnson, Samuel. *Johnson's Dictionary: A Modern Selection*. Edited by E. L. McAdam Jr. and George Milne. New York: Pantheon, 1963.

Julius Capitolinus. "Marcus Antoninus: The Philosopher." In *Scriptores Historiae Augustae*. Vol. 1. Translated by David Magie. Cambridge, MA: Harvard University Press, 1921.

Kekes, John. *Moral Wisdom and Good Lives*. Ithaca, NY: Cornell University Press, 1995.

Lao Tzu. *Tao Te Ching*. Translated by D. C. Lau. New York: Penguin, 1963.

Lecky, William Edward Hartpole. *History of European Morals: From Augustus to Charlemagne*. New York: George Braziller, 1955.

Long, A. A. *Epictetus: A Stoic and Socratic Guide to Life*. Oxford: Clarendon Press, 2002.

Lutz, Cora. Introduction to "Musonius Rufus: 'The Roman Socrates.' " *Yale Classical Studies*. Vol. 10. New Haven: Yale University Press, 1947.

Marcus Aurelius. *Meditations*. Translated by Maxwell Staniforth. London: Penguin, 1964.

Marrou, H. I. *A History of Education in Antiquity*. Translated by George Lamb. New York: New American Library, 1956.

Musonius Rufus. "The Lectures." In *The Lectures and Sayings of Musonius Rufus*. Translated by Cynthia King. Edited by William B. Irvine. Unpublished manuscript, 2007.

———. "The Sayings." In *The Lectures and Sayings of Musonius Rufus*. Translated by Cynthia King. Edited by William B. Irvine. Unpublished manuscript, 2007.

Navia, Luis E. Socrates: *The Man and His Philosophy*. Lanham, MD: University Press of America, 1985.

Nussbaum, Martha C. *The Therapy of Desire: Theory and Practice in*

Hellenistic Ethics. Princeton: Princeton University Press, 1994.

Plato. *Plato's Republic*. Translated by G. M. A. Grube. Indianapolis: Hackett, 1974.

Plutarch. "Cato the Younger." In *The Lives of the Noble Grecians and Romans*. Translated by John Dryden. Revised by Arthur Hugh Clough. New York: Modern Library, 1932.

——. "How a Man May Become Aware of His Progress in Virtue." In *Plutarch's Moralia*. Vol. 1. Translated by Frank Cole Babbitt. Cambridge, MA: Harvard University Press, 1927.

Price, Simon. *Religions of the Ancient Greeks*. Cambridge, UK: Cambridge University Press, 1999.

Richardson, Robert D. "A Perfect Piece of Stoicism." *Thoreau Society Bulletin*, no. 153 (Fall 1980): 1–5.

Schopenhauer, Arthur. *The World as Will and Representation*. 3 vols. Translated by E. F. J. Payne. New York: Dover, 1969.

Seneca. *Ad Lucilium Epistulae Morales*. Translated by Richard M. Gummere. Cambridge, MA: Harvard University Press, 1967.

——. "On Anger." In *Moral and Political Essays*. Translated by John M. Cooper and J. F. Procopé. Cambridge, UK: Cambridge University Press, 1995.

——. "On Firmness." In *Seneca: Moral Essays*. Vol. 1. Translated by John W Basore. Cambridge, MA: Harvard University Press, 1928.

——. "On Providence." In *Seneca: Moral Essays*. Vol. 1. Translated by John W Basore. Cambridge, MA: Harvard University Press, 1928.

——. "On the Happy Life." In *Seneca: Moral Essays*. Vol. 2. Translated by John W. Basore. Cambridge, MA: Harvard University Press, 1932.

——. "On Tranquillity of Mind." In *Seneca: Moral Essays*. Vol. 2. Translated by John W. Basore. Cambridge, MA: Harvard University Press, 1932.

——. "To Helvia on Consolation." In *Seneca: Moral Essays*. Vol. 2. Translated by John W. Basore. Cambridge, MA: Harvard University Press, 1932.

———. "To Marcia on Consolation." In *Seneca: Moral Essays*. Vol. 2. Translated by John W. Basore. Cambridge, MA: Harvard University Press, 1932.

———. "To Polybius on Consolation." In *Seneca: Moral Essays*. Vol. 2. Translated by John W. Basore. Cambridge, MA: Harvard University Press, 1932.

Sommers, Christina Hoff, and Sally Satel. *One Nation under Therapy: How the Helping Culture Is Eroding Self-Reliance*. New York: St. Martin's Press, 2005.

Stockdale, James Bond. *Courage under Fire: Testing Epictetus's Doctrines in a Laboratory of Human Behavior*. Palo Alto, CA: Hoover Institution, Stanford University, 1993.

Strabo. *The Geography of Strabo*. Vol. 5. Translated by Horace Leonard Jones. Cambridge, MA: Harvard University Press, 1928.

Tacitus. *The Annals*. Vol. 4. Translated by John Jackson. Cambridge, MA: Harvard University Press, 1937.

Thoreau, Henry D. "Walden." In *Thoreau: Walden and Other Writings*. New York: Bantam, 1962.

Veyne, Paul. Seneca: *The Life of a Stoic*. Translated by David Sullivan. New York: Routledge, 2003.

译后记

译完威廉·B.欧文教授这本《像哲学家一样生活——斯多葛哲学的生活艺术》之后,不禁想起捷克小说家米兰·昆德拉在《小说的艺术》开篇中提到的德国哲学家胡塞尔1935年在维也纳和布拉格所作的关于欧洲人类危机的著名演讲。在胡塞尔看来,危机之根就"在欧洲科学的片面性那里,这些科学把世界缩小为一个简单的技术与算术勘探的对象,而把具体的生活的世界排除在外"[①],不仅如此,科学的高潮还把人推进到各种专业学科的隧道里。而胡塞尔所从事的"哲学"也正落入这种危机之中,因而,他开始致力于"现象"的研究,而他的后继者海德格尔则提醒人们被遗忘的"存在"。

的确,同样作为一名哲学的现代研究者,正如欧文教授自己所言,他在这本书中从事的是他的哲学同行们通常不喜欢做的事情,因为它显然不够"学术性"。但是,欧文教授却想努力尝试,以"让哲学在我的生活中起作用"的方式,将沉醉于抽

[①] [捷]米兰·昆德拉著,孟湄译,《小说的艺术》,北京:三联书店,1995年,第1-2页。

象思辨中的哲学拉回到人们具体的日常生活世界中，为我们还原哲学本来就已有的另一种生动而丰富的面相。

自诞生之日起，古希腊哲学就深深抓住了那些智者们渴望"认识"世界的目光，可直到苏格拉底出现，人们才发现了一个"既在思想上也在行动上进行哲学活动的名副其实的楷模"[1]。也正因为如此，苏格拉底有了众多的追随者，他们在苏格拉底的启示下发现了一个比自然世界更加神奇的领域——人的灵魂。在欧文教授看来，那些被苏格拉底吸引的人，有些是被他的论理所打动，有些则是被他的生活方式所打动，而柏拉图无疑属于前者，而且，柏拉图对于哲学理论探索的热爱深深影响了后来西方哲学两千多年来的发展。但是，我们不能因此而忘记了另外一脉：为苏格拉底的生活方式深深吸引的安提西尼，他创立了努力探寻如何使人过上一种幸福生活的犬儒学派。之后，当季蒂昂的芝诺在雅典的一家书店里想要寻找像苏格拉底那样的人时，他遇见了著名的犬儒派哲学家，也是安提西尼的学生克雷特斯（Crates）。芝诺跟随克雷特斯学习了一段时间，学到了如何节制、隐忍的生活，但正如19世纪德国哲学家叔本华所观察到的犬儒主义与斯多葛主义的差别，斯多葛学派的哲学家并不单独地研究作为生活方式的哲学或作为理论的哲学，而是致力于把两者结合起来。但直到今天为止，斯多葛学派创始人芝诺曾受到犬儒派思想影响的这段历史，常常使人们将更多的

---

[1] 见本书第20页。

关注集中于它们的相似之处，把斯多葛主义者视为"对于欢快、悲伤、快乐、痛苦都漠不关心、麻木不仁的人"①，这些"恬淡寡欲的人"好像与那些主张禁欲的犬儒主义者没什么太大的差别，以至于更有甚者将两者混淆。但在这本书中，欧文教授恰恰向我们澄清了斯多葛主义的"快乐"追求，并且，这是一种来自内心深处的快乐。欧文教授在阅读中发现的斯多葛主义者"完全能够享受生活的快乐"，而且"非常珍视快乐"，但他们"不会被快乐所奴役"，因而，在他看来，斯多葛主义者的目标，并不是要放弃生活中的情感，而是要放弃"消极的"情感，以在生活中获得像墨索尼亚斯·鲁弗斯所说的"一种欢快的性情和一种坚实的欢乐"②。

海德格尔在探讨有关人的"事实的生命"（factical life）时，指出我们每个人在日常生活中常常处于"烦"（英文 care/德文 Cura）的状态，这是因为生命随着各种困苦、烦恼、诱惑的增长而成长。这其实也就是早在斯多葛主义者那里，努力想要抑制的"消极的"情感。对此，海德格尔认为人的此在无时无刻不在与"烦"相斗争中，只有这样才能从中更多地认识到生命的限定与真实意义。而斯多葛主义者其实也是这样的斗争者，他们以更加朴素的方式，寻找各种"心理技巧"来消解"消极情感"的干扰。在现代社会里，面对那些想要寻求自己人生的

---

① 见本书第7页。
② 同上。

价值,"更好地"生活的人,欧文教授想借由这本书提供给他们一些"如何生活的忠告"。在欧文教授看来,斯多葛主义的哲学不失为众多选择中一种不错的尝试,因为,正如罗马斯多葛主义著名的代表人物塞涅卡所说的那样,斯多葛主义从来不害怕为人"度身打造",所以,尽管它是一种古老的艺术,但生活在任何时代的有智慧的人仍然可以在生活中适时地践行它,而这也正是斯多葛主义所强调的人之德行,如此一来,灵魂的安宁与快乐就会"持续地光顾"。

在苏格拉底的时代,哲学之所以为古希腊人所热衷,不仅在于它是对人生的思考,还在于哲学可以作用于人的生活与行为方式,更在于哲学还是对人的教导与忠告。欧文教授以他清新、流畅、生动的语言为我们讲述了古代斯多葛主义的兴起、斯多葛主义的心理技巧、忠告及现代生活中的斯多葛主义,虽然它并不"哲理化",但欧文教授却是以一名哲学研究者应有的职责从事了一项名副其实的哲学工作,因为,他继续着前人的努力,鼓励人们积极地思考他们自身的生命并开始行动。

对米兰·昆德拉而言,正是由于现代哲学与科学已经忘记了人的存在,所以他更加看重小说,因为小说以自己的方式、逻辑,一个接一个地发现了人存在的不同方式。在19世纪法国作家大仲马《基督山伯爵》这部长篇小说中,我们则可以发现一种受赞赏的人的存在方式。大仲马描述了一个令基督山伯爵最喜爱与敬佩的年轻人——他的知遇恩人老摩莱尔的儿子、年轻的军官小摩莱尔,这位众所共知的最严守纪律的人,不但遵守一个军人所应负的义务,也遵守一个人应尽的责任,并且对待爱情热烈而忠贞,他在军营中获得了"斯多葛派"的美名。

欧文教授的书当然不能算作是一部文学作品,但却是一种非学院化的哲学写作,并且他以非理论化的方式为人们呈现出了践行斯多葛主义可能获得的生命样态,在这里或许我们可以寻找到小说中所描述"小摩莱尔式"的生动的现实映照,又或许你在阅读时已经感受到了与阅读《基督山伯爵》同样快乐而充盈的精神体验,那么,就让我们来尝试学习一下一种快乐的艺术吧!

芮 欣

2013年3月于厦门

译者简介

胡晓阳 生于重庆，1984年毕业于对外经济贸易大学。毕业后在北京从事外贸、翻译和教学工作，曾就职于国企、外企、学校等不同领域，并曾赴英国、意大利和巴基斯坦等国考察。现在杭州从事外贸及翻译工作。已出版的翻译作品有《增广贤文》(英汉对照本)《幸福感》《生命中最好的事物》等。

芮欣 中国人民大学文学院比较文学与世界文学专业博士，台湾辅仁大学天主教学术研究院博士后。现任教于厦门大学人文学院中文系，主要研究方向为西方文学与基督教文化，20世纪欧美文论，并围绕上述相关问题于《哲学与文化》《道风：基督教文化评论》《基督教文化学刊》《国外理论动态》等刊物发表文章。

图书在版编目（CIP）数据

像哲学家一样生活：斯多葛哲学的生活艺术/（美）威廉·B. 欧文(William B. Irvine) 著；胡晓阳，芮欣译. —上海：上海社会科学院出版社, 2017
书名原文：A Guide to the Good Life: The Ancient Art of Stoic Joy
ISBN 978-7-5520-2094-6

Ⅰ.①像… Ⅱ.①威…②胡…③芮… Ⅲ.①斯多葛派—人生哲学 Ⅳ.① B502.32 ② B821

中国版本图书馆 CIP 数据核字（2017）第 245889 号

A Guide to the Good Life: The Ancient Art of Stoic Joy
Copyright © 2009 by William B. Irvine

A Guide to the Good Life: The Ancient Art of Stoic Joy was originally published in English in 2009. This translation is published by arrangement with Oxford University Press. Beijing Green Beans Book Co., Ltd. is solely responsible for this translation from the original work and Oxford University Press shall have no liability for any errors, omissions or inaccuracies or ambiguities in such translation or for any losses caused by reliance thereon.
Simplified Chinese edition copyright © 2017 Beijing Green Beans Book Co., Ltd.
All rights reserved
上海市版权局著作合同登记号：图字 09-2017-846 号

像哲学家一样生活：斯多葛哲学的生活艺术

著　　者：	［美］威廉·B. 欧文（William B. Irvine）
译　　者：	胡晓阳　芮　欣
责任编辑：	赵秋蕙
特约编辑：	陈朝阳　李少林
装帧设计：	主语设计
出版发行：	上海社会科学院出版社
	上海市顺昌路 622 号　　　邮编 200025
	电话总机 021-63315900　销售热线 021-53063735
	http://www.sassp.org.cn　E-mail: sassp@sass.org.cn
印　　刷：	河北鹏润印刷有限公司
开　　本：	889×1194 毫米　1/32 开
印　　张：	10.25
字　　数：	175 千字
版　　次：	2018 年 3 月第 1 版　2018 年 3 月第 1 次印刷

ISBN 978-7-5520-2094-6/B·2235　　　　　　　　定价：52.80 元

版权所有　翻印必究